AF474874

291946

FRÉDÉRIC SAUVAGE

SA VIE — SES INVENTIONS

27
12
33333

A. Bideau Dess. Lith. Lith. C. Ballart Marseille

FRÉDÉRIC SAUVAGE

d'après Gaume

C. PAILLART

FRÉDÉRIC SAUVAGE

SA VIE — SES INVENTIONS

Il faut que tout le monde sache que l'hélice est une invention française.

Baron SÉGUIER.

PARIS

E. DENTU, ÉDITEUR

LIBRAIRE DE LA SOCIÉTÉ DES GENS DE LETTRES

PALAIS-ROYAL, 15-17, GALERIE D'ORLÉANS

—

1881

qu'après avoir lutté pendant douze ans pour faire adopter son invention, Sauvage dut consacrer ses dernières forces à lutter contre ceux qui voulaient lui en dérober l'honneur.

Aujourd'hui encore, malgré l'évidence, malgré d'indéniables preuves, malgré le bon droit et malgré la justice, on voudrait essayer d'effacer le nom de Frédéric Sauvage du piédestal même de sa statue.

Mais l'histoire a dit son dernier mot, et les efforts intéressés de ces adversaires d'outre-tombe ne sauraient prévaloir.

La ville de Boulogne-sur-Mer qui a toujours été fière du génie de son enfant, qui l'a encouragé et soutenu pendant sa vie, et qui l'a honoré après sa mort, vient de confirmer, par un suprême et impérissable témoignage, la gloire de l'inventeur et le mérite de l'invention. — La statue qui s'élève aujourd'hui sur une des places de Boulogne, est à la fois la récompense accordée à une mémoire glorieuse et respectée, et la confirmation la plus éclatante de cette vérité, désormais incontestable, que Frédéric Sauvage est le véritable et le seul inventeur de l'application des hélices à la navigation.

Nous avons essayé de le prouver dans ces pages, et nous aimons à penser que ceux qui voudront bien nous lire en seront, comme nous, entièrement convaincus.

FRÉDÉRIC SAUVAGE

SA VIE — SES INVENTIONS

CHAPITRE PREMIER

1786-1811

Naissance de Frédéric Sauvage; sa première instruction. — Il devient employé dans les bureaux du Génie maritime. — La flotille. — Nécessité des examens pour les constructeurs de navires.

Quand Dieu marque un homme du sceau du génie, il semble le vouer en même temps à toutes les luttes, le préparer à toutes les amertumes; comme si, en échange de ses dons, la Providence imposait aux privilégiés de l'intelligence, la compensation des larmes, des angoisses et de la souffrance.

L'amour-propre des hommes, agent inconscient de cette volonté divine, se charge, par d'incessantes attaques, de prouver aux esprits supérieurs que si leur tête s'élève bien haut, leurs pieds touchent à la terre. Dans cette pénible nécessité d'avoir à reconnaître la supériorité de quelqu'un ou de rendre justice à son mérite, l'humanité se dédommage de son admiration en épuisant dans de mesquines taquineries depuis lors, racontait-il plus tard, la patience paternelle ne fut jamais plus mise en défaut.

Frédéric était plus ami du jeu que du travail, mais peu à peu sa jeune intelligence se développa ; ses premiers succès l'encouragèrent, la curiosité de la science s'empara de son âme ardente, et l'enfant joueur et turbulent de l'école devint le travailleur infatigable dont la vie tout entière s'est passée à apprendre, à chercher et à trouver.

En 1801, Napoléon Ier était venu à Boulogne inspecter les ressources du port. De l'endroit des falaises où sa statue se trouve encore aujourd'hui, il pouvait voir les côtes de cette Angleterre vers laquelle l'attiraient à la fois son génie, sa haine et son ambition.

Sur ses instructions et d'après ses ordres, une flottille devait être construite ; l'armée y prendrait place avec ses canons, ses vivres, ses munitions, et la France porterait la guerre sur leur territoire jusque-là inattaqué aux ennemis implacables qui rêvaient sa destruction et conspiraient sa ruine.

La flottille fut commencée. Un personnel considérable de savants et d'ingénieurs vint s'installer à Boulogne pour organiser cette immense et colossale entreprise. Frédéric Sauvage sortait de l'école depuis quelques mois à peine, et employait son temps à travailler avec les ouvriers de son père, lorsqu'on fit appel à toutes les ressources du pays, pour trouver d'indispensables auxiliaires.

« La flottille réclamait beaucoup de machines à écrire, racontait plus tard Frédéric à ce sujet, et je fus, comme un des plus instruits du pays, employé dans les bureaux de la Marine, d'autant plus que j'appartenais aux classes en qualité de constructeur de navires en herbe. J'étais alors un grand garçon de quinze à seize ans, tout fier de savoir écrire en petit moyen.

« Aussitôt, je me trouvai en contact avec des gens qui n'étaient pas de Boulogne, et je ne tardai pas à m'apercevoir que j'avais besoin d'apprendre. Les commis auxiliaires gagnaient 1,200 francs par an, mais on avait des machines à tout prix au-dessous.

« Je fus d'abord commissionné à 600 francs.

« Je pris aussitôt des maîtres de mathématiques et de construction navale que je n'aurais certes jamais rencontrés à Boulogne sans la flottille qui exigeait des hommes d'art. Peu de temps après, mes appointements furent portés à 900 francs, je pris quelques maîtres de plus.

« Il fut alors question de faire passer un examen aux constructeurs de navires. Je me fis admettre aux cours publics et travaillai avec d'autant plus de plaisir les mathématiques que j'entrevoyais le jour où le constructeur serait distingué du simple charpentier.

« Au bout de deux ans, je parvins, au Bureau du Génie maritime, aux appointements les plus élevés, 1,200 francs.

« J'étais bien avec mes chefs qui me laissaient le loisir de travailler pour moi : je prenais mes leçons le matin et le soir, et dans la journée, j'avais le temps d'étudier..... »

C'est ainsi que le jeune homme occupait ses heures de loisir à d'utiles et sérieux travaux. Les difficultés de l'étude n'arrêtaient point son ardeur; il en avait, du reste, surmonté depuis longtemps la première aridité, mais les sciences exactes et la mécanique surtout l'attiraient. Sans se demander à quoi pourrait le conduire son savoir, le futur inventeur s'attachait à l'étude par amour de l'étude; elle était pour lui comme un grand inconnu vers lequel le poussait son imagination, et qui répondait à un besoin impérieux de son être. Son intelligence s'ouvrant à la lumière en buvait avidement les premiers rayons, et son esprit, déjà chercheur, fouillait dans le livre de la science pour y découvrir le monde nouveau que ses vingt ans croyaient voir devant lui.

Par un singulier mélange de qualités et par un frappant contraste, Frédéric Sauvage était tout ensemble l'homme pratique et positif sur qui les mathématiques appliquées exerçaient un invincible attrait, et le poète que le rêve emportait sur ses ailes. Tour à tour, artiste ou savant, poursuivant le matin l'idéal et se livrant le soir à des études abstraites, obstiné à la solution d'un problème ou laissant sa pensée s'élever au-dessus du monde réel, on sentait déjà vibrer en lui l'âme d'un artiste et la persévérante énergie d'un savant.

Les calculs différentiels et les équations algébriques n'avaient pas seuls toutefois le privilége d'occuper les loisirs de l'étudiant: la musique et le dessin en prenaient aussi leur part. Ces arts d'agrément qui, depuis quelques années, tiennent une place si grande dans l'éducation, étaient, à cette époque si proche encore du grand bouleversement social de la Révolution, presque complètement dédaignés. Frédéric voulut les ajouter à son bagage scientifique, et il devint, en peu de temps, très-habile dessinateur et musicien fort distingué. Il devait, dans la suite, recueillir le fruit de son courage : le dessin l'aida puissamment dans ses inventions et la musique fut pour lui plus qu'un agréable passe-temps, elle devint une consolatrice et une amie. Nous le verrons plus tard, dans la prison du Hâvre, se consoler de sa captivité et oublier un moment ses graves soucis en endormant sur son violon le chagrin qui l'accablait.

Mais ce n'était pas des chants de tristesse que l'artiste confiait alors à son archet, c'était un cri d'espérance. L'avenir semblait s'ouvrir radieux devant Frédéric. « Lorsque les amusements de notre âge étaient encore notre grande affaire, écrivait de lui quarante ans plus tard un de ses contemporains qui resta toujours son ami, Sauvage était déjà mathématicien distingué, dessinateur remarquable, musicien de talent, homme d'esprit et d'originalité. La nature lui avait départi un superbe physique ; sa taille était élevée, bien prise ; sa tête que couronnaient de beaux cheveux bruns, offrait des traits nobles et d'un caractère antique. »

La première invention de Frédéric Sauvage remonte à cette époque ; ce fut un réveil-matin, c'est à ses notes intimes écrites vers 1845, que nous en empruntons la description :

« Bien jeune encore, je rêvais machines ; l'amour de la mécanique m'avait captivé bien avant d'avoir l'idée de la puissance du beau sexe sur le cœur d'un jeune garçon.

« Ma première machine fut un réveil-matin ainsi conçu :

« J'avais fixé un cône en fer-blanc au bout d'une bascule ; l'extrémité inférieure de ce cône était percée d'un petit trou qui permettait à l'eau de s'échapper goutte à goutte ; un bout de la bascule était chargé d'un poids calculé pour enlever le cône vide, dans lequel je mettais l'eau nécessaire avec des mesures combinées pour le temps que je voulais dormir.

« Au-dessus de ma bascule, j'avais fixé six fleurets des plus flexibles au bout desquels j'avais monté des clochettes d'un accord parfait. Je bandais les fleurets qui se trouvaient retenus par un des bouts de ma bascule, de manière à laisser agir un échappement quand le cône était vide ; il s'en suivait une détente qui mettait tout en branle et qui aurait éveillé le diable, si toutefois le diable dort.

« Mon réveil-matin n'avait pas seulement le mérite de m'éveiller, il avait encore celui de m'empêcher de dormir, et bien des fois je n'avais pas fermé l'œil quand il faisait son tintamarre.

« J'avais tant de plaisir quand j'entendais les gouttes d'eau tomber avec mesure, que j'en étais tout occupé sans songer à dormir. Quand l'eau était trouble et que l'espace de temps entre la chûte des gouttes d'eau ne me semblait pas régulier, je me relevais, je disposais des filtres, je diminuais ou agrandissais le trou du cône ; bref, j'étais plus occupé de cette affaire qu'on ne pourrait l'être pour une machine à vapeur de la force de mille chevaux. »

Comme on le voit, Frédéric Sauvage savait vouloir : désireux de consacrer au travail les premières heures de sa journée et se défiant du sommeil si puissant à son âge, il avait demandé à une invention toute primitive la garantie de réveil que réclamait son ardeur.

Depuis huit ans déjà il travaillait dans les bureaux de la flottille et la flottille était terminée ; les bâtiments étaient construits, prêts à être armés et à prendre la mer, mais cette fois encore l'expédition d'Angleterre devait se heurter à d'insurmontables obstacles. — Déjà en 1804 l'Empereur avait dû abandonner le camp de Boulogne pour résister à la troisième coalition. Ulm et Austerlitz, Eylau et Friedland, Essling et Wagram avaient vu tour à tour passer les armées victorieuses de la France impériale ; la paix avait été signée à deux reprises, mais la paix durait alors le temps nécessaire à la préparation de nouvelles campagnes et Napoléon n'avait pu encore donner suite à son projet, et aller étouffer dans l'œuf ce foyer des coalitions sans cesse renaissantes.

Si le débarquement avait été tenté, quel en eut pu être le résultat ? Il serait bien téméraire de vouloir l'apprécier aujourd'hui, toujours est-il que Pierre Sauvage alors chargé à Boulogne de l'inspection des bâtiments avant qu'ils prissent la mer, avait un jour répondu à l'Empereur qui l'interrogeait : « Sire, on vous trahit. Les côtes anglaises sont plates et les navires que l'on construit ont un tirant d'eau trop considérable ; vous ne pourrez pas aborder. » Cette brusque franchise ouvrit-elle les yeux des inhabiles ou fit-elle hésiter les traitres ; c'est ce que nous n'avons pas à examiner ici, mais ce qui reste acquis à l'histoire, c'est qu'après l'achèvement de la flottille, un plan nouveau fut adopté et que les travaux recommencèrent. La construction de péniches avait été décidée. Des expériences furent alors faites à Paris pour arriver à supprimer les rames et à les remplacer par un mécanisme nécessitant un nombre de marins bien moins considérable. Tous les essais faits dans ce sens n'obtinrent aucun résultat pratique, Frédéric averti se mit à l'œuvre à son tour et parvint à confectionner une machine qu'il espérait substituer aux rameurs. Au moment où il allait présenter sa découverte pour la faire adopter par l'État, un contr'ordre survint qui arrêta tous les travaux. Le projet de débarquement était définitivement abandonné. Les ingénieurs et les savants reprirent le chemin de la capitale, les bureaux du Génie maritime en partie supprimés rendirent à bon nombre des employés leur liberté et rouvrirent à Frédéric Sauvage les portes du chantier paternel.

Nous étions alors en 1811 et les grands évènements qui précédèrent la chûte du premier empire absorbaient à ce point le génie de Napoléon que cet abandon de la campagne projetée en Angleterre eut pour résultat l'abandon des dispositions déjà résolues, d'après lesquelles les constructeurs de vaisseaux devaient être soumis à un examen avant de devenir patentés.

Se voir distingué des charpentiers et prendre rang parmi les élus avait été depuis des années le rêve et l'espoir de Frédéric ; ce ne fut pas sans une profonde amertume qu'il y renonça.

Son esprit droit et logique, ses connaissances spéciales lui avaient fait comprendre l'utilité de ces examens, la nécessité de l'espèce de garantie morale qu'ils présentaient.

Voici, du reste, comment il s'exprimait à ce sujet :

« Pourquoi n'est-il pas permis à tout venant de se faire notaire, avocat, avoué, médecin, apothicaire, etc., etc. ? Parce que les uns peuvent, par ignorance, compromettre les fortunes et les autres la santé et même la vie des hommes. Le constructeur seul peut faire tout ce mal, s'il n'a l'instruction que requiert son art. L'ignorant compendra-t-il les auteurs ? Sera-t-il capable de réfuter un sot projet qu'on voudra lui faire exécuter ? La théorie seule ne fera jamais rien de bon : la pratique seule peut quelque chose, mais elle ne fera jamais qu'un charpentier : il faut donc l'une et l'autre pour être constructeur.

« Mais comment ce constructeur pourrait-il toujours persister avec l'intention d'une irréprochable conscience et la réputation qui doit lui être acquise par sa position sociale, laquelle, naturellement, l'élève au-dessus de la classe ouvrière ? Peut-il soutenir la concurrence avec son ouvrier ? Celui-ci ne cherche à gagner que sa journée et fait deux fois autant de besogne, travaillant pour son compte, que quand il travaille pour un maitre ? Il arrive donc souvent qu'un constructeur se trouve dans la triste nécessité de faire de mauvais navires ou de renoncer à son état.

« Cette question est d'une gravité bien importante pour le commerce, on le comprendrait aisément si on voulait jeter un coup d'œil sur les sinistres qui arrivent malheureusement trop souvent, si on recherchait avec sévérité les causes de la plupart des accidents, qui dépendent quelquefois de l'ignorance des praticiens et plus souvent de fraudes infâmes employées pour tromper les assureurs.

« On me dira qu'il existe dans chaque port une commission chargée d'examiner tout bâtiment qui doit prendre la mer. — Que peut-elle juger cette commission ? — Elle peut savoir si le bâtiment est neuf ou vieux, si son bordage et si le pont sont en bon état, si les courbes sont bien chevillées, si les câbles et les ancres sont capables de maintenir le navire dans un mouillage de gros temps; mais peut-elle savoir si le bâtiment ne souffrira pas quand les câbles et les ancres résisteront ? Cette commission saura-t-elle si ce bâtiment est bien chevillé dans toutes ses parties ? Quel fer on a employé ? Saura-t-elle si on s'est servi de bois droit ou de bois courbé naturellement pour exécuter sa membrure, si les empâtures de cette membrure sont dans les conditions indispensablement nécessaires pour obtenir une liaison parfaite? Comment saura-t-elle si le bordage a l'épaisseur convenable pour assurer un bon calfatage, si ce même bordage n'a pas été réduit dans certaines parties pour faire disparaître de faux contours ?... En vérité, c'est un peu plus que rien l'examen d'une commission. — Je ne prétends pas pour cela qu'on doive la supprimer; elle est nécessaire, mais je soutiens qu'il est souvent funeste de confier des travaux d'une si haute importance à des hommes qui, le plus souvent, sont incapables de bien faire et qui, par leur position, se moquent d'une bonne réputation.

« Mon père est fils de constructeur ; le destin et mes goûts semblaient me faire espérer jouir comme eux du fruit de mes études. Mais, du temps de nos pères, l'amirauté existait, et il ne suffisait pas de dire : « Je veux faire des navires, » il fallait prouver qu'on était capable d'en faire. »

Quoi qu'il en soit, le but principal de Sauvage était atteint : il avait étudié comme savent étudier les esprits de cette trempe, il avait appris, il savait.

Désormais la lutte pouvait commencer, il était armé pour la soutenir.

CHAPITRE SECOND

1811-1821

Frédéric Sauvage constructeur. — Renflouement de la corvette anglaise *la Rose.* — *La Nymphe* escalade l'écluse de la Liane — Sauvetage d'un bâtiment. — Désintéressement de Frédéric Sauvage. — Il quitte son chantier.

Fatigué d'une longue vie commerciale, Pierre Sauvage songeait à quitter les affaires, lorsque la fermeture des bureaux du Génie maritime lui rendit son fils. C'était pour le père un successeur tout trouvé et le chantier du constructeur ne pouvait tomber en des mains plus sûres et plus expérimentées.

Frédéric se mit à l'œuvre avec courage ; pour lui, le travail était devenu aussi nécessaire que le pain quotidien et grâce au sérieux de son esprit, il accomplissait sa besogne avec la plus grande somme possible de perfection. Lui-même se rendait, à cet égard, ce témoignage si bien mérité : « Jamais l'envie n'eut d'empire sur mon âme. J'aimais à travailler et j'étais satisfait en voyant mes confrères occupés. A qui fera le mieux, me disais-je, mais jamais je n'ai dit : A qui fera au meilleur marché. L'ambition de bien faire pousse au progrès, tandis que le bon marché oblige à faire mauvais. »

Ce n'était point là une appréciation fantaisiste, ni une présomption exagérée ; les contemporains de Sauvage savaient à quoi s'en tenir et le lui prouvaient en toute occasion ; la douane lui avait accordé sa confiance pour les travaux de l'Etat comme pour le sauvetage des bâtiments en péril, et les armateurs qui donnaient volontiers à d'autres constructeurs les entreprises dont ils étaient les consignataires, prenaient soin de ne confier qu'à lui les bâtiments commandés pour leur compte.

Installé près d'un parent franc et loyal, Sauvage s'engagea à ne lui prendre aucune clientèle pour augmenter la sienne; les paroles furent échangées et jamais l'homme de bien dont nous retraçons la vie ne manqua à son engagement. Quelques corsaires et des bateaux de pêche occupèrent tout d'abord son activité jusqu'au jour où, la Restauration étant survenue, les affaires subirent une reprise considérable et les commandes affluèrent dans ses chantiers.

Mais les occupations du constructeur, malgré le temps considérable qu'elles lui demandaient, ne pouvaient suffire à son activité, et nous trouvons dans cette période de sa vie plusieurs faits que nous devons signaler; ils nous montreront mieux encore sa haute valeur et le fruit qu'il sut tirer des études spéciales auxquelles il s'était livré.

Pendant la période des Cent-Jours, au moment de ses discussions avec le Parlement d'Angleterre, lord Cochrane, désireux de rejoindre et de ravitailler les indépendants, avait réussi à se procurer la corvette *la Rose*, le plus beau bâtiment de la flotte anglaise.

La corvette fut confiée à un pilote habile, secondé par deux ou trois matelots ; elle devait longer les côtes d'Angleterre en attendant son armement ; mais pendant qu'elle louvoyait ainsi, une tempête survint. Le navire, que rien ne maintenait sur lest, flotta au gré des flots en furie, comme l'eût pu faire une barque démâtée, et vint s'échouer sur les dunes de Cucq par une marée extraordinaire, telle qu'on en peut voir lorsque le vent et la tempête s'unissent pour faire franchir à la mer ses limites habituelles.

Cet échouement aussitôt connu à Boulogne y appela l'attention générale ; les hommes compétents se réunirent pour tenter de sauver le bâtiment.

Une commission composée d'un constructeur et d'un ancien capitaine de Boulogne, d'un constructeur de Saint-Valery-sur-Somme et d'un maître charpentier d'Etaples fut désignée pour le visiter ; elle constata que la ligne de flottaison de la corvette se trouvait de sept pieds au-dessus du niveau des grandes marées ordinaires et conclut à l'impossibilité de tenter le renflouement. Cette opération eut amené, assurait-on, des dépenses excessives, supérieures à la valeur même du bâtiment. On parla donc de démolition. Les riverains intéressés à cette mesure la déclaraient inévitable, car ils espéraient avoir leur part des débris d'un navire de cette dimension, chevillé, cloué et doublé en cuivre : c'était une précieuse épave pour le pays.

Personne n'avait pensé à Sauvage ; il était si jeune, et n'avait point encore trouvé l'occasion de se faire connaître. Elle se présentait d'elle-même, il la saisit.

Deux jours après la visite de la Commission, il partit un matin son fusil sur l'épaule et longeant le sable, arriva jusqu'aux dunes à l'endroit même où le navire était échoué.

Le capitaine se promenait seul sur le pont. Frédéric l'aborde :

— C'est vous, Monsieur, lui dit-il, qui êtes le capitaine ?

— Oui, c'est moi, mais j'en suis bien malheureux ; tout le renom que j'ai gagné autrefois ne me sauve pas aujourd'hui de la honte et, qui sait, du mépris peut-être. Avoir laissé échouer sur la côte de France la plus belle corvette de l'Angleterre, c'est pour moi le déshonneur. Si elle doit être démolie, je n'oserai plus retourner dans mon pays.

La situation désespérée de cet homme, l'aspect de ce navire abandonné et sans doute perdu, inspire à Sauvage une résolution soudaine.

— Avez-vous bien envie de sauver votre bâtiment, dit-il au capitaine.

— J'y tiens plus qu'à ma vie.

— Alors, ayez confiance et attendez-moi demain.

— Et vous croyez pouvoir.....

— Je crois qu'un homme doit lutter jusqu'au-delà même du possible. A demain, capitaine, et comptez sur moi.

Le lendemain matin, Frédéric était fidèle au rendez-vous.

Ce jour-là était un lundi gras, les marins de la côte n'avaient pas pris la mer ; les fêtes traditionnelles de cette époque de l'année les avaient fait rester au logis. Sauvage le savait ; il dépêcha les matelots anglais dans les communes environnantes, et, grâce à la promesse d'un salaire avantageux, il eut bientôt réuni plus de trois cents travailleurs.

Sans laisser à personne le temps de faire aucune observation, il les embaucha tous, et, assignant à chacun sa place, fit creuser aussitôt dans le sable une longue tranchée, garnie de fascines, qu'il devait prolonger jusqu'à la mer.

En même temps, d'autres travailleurs enlevaient autour du navire le sable qui, miné par tant de bras à la fois, céda peu à peu sous le poids du bâtiment.

Le travail dura cinq jours; tant d'efforts pouvaient être détruits en une seule marée; mais, heureusement, le temps resta constamment au calme. Le renflouement devait avoir lieu dans la nuit du lendemain.

Le vent se maintenant à l'Est, Sauvage craignit qu'une marée trop basse ne lui permît pas de gagner le port de Boulogne, et, pour parer à toute éventualité, il fit embarquer du lard, des pommes de terre et de l'eau, puis il donna rendez-vous pour dix heures du soir, à bord de la corvette, aux quatre-vingt-quatre hommes engagés parmi les journaliers qu'il avait employés.

Bien avant l'heure indiquée, Sauvage était à son poste. La nuit était noire et on ne voyait rien à dix pas ; une bourrasque de neige à demi fondue rendait l'obscurité plus complète encore et la situation plus difficile. Impatient et agité, notre sauveteur se promenait sur le pont du bâtiment, se demandant s'il pouvait compter sur des hommes à qui sa hardiesse allait enlever une proie si ardemment convoitée.

Enfin, l'heure sonna et les travailleurs arrivèrent ; Sauvage les compta, aucun ne manquait.

— Montez, leur dit-il, nous allons mettre à flots avant la pleine mer.

Pas un ne bougea.

— Montez donc, répéta Sauvage.

Personne ne répondit.

La patience n'était pas la qualité dominante de Frédéric :

— M'expliquerez-vous, cria-t-il.....

Mais un homme se détachant du groupe l'interrompit :

— Mon capitaine, dit-il, nous ne monterons point parce que le vent est contraire et qu'il n'y a point de vivres à bord.

— Comment, pas de vivres ; mais j'en ai fait porter dans la chambre.....

— Pas de vivres, répéta l'autre, nous ne monterons pas.

Un soupçon traversa l'esprit de Sauvage. Escaladant aussitôt le bâtiment, il courut à la chambre où il avait fait serrer les provisions. Il n'y restait plus rien ; non-seulement tous les vivres avaient disparu, mais encore les barriques d'eau avaient été vidées et défoncées. Le coup organisé par les riverains pour faire échec au sauvetage avait frappé juste; il ne restait plus moyen d'y remédier.

Rendu furieux par cette trahison, exaspéré à la vue de tant d'efforts et de travaux qui allaient peut-être devenir inutiles, le courageux sauveteur ne se possédait plus.

— Traîtres et lâches, leur cria-t-il, vous croyez m'abandonner impunément après vous être engagés envers moi, eh bien! il n'en sera pas ainsi; vous avez volé les vivres et jeté l'eau que j'avais fait apporter, tant pis; je jure que si vous ne montez pas tous à l'instant, aucun de vous ne touchera un centime de ce qui lui est dû.

L'air et l'accent firent réfléchir les moins hardis. Il y eut une seconde d'hésitation.

— Montons, dit l'un, nous le jetterons à l'eau.

En un moment, tout le monde fut sur le pont, mais Sauvage les avait entendus, et s'armant d'un énorme gourdin, il s'adossa au grand mât.

— Maintenant, fit-il, à l'ouvrage, et que pas un ne bouge, ou je lui brûle la cervelle.

On le crut armé; son courage et son intrépidité étonnèrent les uns et persuadèrent les autres. Il assigna à chacun sa place, fit reporter les ancres au large et donna ordre de virer partout. Après de longs et laborieux efforts, le navire fit un mouvement; il flottait! Le problème était résolu.

A peine était-on depuis une demi-heure au large que le vent commença à souffler avec violence dans une direction opposée, il fallut jeter l'ancre et mouiller au milieu de la nuit. Quelques-uns des journaliers avaient pris soin d'apporter du pain, ils partagèrent avec les autres ; la nuit se passa bien, mais le lendemain, chacun criait la faim.

— Tant pis, répondit Sauvage à leurs réclamations; votre malveillance est la seule cause de cet ennui, faites comme moi, je n'ai rien pris depuis hier, ayez patience.

Le conseil était bon ; mais ventre affamé n'a pas d'oreilles. Le vent se maintenait très-violent, toujours dans la même direction, il fallut louvoyer toute la journée sans beaucoup avancer, car le bâtiment, très-haut sur l'eau, ne possédait qu'une faible voilure.

Vers le soir, on dut hêler des bateaux de pêche et leur demander quelques poissons, les pêcheurs en jetèrent sur l'arrière de la corvette ; ils furent dévorés tout crus.

Enfin, vers minuit, on put arriver en rade de Boulogne. Frédéric, pour aller chercher des provisions, monta dans un canot. A cinq heures du matin, il revenait après avoir dévalisé les boutiques d'un charcutier et d'un boulanger. L'équipage se jeta sur les vivres, il prit des forces pour les dernières manœuvres, et à midi, la corvette entrait triomphalement dans le port de Boulogne ; les ouvriers furent aussitôt réglés et congédiés.

Sauvage remit alors le commandement du navire entre les mains du capitaine.

— Je vous dois plus que la vie, lui dit celui-ci, jamais je ne saurai vous remercier assez.

— C'est un présent que l'honneur de mon pays fait aujourd'hui à la bravoure du vôtre, répondit Frédéric.

Il avait bien raison de le dire, il avait vraiment travaillé pour l'honneur; la corvette *la Rose* valait cent mille francs, le sauvetage en coûta quatre mille; Frédéric, pour sa part, reçut cent quatre-vingts francs. C'était à peine le prix de la location des machines qui avaient servi au renflouement.

Ce fait d'audacieux courage et d'intrépide persévérance fut vivement commenté par la population maritime de Boulogne. Le jeune constructeur devint, du jour au lendemain, presque célèbre dans son pays; son coup d'essai était un coup de maitre et continuait d'une façon brillante la tradition de sa famille. Une nouvelle occasion s'offrit bientôt d'appeler sur lui l'attention publique, et, cette fois, il donna sa mesure.

Des volumes suffiraient à peine pour raconter les actes de valeur héroïque accomplis par les corsaires boulonnais pendant les guerres de la République et de l'Empire. Chaque jour, c'étaient de nouveaux abordages, et de riches captures récompensaient ces intrépides marins. Les bâtiments, pris aux Anglais, étaient amenés dans le port de Boulogne; là, on les démolissait pour en vendre l'armature et les agrés, ou on les faisait réparer s'ils n'avaient pas subi de trop grosses avaries.

Une partie de ces bâtiments avaient été réquisitionnés pour le service de la flottille. Mis en station dans la Liane, les uns furent employés comme poudrières, les autres comme ateliers. Dans l'intervalle, l'écluse qui relie la Liane au port de Boulogne fut construite dans les dimensions fixées par les ingénieurs.

Après Waterloo, les armateurs propriétaires des prises anglaises réclamèrent leur bien ; il leur fut aussitôt rendu, mais quand on voulut rentrer les navires dans le port on s'aperçut que les portes de l'écluse étaient trop étroites. Il fallut les démonter sur place. Un des armateurs qui possédait le breeck *la Nymphe*, ne put se résoudre à cette opération. Décidé à tout tenter pour conserver son bâtiment, il alla s'entendre avec Sauvage auquel il fit part de ses désirs et de son embarras.

— Nous le sortirons de là, dit Frédéric après un moment de réflexion.

— Mais comment ?

— En le faisant passer par-dessus le pont de l'écluse.

C'était invraisemblable, mais ce diable d'homme paraissait si sûr de son fait, on le savait si hardi dans ses entreprises que le négociant lui laissa carte blanche.

Sauvage fit aussitôt construire avec des planches un plan incliné qui devait reposer d'un côté sur le fond de la rivière et s'appuyer de l'autre sur le plancher du pont. Puis, à l'aide de palans, de crics, de cabestans et de cordes il réussit, comme il l'avait dit, à faire escalader au breeck cette montagne russe d'un nouveau genre. Une fois le navire hissé sur le pont le plan incliné fut reporté de l'autre côté et le bâtiment fut descendu de la même manière qu'on l'avait fait monter.

Tout Boulogne avait voulu assister à ce tour de force ; les paris étaient engagés ; on rencontrait bien plus d'incrédules que de croyants, mais il fallut bien se rendre à l'évidence lorsque *la Nymphe*, triomphant des derniers obstacles, traça le long des quais son sillon victorieux.

Nous ne pouvons résister au désir de citer encore un troisième fait qui montrera l'infatigable activité de Sauvage, son besoin de faire mieux que ses devanciers, de rompre avec la routine et de tenter ce qui pouvait à tant d'autres paraître l'impossible.

Le renflouement de la corvette *la Rose* était oublié depuis longtemps et semblait passé déjà dans le domaine de la légende, lorsqu'une violente tempête jeta sur le sable en face même de Boulogne quatre navires à voiles venant de Bordeaux.

C'était au moment de la morte eau et suivant l'usage il fallait laisser pendant douze jours les navires sur le flanc, avant de rien tenter pour le sauvetage.

Frédéric s'était à plusieurs reprises insurgé contre cette lenteur que les vieux marins certifiaient obligatoire et qu'il qualifiait de ridicule. — Passe encore, disait-il, si l'on avait essayé, mais non ; il semble que rien ne soit faisable, parce que jusqu'ici rien n'a été fait.

Le soir même du naufrage il prit avec lui sept de ses ouvriers les plus habiles et leur proposa de l'accompagner au lieu de l'échouement.

La confiance de ces braves gens dans leur patron était si grande que malgré la violence du vent et une pluie battante aucun d'eux ne recula.

La petite troupe après bien des difficultés arriva devant les quatre bâtiments rangés en ligne à quelques mètres les uns des autres. Sauvage s'arrête au premier et s'adressant au capitaine :

— Êtes-vous décidé, lui dit-il, à attendre la grande mer prochaine ou voulez-vous tenter de renflouer demain ?

— Vous voulez rire, répond celui-ci, l'eau baisse tous les jours, et votre proposition n'est pas sérieuse.

— Alors vous vous croyez ici bien en sûreté et vous préférez y rester ?

— Comment en sortir ?

— Je me fais fort de vous tirer de là dans les vingt-quatre heures.

L'équipage les entourant peu à peu avait entendu la conversation :

— Monsieur a sans doute une grosse mer dans sa poche, demande un loustic ?

Frédéric ne répond rien et s'en va.

Arrivé au second, il hêle le capitaine. Celui-ci descend et demande à Sauvage ce qu'il désire. Sauvage explique le motif de sa visite.

— Vous auriez bien mieux fait de me laisser dormir, répond le capitaine d'un air furieux. Et il tourna le dos à son visiteur.

Sans se laisser déconcerter, Sauvage se dirige vers le troisième bateau. Une échelle était dressée le long du bord; il monte et aperçoit, appuyé sur le capot de chambre, un homme paraissant accablé par le chagrin :

— Capitaine, dit Frédéric, voulez-vous vous en rapporter à mon zèle ; dans une heure nous nous mettrons à la besogne, et, foi de Sauvage, après-demain votre navire entrera au port.

— Ah ! Monsieur, répond le capitaine, ce serait un vrai miracle, mais n'importe, je connais votre nom et ce dont vous êtes capable, j'ai foi en vous. Ce bâtiment constitue toute ma fortune, celle de mes sœurs et de ma famille ; s'il reste là, il est perdu ; sauvez-le.

— Allez donc chez votre consignataire ; réclamez vos papiers, demandez quelques barriques et revenez de suite, vous nous trouverez à l'œuvre à votre retour.

Aussitôt les ouvriers aidés de l'équipage s'occupent à démâter ; le bâtiment était crevé des deux flancs, mais le vent avait faibli et on put travailler toute la nuit. Le lendemain à midi il ne restait plus rien à bord, cargaison et gréement, tout était débarqué. Le bâtiment fut couché sur le sable, abattu en carène, une voie fut étanchée à babord et après la marée, on en fit autant à tribord.

La nouvelle de cette tentative se répandit bientôt dans Boulogne et amena nombre de curieux.

— Laissez faire ce jeune écervelé, disaient les vieux marins, l'expérience l'instruira.

D'autres se souvenant de la corvette *la Rose* se demandaient s'ils ne devaient pas croire à la possibilité d'une entreprise réputée invraisemblable.

Toutes les clameurs dont Sauvage était l'objet, n'arrivaient pas jusqu'à lui. Il avait foi dans son étoile et se fiait à cette habileté qui chez lui avait devancé les années.

Pour le soir tous les préparatifs étaient terminés.

— Nous allons dormir avant la bataille, dit Sauvage en riant ; puis s'adressant à ses hommes : la marée sera haute à quatre heures, réveillez-moi lorsqu'elle nous arrivera, je vais me reposer un moment en rêvant du port où nous allons aborder.

A l'heure dite tout le monde, bien reposé, était prêt pour les derniers travaux. Le câble tendu à se rompre semblait attendre quelques vagues pour se reposer à son tour de son grand effort. Enfin elles arrivent, ces vagues si désirées ; le câble paraît se détendre, il est aussitôt rebandé à nouveau. Le bâtiment oscille sur sa base mouvante et après cinq ou six bonds se retrouve à flot.

Le capitaine Pétit saute au cou de Sauvage et le proclame son sauveur !

En se réveillant le matin, les marins de Boulogne purent voir entrer le navire dans leur port. Salué au passage par d'enthousiastes hurrahs, Sauvage courut se réfugier dans la cabine pour se dérober à cette ovation.

Les trois autres navires, toujours cloués sur la plage attendirent les grandes marées, ils furent mis en pièces et l'on put à grand'peine sauver les équipages.

Malgré ces succès éclatants, Frédéric Sauvage n'était pas heureux. Les armateurs ne lui ménageaient pas leur estime, mais en revanche ils lui ménageaient leurs commandes.

— C'est trop bien fait, lui disait-on, et c'est trop cher ; ne soignez pas autant et tout le monde viendra chez vous.

— Jamais, répondit Sauvage ; le choix des matériaux est aussi nécessaire que l'habileté de la mise en œuvre, car la vie des hommes est en jeu ; un navire solidement construit se comportera bien à la mer et résistera à la bourrasque qui suffirait pour engloutir une construction vicieuse ou trop faible.

Le praticien honnête et loyal ne voulut jamais quitter cette ligne de conduite. Il pensait souvent à cette responsabilité morale qui, dans bien des naufrages, a dû peser sur la conscience des constructeurs et aucune perspective d'avantages personnels ne put le faire dévier de sa ligne d'inflexible probité. Les désagréments que cette probité même lui attiraient l'avaient détaché peu à peu d'un état qu'il avait entrepris tout d'abord avec tant de courage et même d'enthousiasme. Lorsqu'il vit que malgré toutes ses espérances, les examens des constructeurs étaient indéfiniment ajournés et qu'on donnait aux planches mal équarries d'un charpentier la préférence sur le fini de son travail, il pensa à quitter un genre d'affaires où la perfection était pour lui la ruine de ses intérêts.

Un dernier fait le décida complètement.

Dans le cours de l'année 1821, pendant qu'il se trouvait à Londres, il reçut avis qu'on allait établir un service de bateaux à vapeur de Boulogne en

Angleterre. Ces bateaux devaient être construits, disait-on, d'après un système nouveau qui présentait d'immenses avantages.

La société qui s'était fondée pour cette entreprise désirait, lui écrivait-on, lui en confier l'exécution.

— Revenez de suite, concluait son correspondant, les projets son prêts, l'inventeur a fait adopter ses plans, les fonds sont réalisés, déjà même deux chargements de bois ont été demandés en Hollande.

Frédéric revint aussitôt. A peine débarqué, il reçut la visite du gérant de la société et de l'inventeur du nouveau système qui lui présentèrent le plan des navires projetés.

Après l'avoir un moment examiné, Sauvage crut devoir faire quelques objections. Il venait d'apercevoir du premier coup d'œil ce qu'il appelait plus tard de monstrueuses absurdités.

Les visiteurs parurent très-surpris du peu d'enthousiasme qu'ils rencontraient. La société, dirent-ils, s'est réunie plusieurs fois et personne n'a fait d'objection ; un capitaine de vaisseau, principal actionnaire, a tout approuvé et nous sommes surpris....

— Je regrette, interrompit Sauvage, de ne point partager l'avis d'hommes aussi compétents, mais votre plan me semble irréalisable.

— Vous ne pouvez juger ainsi à première vue, poursuivit l'inventeur, gardez le plan, examinez-le à nouveau, je reviendrai demain.

Lorsque les deux hommes se trouvèrent en présence le lendemain, Sauvage expliqua les erreurs qu'il avait reconnues ; l'inventeur ne voulut point en convenir ; il avait déjà, disait-il, fait exécuter sur ce plan plusieurs navires qui marchaient parfaitement. Après tout, ajouta-t-il, vous n'avez aucune responsabilité à encourir ; exécutez mes plans et je me charge du reste. Votre rémunération sera de quatre mille francs par chaque navire construit.

— Vous m'en donneriez quarante mille que je refuserais, répondit Sauvage. Ce que vous me demandez, c'est d'apporter ma collaboration à une œuvre qui mettra en péril la vie des équipages et les intérêts de mes concitoyens.

Les négociations en restèrent là.

D'autres constructeurs sollicités à leur tour, acceptèrent sous la condition expresse que Sauvage leur assurerait sa collaboration. A la fin on en trouva un, moins scrupuleux ou moins expert, qui consentit à se charger de l'entreprise.

Le public cependant et les intéressés surtout ne comprenaient rien à tant de retards. On s'étonnait qu'un industriel qui lui-même s'occupait d'inventions et imaginait des moyens de sauvetage, comme il l'avait prouvé récemment, se montrât si peu empressé à seconder un collègue.

A la fin, impatienté de tant de rumeurs et indigné de tant de calomnies, Sauvage fit les plans détaillés des navires projetés ; il démontra par des dessins et une description minutieuse que la construction qu'on voulait tenter reposait sur des principes reconnus erronés par tous et que le projet n'était qu'un assemblage de non sens et d'inadmissibles théories.

Une partie des intéressés fut exaspérée contre l'homme dont l'opiniâtre tenacité déjouait leurs espérances. D'autres, plus sérieux, vinrent le trouver et se firent expliquer les raisons qui le faisaient agir. Bientôt convaincus, ils se hâtèrent de retirer leur signature et de refuser leurs fonds. Pour clore cet interminable débat et mettre fin aux difficultés, l'armateur principal envoya aux premiers constructeurs de Londres les plans de l'inventeur, en les priant de les examiner. Trois semaines après, les plans revenaient annotés par les constructeurs anglais. Toutes les objections présentées par Sauvage étaient visées, et les plans déclarés irréalisables pour les mêmes motifs qu'il avait indiqués.

Frédéric ne voulut pas profiter de la notoriété nouvelle que cet incident venait de lui donner, et de l'évidente supériorité qu'il lui assurait sur tous ses concurrents. Il comprit qu'il ne lui restait plus qu'à chercher fortune ailleurs, et sans récriminations, sinon sans regrets, il abandonna son chantier. La fièvre des inventions commençait à s'emparer de lui, et nous allons le voir à l'œuvre, cherchant le mieux après avoir trouvé le bien, et ne se reposant de ses travaux que par d'autres travaux.

Il fallait bien, du reste, penser aux exigences de la vie matérielle. Sauvage, en 1811, avait épousé la fille d'un professeur de rhétorique de l'Oratoire, devenu juge de paix à Boulogne, lors de la première Révolution. Trois enfants lui étaient nés, et cette jeunesse, dont les joyeux ébats égayaient et consolaient le cœur paternel, créait au chef de famille de nouveaux et impérieux devoirs.

Cette union, cependant, n'était pas heureuse ; Frédéric, consacrant tout son temps à ses occupations, insouciant du monde et désintéressé au-delà même de la raison, aimait par-dessus tout la solitude et la vie intime de la famille. Sa femme qui, jeune fille, avait obtenu de grands succès de beauté, recherchait, au contraire, le monde et les fêtes et reprochait volontiers à son mari l'absence de bien-être que son obstination à trop bien faire apportait au logis.

Une séparation amiable survint ; les deux fils suivirent leur père, la jeune fille, encore enfant, alla habiter chez son aïeul paternel et resta avec lui jusqu'à la mort de ce dernier.

Quelque fut le désintéressement de Frédéric, il comprenait que le travail n'était pas seulement un problême à résoudre, mais encore une question de pain quotidien. Aussi, quittant son métier de constructeur pour se lancer dans une nouvelle entreprise, il se promit de devenir un homme d'affaires et un industriel positif.

Bien des fois, par la suite, il devait oublier cette résolution, et ni les succès, ni la multiplicité de ses inventions, ni la gloire acquise au prix de tant d'efforts ne purent augmenter son patrimoine ou reconstituer une fortune que des essais nouveaux grevaient tous les jours.

A la richesse, il préféra l'honneur, et la gloire au

bien-être; à défaut de fortune, il devait un jour laisser à ses enfants son nom, son œuvre impérissable et le souvenir de son génie.

CHAPITRE TROISIÈME

1821-1831

Sauvage à Elinghen. — Machine à scier le marbre. — Modérateur. — Moulin horizontal. — La médaille d'or. — Le physionomètre.

La date que nous venons d'écrire marque l'époque la plus heureuse de la vie de Frédéric Sauvage. Délivré des soucis que lui causaient des concurrents peu scrupuleux, débarrassé d'une situation financière qui semblait devoir se solder chaque année en déficit, heureux d'une industrie qu'il sut transformer, rassuré enfin sur l'avenir, il pouvait croire que le rayon d'un bonheur durable allait luire sur sa vie encore à son printemps.

Mais, ainsi que l'a dit le poète, l'homme craint son bonheur accompli et s'épuise à poursuivre un idéal toujours changeant.

Sauvage subissait au plus haut degré cette tyrannie de l'imagination : on le voit par la lettre qu'il écrivait à son frère en 1821, en lui expliquant une de ses inventions : « J'arriverai à mieux encore, je l'espère, « car je ne suis heureux que quand il ne me reste « rien à désirer, et je ne balance pas à détruire le

« dimanche ce que j'ai fait dans toute ma semaine.
« Voilà comment mes plaisirs se renouvellent. »

Dans ses promenades aux environs de Boulogne, il avait remarqué les carrières de marbre d'Elinghen, près de Marquise; il pensa que l'exploitation de ces carrières, peu fructueusement entreprise depuis plusieurs années déjà, remplacerait avantageusement le chantier qu'il venait d'abandonner. Plusieurs fois, s'arrêtant au passage, il avait été surpris de la peine que les carriers, malgré leur expérience, se donnaient pour extraire le marbre et pour en tailler les blocs. Il se dit qu'une machine ferait mieux et plus vite ; pour lui, de la pensée à l'exécution la distance était courte, cette fois encore elle fut bientôt franchie. Lorsqu'il se crut sûr de son fait, il acheta le terrain et y installa son usine. Un mois plus tard, la machine à scier le marbre était inventée, une autre destinée à le polir suivait de près, et cette même année, la Société d'Agriculture, du Commerce et des Arts de Boulogne décernait à l'inventeur une mention honorable.

Voici comment Sauvage, en mai 1821, trois mois après avoir quitté son chantier, rendait compte à l'un des siens de son installation :

« Depuis que je suis ici, je ne me suis occupé que d'une machine à scier le marbre, et je n'ai pas lieu de regretter le temps qu'elle me coûte. Je pense vous avoir dit que j'avais trouvé le moyen de réduire la moitié de la main-d'œuvre du sciage. J'irai beaucoup plus loin jusqu'à ce que je ne puisse plus avancer, car alors il faudra bien m'arrêter.

« Suivant quelques personnes, et entre autres mon cher père, la machine marchant bien et offrant un avantage réel, tout doit être terminé ; il n'y a plus qu'un brevet à demander pour m'en assurer la propriété. Mais convient-il de s'arrêter parce qu'on a fait un pas avantageux vers un point ; il faut, selon moi, faire tous ses efforts pour en approcher le plus possible, autrement c'est indiquer aux autres un chemin qu'ils avaient ignoré jusque-là et par lequel ils pourraient dépasser celui qui l'a indiqué. Je ne prétends pas cependant exempter cette mécanique des perfections que l'usage pourrait faire découvrir ; mais je ne veux pas, au moins, regretter un jour de ne m'en être pas assez occupé.

« Mon premier but était de faire marcher dix lames avec deux hommes. J'y suis parvenu facilement. J'ai cherché ensuite le moyen de n'employer qu'un seul ouvrier, cela va bien et j'espère maintenant augmenter mon équipage de scies de quatre lames en continuant à n'employer qu'un seul homme. »

Le nombre des scies fut augmenté comme l'espérait Sauvage ; peu à peu l'appareil reçut des modifications ou des améliorations nouvelles et l'inventeur put bénéficier largement du produit de son ingénieux mécanisme.

Mais il cherchait toujours les moyens de rendre la besogne plus facile et plus prompte. Il avait installé un moulin à vent au-dessus de la machine qui, jusqu'alors, fonctionnait à bras d'homme ; comme le moulin était proche de la mer, et par cela même, exposé à toutes les rafales, les ailes, poussées par le souffle souvent si puissant du vent de mer, tournaient avec une effrayante rapidité; les scies et les polissoires éprouvaient des secousses qui rendaient le travail défectueux. Le mal sautait aux yeux, ses causes étaient évidentes, il s'agissait d'y remédier.

Un jour, le moulin arrêta sa marche. Quand ils revinrent le lendemain, les ouvriers, stupéfaits, constatèrent que, malgré la tempête qui soufflait au dehors, les machines n'obéissaient plus aux caprices du vent.

Dans les vingt-quatre heures, Sauvage avait trouvé le moyen de modérer la vitesse des ailes du moulin et de la rendre presque uniforme. Deux planches, mues par un ressort facile à détendre, avaient été juxtaposées à l'extrémité de chacune des ailes ; l'une des planches était fixe, l'autre s'ouvrait lorsque le mouvement était trop rapide et enrayait, pour ainsi dire, la rotation ; puis, lorsque le vent se calmait, l'appareil se repliait sur lui-même et ne s'ouvrait de nouveau que par suite d'un mouvement trop accéléré.

Sauvage faisait avec empressement, à tous les visiteurs qui se présentaient, les honneurs de son usine; il leur expliquait volontiers le mécanisme de ses machines. Comme un nabab qui puiserait dans un inépuisable trésor, il distribuait à tous, curieux ou intéressés, les richesses de son savoir ; la source était en lui et il sentait qu'elle ne tarirait pas.

— Votre modérateur est parfait, lui dit un jour un de ses amis ; grâce à cet appareil, vos scies font merveille et j'imagine que vos recherches sont complètement terminées.

— Non, pas encore, répondit Frédéric ; l'accélération de la vitesse est maintenant contenue, il est vrai, mais le modérateur n'a pas supprimé absolument toute secousse ; puis, nous avons les accalmies, et alors.....

— Alors, il ne vous reste plus qu'à emprisonner l'air pour en user à votre guise, interrompit l'ami qui croyait rire.

— J'y pense, répliqua sérieusement Sauvage.

Le visiteur partit, convaincu que les inventions avaient troublé le cerveau de l'inventeur ; mais celui-ci y pensait si bien que, quelques semaines plus tard, il installait, non loin du moulin à vent ordinaire, un moulin horizontal.

On en pourra lire plus bas la description ; qu'il nous suffise de dire ici que le résultat cherché était obtenu : les secousses que le modérateur n'avait pu supprimer disparaissaient complétement ; la vitesse était uniforme et les portes multipliées de ce moulin, où l'air entrait de toutes parts comme dans son domaine, en se fermant à volonté, ne laissaient arriver au moteur que le souffle nécessaire à sa marche.

En 1825, la Société d'Agriculture, du Commerce et des Arts envoya des délégués visiter l'établissement modèle, dont la renommée allait grandissant tous les jours. Ils sortirent émerveillés des résultats qu'ils avaient constatés par eux-mêmes et s'empressèrent de faire part à la Société de l'impression qu'ils avaient éprouvée en visitant ce qu'ils appelaient complaisamment « l'usine des merveilles ».

Un d'entre eux, l'honorable M. Marguet, fit à ce sujet un rapport qui fut lu dans la séance publique annuelle, tenue par la Société, devant toutes les notabilités administratives et commerciales du pays. Nous n'en reproduisons ici que les passages les plus intéressants, pour faire connaître, par une description courte et précise, les diverses inventions de Frédéric Sauvage, et pour donner les appréciations formulées par ses contemporains eux-mêmes sur ses premiers essais :

L'établissement de M. Sauvage, dit M. Marguet, est situé au-dessus de la carrière d'où le marbre est tiré. L'usine, dont l'extérieur ressemble à un moulin à vent de dimensions ordinaires, contient, au rez-de-chaussée, deux châssis montés chacun de quinze lames de fer de dix pieds de longueur pour scier le marbre, et de deux frottoirs, l'un au premier étage, l'autre au second, pour polir les pièces débitées en tranches.

Les lames qui opèrent le sciage ont un mouvement extrêmement régulier : aussi les tranches tirées de blocs de grande dimension, de huit pieds de long sur trois pieds de large, par exemple, ne laissent rien à désirer : elles sont d'égale épaisseur dans toute leur étendue, et leur surface ne présente aucune ondulation. Cette perfection du sciage, qui ne se rencontre pas ordinairement dans les autres usines mues par l'eau, tient à la manière dont le mouvement de va-et-vient est imprimé au châssis *porte-lames*. Dans l'établissement de M. Sauvage, ce mouvement se fait toujours en tirant alternativement d'un côté et de l'autre, et jamais en poussant, de sorte que les lames, ne pouvant sauter ou osciller par l'effet de la résistance de la matière ou du sable qu'il faut nécessairement employer pour user le marbre, descendent verticalement sans la moindre secousse, et suivent, sans déviation, le plan de section qui est tracé sur la pierre. Ainsi, dans cette usine, on peut se procurer des tranches très-minces du marbre le plus dur.

Le point de tirage des lames n'est point fixe comme dans les autres usines ; il s'abaisse avec les scies, et le châssis qui les porte reste toujours dans une position horizontale. Cet arrangement est très-avantageux, il contribue à la beauté des produits, et il permet le sciage de blocs d'une hauteur considérable.

Des observations journalières, faites pendant plus d'une année, paraissent prouver qu'une lame de dix pieds de longueur peut descendre de trois lignes en une heure dans un bloc de huit pieds de longueur, ce qui produit une surface de sciage de vingt-quatre pouces carrés, celle de quatre pieds carrés en vingt-quatre heures, et pour les trente lames montées sur deux châssis, une surface totale de cent vingt pieds carrés.

La conduite des lames ou des châssis, le service de l'eau et du sable, n'exigent que deux hommes, et un seul suffit lorsqu'on ne travaille pas pendant la nuit. Il serait facile d'établir la valeur superficielle du sciage d'après ces données; mais je n'entrerai dans aucun détail à ce sujet.

Les frottoirs pour la polissure du marbre servent en ce moment à la fabrication de carreaux destinés à paver les vestibules et autres pièces des maisons d'habitation ; ils sont arrangés très-ingénieusement sur un plan circulaire, et, en vingt-quatre heures, ils peuvent fournir cent vingt carreaux d'un pied de côté, lors même que les morceaux de marbre sont mis bruts, ainsi qu'on les obtient des bancs minces de la carrière. Dans cette usine, la puissance dynamique n'est point assez grande pour faire mouvoir en même temps les lames et les frottoirs, et ces deux opérations se font successivement, et selon la force du vent que les ouvriers utilisent autant que possible ; mais en donnant à cette usine de plus grandes dimensions, on pourrait facilement mener ces deux opérations ensemble, car tout le mécanisme intérieur est disposé pour atteindre ce but.

Le régulateur a particulièrement fixé l'attention de vos commissaires, et ils ont été bien à même d'en apprécier les avantages. Le vent étant par rafales, le mouvement des ailes était très-irrégulier, quelquefois lent et souvent d'une si grande rapidité que, sans ce moyen simple de réduire la vitesse de rotation, l'usine aurait été mise en chômage, ce qui arriverait fréquemment dans la situation où elle se trouve.

Le régulateur est formé de deux planches réunies par des charnières, et maintenues l'une contre l'autre par un ressort d'une force convenablement déterminée. Ces planches ont cinq pieds de longueur, un pied de largeur au bout le plus large, huit pouces à l'autre bout, et sont placées dans le plan des ailes et à leur extrémité qu'elles ne dépassent pas.

L'effet du régulateur est facile à saisir : lorsque le vent est régulier, qu'il n'a qu'une vitesse ordinaire, les ailes tournent régulièrement, et les planches ajustées ensemble restent appliquées l'une contre l'autre et n'offrent aucune résistance à l'air ; leur installation, au contraire, tend à augmenter la surface des ailes et à leur donner plus de puissance. Dès que le vent devient plus fort, le mouvement de rotation s'accélère proportionnellement, les planches s'écartent un peu et s'ouvrent entièrement, c'est-à-dire autant que le ressort peut le permettre, s'il survient une bourrasque ou une rafale ; mais alors, les planches ainsi écartées éprouvent une grande résistance contre l'air qu'elles sont forcées de déplacer, et le mouvement de rotation se trouve ainsi singulièrement ralenti : il serait même détruit tout-à-fait si les planches du régulateur avaient des dimensions suffisantes.

Pour apprécier l'effet de ce mécanisme, on en a assujetti les planches avec une corde, de sorte que, pendant la rotation des ailes, elles ne pouvaient pas s'écarter. Plusieurs observations ayant été faites pendant la durée des rafales, on a obtenu, pour la vitesse moyenne par minute, neuf tours et demi, et six tours seulement lorsque fonctionnent les régulateurs.

D'où il résulte que les régulateurs, tels qu'ils sont installés à cette usine, réduisent d'un tiers environ la vitesse de rotation dans les bourrasques. Il est essentiel de faire remarquer que l'accélération de vitesse est extrêmement préjudiciable au sciage, et qu'elle le rendrait même impossible sans l'application de ces régulateurs, car le mouvement de va-et-vient s'accroît au point de tout rompre, et c'est cette difficulté à vaincre qui a donné à M. Sauvage l'ocasion de chercher les moyens de modérer la marche des usines mues par le vent.

La polissure pourrait encore moins s'effectuer que le sciage si l'accroissement de vitesse du volant ne pouvait être modéré, parce que les ouvriers courraient les plus grands dangers, et vos commissaires ont été témoins de ce qui arrive quand les régulateurs sont tenus fermés.

Les carreaux, étant mus circulairement par la machine à polir, tendent à s'échapper latéralement par l'effet de la force centrifuge, et ils s'échappent aussi, et frappent rudement les murs lorsque, par l'action d'une rafale, le mouvement devient très-vif. Ces accidents, qui pourraient être très-funestes aux ouvriers occupés à jeter le sable et l'eau, n'ont jamais eu lieu depuis l'installation des régulateurs.

La Commission approuve donc cette manière de diminuer l'action du vent sur les volants, et elle en conseille l'usage pour les moulins ordinaires ; mais elle désire que M. Sauvage désigne le mécanisme sous le nom de modérateur, qui est le seul qui lui convienne, car il n'a pas pour objet de rendre le mouvement régulier, mais bien de le ralentir, de le diminuer, enfin, de le modérer.

M. Sauvage a fait voir à la Commission une autre usine établie à peu de distance de la première, dans laquelle les ailes qui la mettent en mouvement sont horizontales. Cette manière de les disposer présente l'avantage d'obtenir un mouvement continu, quelle que soit la direction du vent.

Cette usine est très-simple ; elle consiste en une enceinte circulaire en planches, qui est traversée, dans son milieu, par un arbre vertical, mobile sur un pivot.

Cet arbre porte au-dessus des planches huit ailes qui divisent la circonférence de l'enceinte en parties égales ; les ailes sont implantées de champ dans l'arbre ; elles sont courbes et forment deux rangs qui se recouvrent un peu. Les quatre ailes du bas sont placées dans les intervalles des quatre du haut, afin que le vent, qui entre latéralement dans l'enceinte par des portes mobiles, agisse plus efficacement sur elles, et que l'air intérieur éprouve moins de résistance. La partie inférieure de l'arbre reçoit les roues dentées et les engrenages nécessaires au sciage ou à la polissure du marbre. Cette enceinte est couverte d'un toit, et les portes qui donnent entrée au vent peuvent être entièrement fermées. Ainsi, toutes les parties du mécanisme qu'elle contient peuvent être mises à l'abri lorsque l'usine est au repos.

La Commission, très-satisfaite de l'établissement de M. Sauvage, qui est un des mieux soignés dans son genre et qui atteint complètement son but, désire, Messieurs, que vous accordiez une médaille d'or à cet estimable correspondant.

Sauvage fut d'autant plus sensible à la modeste récompense qui lui était accordée par sa ville natale que les termes du rapport étaient à la fois la reconnaissance de ses services et un encouragement à marcher dans la voie qu'il s'était tracée : la médaille d'or, en effet, lui fut décernée « comme un témoignage de « satisfaction pour ses inventions, son zèle, ses talents « et son ardeur à perfectionner les machines utiles. »

Mais le repos, nous l'avons dit déjà, était absolument antipathique à la nature de Sauvage. Il semblait, suivant ses propres expressions, qu'il ne pouvait toucher à rien, ni rien étudier sans s'ingénier aussitôt à la recherche d'un mécanisme qui simplifiât les mécanismes connus ou qui rendit plus pratique et plus facile le fonctionnement d'une industrie.

Lorsque la médaille d'or récompensa ses efforts, son établissement était en pleine prospérité ; la perfection et la rapidité du travail, obtenues grâce à ses inventions, lui assuraient sur tous ses concurrents un avantage considérable ; il ne lui restait plus qu'à attendre la fortune qui venait d'elle-même à grands pas. Comme il n'avait plus à s'occuper de ses machines qui étaient parvenues au dernier degré de perfection, il utilisa, pour distraire ses loisirs, le talent de dessinateur qu'il avait acquis autrefois. Il fit d'abord sur papier, des portraits d'une ressemblance frappante et bientôt quittant le crayon pour le ciseau du statuaire, il tailla dans le marbre des portraits non moins ressemblants. Les visiteurs affluaient chez lui et chaque visiteur devenait un ami qui s'intéressait à ses découvertes et le félicitait de ses succès. Ce fut pour eux que Frédéric commença ses essais de statuaire; la matière première ne lui manquait pas, il prenait un bloc de marbre et sculptait de face ou de profil le portrait du visiteur; mais le modèle devait souvent revenir et poser longtemps. C'était un ennui; comment l'éviter? La photographie étant encore inconnue, comment reproduire exactement la nature?

Sauvage chercha et il trouva.

Le physionomètre fut inventé. Entre deux planches arrondies, de la grandeur d'un quart de cercle environ, étaient placées des tiges en fil de fer, agissant librement entre deux trous, comme une mine de plomb trop mince le ferait dans un porte-crayon. En penchant les planches tenues à la main, toutes les aiguilles sortaient; Sauvage les appliquait sur le milieu du visage dont il désirait garder le profil exact, et les parties saillantes repoussant les aiguilles, laissaient sur l'instrument le contour de l'objet que l'on y avait présenté. Sauvage alors relevait immédiatement le profil sur le papier, non-seulement pour n'avoir pas à recommencer si les aiguilles se dérangeaient, mais encore pour arriver, à l'aide du pantographe d'Archimède, à réduire les dimensions de la figure en gardant exactement la proportion des traits et en conservant une scrupuleuse ressemblance.

Sauvage utilisait ainsi dans ses loisirs ses dispositions artistiques. Il donnait satisfaction au besoin d'activité qui le dévorait, par la mécanique, par le dessin, par la sculpture, par la musique, par les vers, car il était poëte à ses heures et faisait partie d'une réunion de jeunes boulonnais qui *sacrifiaient eux-mêmes aux muses*, pour employer le style de l'époque.

Nous retrouvons à ce sujet dans ses papiers une chanson que nous reproduisons à titre de curiosité; elle est intitulée : *Le Constructeur poëte :*

Messieurs, quand je fais un corsaire
Mon seul but est qu'il marche bien ;
Son bonheur, je ne puis le faire,
Et quelquefois il ne prend rien ;
Mais l'air très-souvent est contraire,
Alors, je n'ai point de regrets :
Car l'air fait marcher mon corsaire,
Et l'air fait passer mes couplets.

D'un constructeur faire un poëte,
Vraiment le tour serait heureux ;
Je vais donc me creuser la tête ;
Quoi ! pour faire des vers honteux ?
Non ! non ! je n'ai point ce courage,
Car on dirait — voyez un peu —
Sur l'eau va toujours son ouvrage,
Mais il ira ce soir au feu.

Messieurs, en faisant un corsaire
Je redoute moins les censeurs,
Car dans ce siècle, sur la terre,
Se trouvent moins de connaisseurs.
Un couplet dont je suis le père
Est-il difforme ou de travers ?
En bois sec je fais un corsaire
Et mes couplets sont faits *en vers !*

Le mouvement littéraire de 1830 avait, on le voit, recruté des adeptes jusqu'à Boulogne. Les ouvriers de Sauvage eux-mêmes ne restaient point en arrière et c'est en vers qu'ils souhaitaient la fête de leur patron. Tout alors semblait lui sourire, mais les jours heureux touchaient à leur fin.

Les rudes combats de la vie vont bientôt commencer pour Sauvage. Chercheur infatigable, il dotera son pays et toutes les nations maritimes d'une magnifique découverte ; il rapprochera les continents séparés par l'immensité des mers, en mettant aux mains des navigateurs une force inconnue qui maitrisera les vents et les courants contraires. Il rendra vingt fois plus courte la route du nouveau monde frayée par Christophe Colomb. Le calme, plus terrible parfois que la tempête, n'immobilisera plus le navire dans les solitudes de l'Océan ; mais Sauvage trouvera autour de lui l'indifférence, l'envie, l'hostilité des médiocrités vaniteuses ; il approchera vingt fois du but et vingt fois une fatalité incroyable le rejettera dans un abime de déceptions et de souffrances.

Mais qu'importe à ce rude athlète la souffrance et la déception. Il suivra son idée, lui sacrifiant tout, repos et fortune, et en complétant l'œuvre des Salomon de Caus, des Papin et des Fulton, il ajoutera un nom glorieux au martyrologe de la science.

CHAPITRE QUATRIÈME

1831-1833

L'hélice — La première idée. — Expériences à Boulogne. — Rapport de M. Marguet. — Départ pour Paris.

L'usine d'Elinghen n'avait point empêché Frédéric Sauvage de garder sa résidence à Boulogne. Un jour des premiers mois de 1831, comme il se trouvait chez un pharmacien son voisin et un peu son ami, il ouvrit en causant un journal laissé sur le comptoir.

Tout à coup il pousse une exclamation ; il venait de lire un passage où l'on annonçait l'intention du Gouvernement de faire construire un grand nombre de bateaux à vapeur.

— Encore des roues à aube, s'écria-t-il ; que de force perdue !

Les nombreux inconvénients de ce genre de propulsion étaient depuis quelque temps sa préoccupation constante. Toujours captivé par ce qui intéressait la marine et surtout les constructions navales, Sauvage avait juré *in petto* l'abolition des roues.

— N'est-ce pas assez ridicule, disait-il à ce sujet, de voir les bateaux à vapeur avec deux immenses tambours accrochés à leurs flancs ; ils ressemblent à des ânes chargés de reliques.

Il avait cherché sans le trouver un propulseur moins disgracieux et surtout plus puissant. La nouvelle qu'il venait de lire le plongeait dans ses réflexions habituelles et il restait là, replié en lui-même, lorsque ses yeux se fixèrent sur un vase où un poisson rouge frétillait sous un gai rayon de soleil. Il suivait d'un regard attentif les mouvements du grâcieux cyprin qui évoluait dans l'eau au gré de sa fantaisie, tantôt côtoyant sa prison de cristal, tantôt virant de bord brusquement, sans effort, par un simple mouvement de queue. Sortant enfin de sa contemplation, Sauvage se leva et partit. Il n'en était pas encore à son triomphant *Eureka*, mais il se disait avec assurance en sortant : « Je trouverai ! »

Familiarisé depuis son enfance avec la rame et la *godille*, il maniait surtout cette dernière si habilement, qu'il lui était arrivé de devancer ainsi, seul sur une embarcation, un canot manœuvré par deux vigoureux rameurs. Les mouvements obliques de la queue du cyprin, qu'il venait d'observer, avaient ramené sa pensée sur l'action de la godille, et l'idée lui vint enfin de donner au propulseur qu'il cherchait la forme héliçoïde et de le placer à l'arrière des navires, comme les nageoires à l'extrémité du corps des poissons.

Du moment où il se fut posé le problême, il n'eut plus de repos avant d'en avoir trouvé la solution. Son premier soin avait été de construire lui-même un petit bâteau de 271 millimètres de long sur 108 millimètres de large et 68 millimètres de creux. Cette corvette en miniature avait un tirant d'eau de 63 millimètres.

Sur cette embarcation, flottant dans un canal artificiel d'une dimension suffisante, il se livra, nous raconte M. Urbain Fage, un de ses biographes, à de longues expériences, appliquant successivement les roues à aubes, dans les proportions convenables à la grandeur du bateau et l'hélice dont il variait chaque jour la forme et la dimension. Un petit appareil approprié à l'expérience faisait mouvoir la frêle embarcation.

On peut plus facilement concevoir que raconter tout ce qu'il déploya dans ces recherches de patience, de sagacité, de fiévreuse contention d'esprit, jusqu'au moment où de cette étude obstinée sortit enfin la solution du problème.

Voici comment il nous expose lui-même l'idée génératrice à laquelle il obéit :

« Connaissant la puissance d'une godille, je m'attachai à produire son effet par un mouvement continu et susceptible de l'application de la vapeur. Je figurai donc une rame en godille, placée dans la position la plus favorable, 45 degrés. Je traçai une hélice dont la ligne supérieure renferme tout l'espace parcouru par la rame en fonctionnant convenablement et j'obtins une hélice dont le diamètre est égal à sa longueur.

« Des expériences réitérées, en augmentant ou diminuant le diamètre, me prouvèrent qu'on ne pouvait s'écarter de cette ligne sans perdre de force propulsive ou sans être obligé d'augmenter sensiblement la force destinée à imprimer le mouvement de rotation. C'est par ce raisonnement que je fus amené à établir une hélice dont la ligne extérieure renferme l'espace que parcourt une godille fonctionnant sous un angle de 45 degrés. »

Ce ne fut qu'en décembre 1831, après plus de dix mois de recherches, de tentatives et d'essais sans cesse renouvelés, que Sauvage mit la dernière main à l'œuvre qui devait à jamais illustrer son nom.

Une tige de bois de sureau, sur laquelle des aiguilles étaient fixées perpendiculairement comme autour d'un axe, composait tout le mécanisme : un morceau de toile huilée, collé de chaque côté des aiguilles suivait avec elles les ondulations de l'hélice. On eut dit à la voir fonctionner avec une telle flexibilité la queue d'un poisson s'élançant dans l'eau. Au milieu du bateau dont nous avons donné les dimensions se trouvait un mât surmonté de deux poulies, sur ces poulies glissait une ficelle dont un bout s'enroulait autour de l'arbre de l'hélice et dont l'autre supportait un poids qui, en descendant, imprimait à l'hélice la rotation nécessaire pour pousser le bateau en avant.

C'est avec cet appareil tout primitif que Sauvage fit ses premiers essais ; c'est avec lui que, sûr du résultat, il demanda à l'approbation de ses concitoyens la consécration de ses efforts et de son invention. Le couvercle d'une marmite soulevé par la vapeur de l'eau bouillante avait, deux siècles auparavant, préparé la révolution qui devait changer la face du monde; un morceau de sureau, quelques aiguilles habilement disposées et un lambeau de toile imbibé d'huile allaient opérer une révolution nouvelle.

La première expérience publique eut lieu le 15 janvier 1832. La réunion se composait des notabilités de la ville et du port de Boulogne. Il y avait là un ingénieur des ponts-et-chaussées, un professeur de marine, des officiers de la marine militaire, des capitaines au long cours. L'épreuve eut un plein succès. Séance tenante procès-verbal en fut dressé et ce rapport désormais historique fixait pour la découverte une date précise en même temps qu'il constatait la supériorité du nouveau système.

Nous croyons devoir donner place ici à cet important document :

Les bâtiments à vapeur, dans l'état de perfection où ils sont arrivés, laissent encore beaucoup à désirer sous le rapport du mécanisme extérieur qui sert à leur manœuvre.

Une grande partie de la force motrice est perdue dans l'action des roues, par des chocs considérables et le soulèvement d'une grande masse d'eau. La force nécessaire à vaincre ces résistances peut être facilement évaluée, et pour l'obtenir exactement, il suffirait de comparer le pouvoir de la machine à vapeur à celui du nombre de chevaux capables d'imprimer et de continuer au bâtiment la même vitesse pendant un temps déterminé. Cette perte de force a été reconnue par les constructeurs, et ils ont fait des efforts infructueux jusqu'à présent pour la diminuer. Ils ont, en effet, varié la forme des aubes, ainsi que les moyens de les adapter aux roues. Ils n'ont employé qu'une seule roue, qu'ils ont placée au milieu du bâtiment; mais le système des deux roues est resté en vigueur et a prévalu malgré ses défectuosités.

Pour arriver à un perfectionnement remarquable dans la disposition extérieure du mécanisme des bateaux à vapeur, il était peut-être nécessaire d'abandonner les roues à aubes, et de chercher d'autres moyens de transmission du mouvement; c'est ce qu'a tenté avec succès M. Frédéric Sauvage, ancien constructeur de navires à Boulogne-sur-Mer, et les essais qu'il a faits justifient ses prévisions.

Sur un petit bateau de 271 millimètres (10 pouces) de longueur de tête en tête, 108 millimètres (4 pouces) de largeur, et 68 millimètres (2 pouces 6 lignes) de creux, et tirant 63 millimètres (2 pouces 4 lignes) d'eau, il a successivement appliqué les roues actuellement en usage, dans les proportions convenables à la grandeur du bateau, et le mécanisme de son invention; et au moyen d'un appareil approprié à l'expérience, il a fait mouvoir la petite embarcation dans un canal artificiel d'une longueur suffisante à son objet.

Le bateau, tout gréé, pesait 545 grammes et déplaçait 544,61 centimètres cubes (27 pouces cubes 46 centièmes) d'eau; il fut mis en mouvement d'abord avec les roues à aubes, et au moyen d'un poids de 19 grammes, appliqué à l'axe des roues, il parcourut moyennement, en une minute, 2 mètres 362 millimètres (7 pieds 3 pouces 3 lignes). Les roues enlevées et remplacées par le nouveau mécanisme, le bateau, chargé de même, et mu par le même poids, parcourut aussi moyennement, en une minute, 7 mètres 244 millimètres (22 pieds 3 pouces 7 lignes), d'où il résulte une vitesse observée trois fois plus grande.

Cette marche supérieure du bateau est bien digne de fixer l'attention des constructeurs, car elle n'est nullement exagérée, et l'on peut affirmer qu'elle est au-dessous du chiffre donné par d'autres expériences ; mais comme elle suffit pour l'appréciation de l'excellence de l'invention, on s'en tient aux données fixées ci-dessus pour établir le rapport des vitesses obtenues par l'application successive d'une même force aux deux machines mises en comparaison.

Le nouveau mécanisme est d'une grande simplicité ; il est entièrement immergé dans l'eau, et peut être placé sous la coulée du bâtiment, de manière à présenter moins de saillie extérieure ; il n'est donc sujet à aucune des avaries auxquelles sont exposées les roues actuelles ; il n'a point non plus l'inconvénient de tourner dans le vide comme les roues des bâtiments qui naviguent à la mer par les gros temps, et il peut s'appliquer à toutes les petites embarcations, dans lesquelles il suffira d'un seul homme ou même d'un mousse pour les faire mouvoir d'une manière très-avantageuse.

L'invention de M. Frédéric Sauvage paraît donc devoir être féconde en heureux résultats, et il est à désirer qu'il la fasse connaître dans tous ses détails : et comme ce nouveau mécanisme peut être adapté aux bâtiments à vapeur actuels sans de grandes dépenses, on ne doute point qu'une expérience décisive ne soit bientôt faite par des particuliers ou par le Gouvernement qui a, aussi bien que l'industrie particulière, un grand intérêt au perfectionnement de la navigation par la vapeur.

Nous, soussignés, sur l'invitation de M. Frédéric Sauvage, avons assisté aux expériences ci-dessus rapportées, et nous attestons le rapport qui en est fait sincère dans tout son contenu. Nous engageons ce constructeur, aussi modeste que méritant, à faire connaître sa découverte dans l'intérêt de la science, de l'industrie et dans son intérêt particulier.

A Boulogne-sur-Mer, le 15 janvier 1832.

Signé: MARGUET, *ingénieur en chef au Corps royal des Ponts-et-Chaussées ;*
AL. ADAM, *maire de Boulogne ;*
GAILLON, *receveur principal des Douanes, membre de plusieurs Sociétés savantes ;*
LEDUCQ, C. BONNET, DUTERTRE-YVART, *membres de la Société d'Agriculture, du Commerce et des Arts de Boulogne ;*
SAUVAGET, *capitaine d'artillerie, capitaine au long cours et officier de la Légion d'Honneur ;*
LEGRIX, *professeur de marine ;*
POLLET, *lieutenant de port;*
PAMART, *membre de la Chambre de commerce, président du Tribunal de commerce ;*
ZYLOF, *lieutenant de vaisseau, membre de la Légion d'Honneur;*
TANQUERAY, *capitaine au long cours.*

L'approbation unanime des témoins et les termes de leur rapport étaient déjà pour Sauvage une précieuse récompense, mais que faire à Boulogne et comment y obtenir la consécration que l'emploi de l'hélice sur les bâtiments de l'Etat devait donner à son invention ? C'est à Paris seulement qu'il pouvait mener son œuvre à bonne fin.

Persuadé que les résultats devaient sauter aux yeux des moins clairvoyants, l'inventeur se croyait d'avance certain du succès et ne soupçonnait pas les difficultés qui allaient se dresser devant lui. On l'eut bien surpris en lui répétant ce mot de Mirabeau : « On ne réussit jamais à persuader, lorsqu'il faut prouver l'évidence. » Pour lui, l'évidence devait s'imposer à tous et, quand il quittait ses carrières de marbre, une situation lucrative et honorable, un pays où il était connu et aimé, des amis dont le dévouement devait lui rester fidèle, il ne se doutait pas que la gloire, suivant le mot d'une des femmes les plus spirituelles de notre temps, serait pour lui, comme elle l'avait été pour tant d'autres, le deuil éclatant du bonheur.

Les compatriotes de Sauvage ne s'en doutaient pas davantage. Comme lui, ils avaient foi dans l'avenir et leur confiance était si grande qu'avant qu'il eût rien tenté, qu'avant même son départ, une société avait acheté 180,000 francs une part de son invention.

La veille du jour où il allait quitter Boulogne, Sauvage réunit dans un grand dîner d'adieu ses actionnaires qui tous étaient ses amis. On devait signer l'acte au dessert et tout était décidé lorsque Madame G...d, une de ses amies d'enfance, souleva quelques objections mettant en doute le succès que chacun acclamait autour d'elle. Frédéric, dans l'enivrement de ses espérances, supporta impatiemment ces observations, et bientôt, cédant à un mouvement irréfléchi d'impatience :

— Madame, s'écria-t-il, pensez à raccommoder vos chausses et laissez aux hommes leurs grandes entreprises.

Une rancune de femme fit tout manquer. Quelques heures plus tard, le traité qu'on devait signer était jeté au feu, mais l'inventeur ne s'en inquiétait pas. La vente de son usine lui avait fourni assez d'avances pour qu'il pût attendre patiemment un triomphe qu'il croyait infaillible, et comme un de ses amis lui reprochait d'avoir perdu par sa faute une si belle occasion :

— Bah ! répondit-il, que m'importe ! une de perdue, cent de retrouvées.

Le lendemain matin, Sauvage partait pour Paris. Ce fut à Abbeville qu'il s'arrêta d'abord : son frère y était établi orfèvre-argentier ; Frédéric passa quelques jours auprès de lui.

Ce délai ne fut pas inutile : M. Pierre Sauvage confectionna pour l'inventeur une hélice en cuivre identique au modèle, et substitua aux poulies un ressort d'horlogerie, lequel, posé à fond de calle, remplaçait très-avantageusement, comme force motrice, le poids utilisé jusque-là.

L'hélice de ce bateau était alors placée à l'arrière, sur la ligne de la quille entre deux étambots ; mais, pour parer aux secousses produites par la poussée de l'eau sur la poupe du bâtiment, Sauvage fit un autre bateau semblable au premier et y installa deux hélices, l'une à droite, l'autre à gauche de la coulée du bateau ; les deux hélices fonctionnaient en sens inverse, elles évitaient toute saccade en repoussant l'eau de chaque côté et facilitaient beaucoup l'action du gouvernail. L'effet produit ainsi était celui de deux coups de godille, l'un à droite et l'autre à gauche, donnés simultanément.

Riche d'espoir et d'illusions, Frédéric Sauvage arrivait à Paris avec son hélice dans les premiers jours du mois de mars 1832. A peine installé, il sollicita du ministre de la marine une audience qui lui fut accordée.

Muni de ses bateaux, de ses hélices et d'un petit canal en zinc, il se rendit au ministère et expliqua à l'amiral de Rigny sa découverte qu'il appuya de plusieurs expériences. L'amiral accueillit gracieusement l'inventeur, parut s'intéresser beaucoup aux démonstrations qui lui étaient faites et invita Sauvage à faire une application de son propulseur sur un canot de quinze à seize pieds, afin que l'on pût mieux juger de l'avantage du nouveau procédé.

Aussitôt ce canot construit et installé, Frédéric en informa le ministre. Celui-ci nomma sans retard une commission que devait présider l'amiral Alghan avec lequel, Sauvage avisé par lettre, était prié de s'entendre pour convenir du jour.

Comme on le peut bien penser, Frédéric n'eut garde d'y manquer. Il alla voir l'amiral qu'il eut bientôt convaincu de la portée considérable de sa découverte, et prit date avec lui pour l'examen projeté.

Le matin du jour où devaient avoir lieu les épreuves, Sauvage reçut la visite d'un employé du ministère l'avisant que son Excellence s'était trompée en désignant l'amiral Alghan comme président de la commission, l'examen étant du ressort de l'amiral Willaumetz. Deux heures plus tard, les commissaires se rendaient sur le bateau amarré dans le canal de l'Ourcq. Sauvage fit de son mieux les honneurs de son invention, mais l'expérience, quoique satisfaisante, n'attira pas sérieusement l'attention d'aucun des membres de la commission ; « ce qui me fit comprendre, écrivait Frédéric à ce sujet, que j'avais affaire à des gens plus portés à s'acquitter d'une corvée, qu'à rendre hommage à la vérité. »

L'examen de la commission ne produisit aucun résultat. L'inventeur en fut affecté, mais non découragé, car il avait dans le succès une foi invincible et rien ne pouvait l'empêcher de marcher droit à son but.

Il avait pris, en arrivant à Paris, un brevet de quinze ans ; il remplit alors les formalités nécessaires à l'obtention d'un *caveat* en Angleterre, car nos voisins n'accordaient pas, à cette époque, de brevet aux inventions étrangères. Le *caveat* en tenait lieu ; c'était comme une prise de date qui sauvegardait les intérêts engagés, en même temps qu'elle empêchait les contrefaçons. Mais il fallait, chaque année, payer une redevance, et le non-paiement faisait tomber l'invention dans le domaine public.

Sauvage s'empressa d'en appeler, d'une commission mal disposée, à une autre commission, suivant lui mieux composée. Le ministre s'y prêta volontiers et envoya ses aides-de-camp assister à de nouvelles expériences.

L'inventeur, mieux écouté cette fois, se montra lui-même plus persuasif, il avait devant lui des gens sans parti pris, désireux de s'instruire, semblait-il, et qu'aucune intrigue n'avait encore atteints. Sur son canot de six mètres de longueur, il évolua avec une facilité qui lui attira d'unanimes félicitations. Un homme placé au milieu du canot tournait une roue qui communiquait son mouvement à l'hélice, et le propulseur put déployer à l'aise toutes les ressources de son ingénieux mécanisme.

Chacun criait bravo, mais un des personnages présents à l'expérience ayant demandé à Sauvage, par étourderie à coup sûr, pourquoi ses hélices étaient placées à l'arrière et non en tête du canot, Frédéric, surpris, le regarda fixement et, avec un air d'inexprimable dédain, répondit :

— Par la même raison, Monsieur, que les poissons n'ont pas leur queue sur la tête.

Le malencontreux questionneur se le tint pour dit et ne répliqua rien. Il devait se venger plus tard et Sauvage paya cher cette réponse intempestive. Cependant tout fier de son succès et sûr maintenant du rapport qui devait le constater, celui-ci s'occupa de rechercher sur les canaux aboutissant à la Seine un bâtiment à vapeur qui pût lui servir pour de nouvelles expériences et convaincre à la fois le Gouvernement, s'il ne l'était pas encore, et les armateurs s'ils pouvaient l'être.

Déjà plusieurs propositions lui avaient été faites pour l'exploitation du nouveau propulseur. Le commerce maritime des canaux que les chemins de fer devaient, trente ans plus tard, presque complètement annihiler était alors à son apogée. Sauvage n'avait aucune raison pour cacher ses expériences ; au contraire, il les renouvelait volontiers, allant tantôt dans une direction et tantôt dans une autre, pour attirer l'attention sur un système de locomotion qui excitait partout la même surprise et une constante approbation.

Les armateurs de Bordeaux, avisés par leurs correspondants de cette découverte, avaient fait demander à l'inventeur s'il voulait consentir à traiter avec eux, mais celui-ci, peu désireux d'assumer les difficultés d'une exploitation en détail, ajourna la solution des offres qui lui étaient faites à Bordeaux comme à Paris. Il voulait, du reste, forcer l'attention en montrant ses hélices fonctionnant sur un bateau plus grand encore que le premier. La voie dans laquelle il s'était engagé était la plus longue et la plus difficile; il le savait, mais le succès qu'il en espérait lui garantissait l'avenir.

Les aides-de-camp du ministre avaient donné à ce dernier les renseignements les plus favorables sur les expériences auxquelles ils avaient assisté. Le ministre en avait écrit à M. Adam, de Boulogne, le félicitant de l'invention de son concitoyen et lui annonçant les résultats constatés par le rapport de la commission. Il ne fallait rien moins que cette nouvelle pour aider Sauvage à prendre patience.

C'est au moment où le choléra faisait ses plus grands ravages qu'il était arrivé à Paris; lui-même n'en avait pas été atteint, mais il avait dû lutter contre des étouffements provoqués par un asthme nerveux. Pendant plus de deux mois, il lui avait été impossible de se coucher; l'air de Paris lui était contraire, assuraient les médecins, mais il l'était également pour eux, car le malade vit mourir, à diverses reprises, ceux qu'il avait appelés pour le soigner. La maison qu'il habitait ne fut pas épargnée et les victimes étaient si nombreuses qu'un de ses voisins de chambre, emporté à son tour, resta plus de trois jours sans sépulture.

« Maintenant, écrivait Sauvage à sa famille, je puis vous garantir que la contagion n'est pas fatale, car je n'eusse pu résister à un pareil voisinage. »

Il semblait n'en valoir guère beaucoup mieux, ses jambes et ses bras avaient été brûlés à diverses reprises par de puissants révulsifs qui n'avaient réussi qu'à grand'peine à le soulager ; épuisé par ses insomnies, par l'énervement qu'elles lui causaient, il essayait de réagir contre la souffrance en travaillant toujours avec la même vaillance. Par malheur, l'épidémie en éloignant de la capitale un grand nombre de personnes le privait de plusieurs protecteurs sur qui il avait cru pouvoir compter pour le seconder dans ses efforts.

A force de recherches, Sauvage avait trouvé les débris d'un bateau sur lequel on avait fait, quelque temps auparavant, des essais de divers mécanismes ; il le loua, y fit monter une machine mue très-aisément à bras d'hommes et installa entre deux étambots une hélice dont il modifia un peu la longueur afin de la mieux approprier à la navigation fluviale.

Une intrigue, pensait-il justement, peut étouffer, par un silence calculé, une invention utile, mais quand cette invention a été jugée par des hommes qui peuvent en tirer profit, elle n'est point exposée à passer inaperçue.

Il commençait à comprendre qu'il fallait compter avec les passions des hommes. « Mon audace est bien grande, écrivait-il à son frère, j'ai la prétention de détrôner complètement le système de la seringue pour les essais duquel le Gouvernement a dépensé déjà plus de trois cent mille francs. Je conçois qu'il est fâcheux pour des ingénieurs reconnus et payés comme des hommes du plus grand mérite de renoncer à un projet qui a coûté si cher à l'Etat. Ces mêmes hommes, en cessant leurs expériences, seraient forcés de dire : Notre moyen ne vaut rien. Toutes les occasions que j'avais trouvées jusqu'ici pour mettre mes hélices en évidence ont été détournées pour ce motif. J'étais loin de m'attendre à ces contradictions, mais quand on est engréné il faut moudre, et j'irai jusqu'au bout. »

Fidèle au plan qu'il s'était tracé, Sauvage, attendant toujours la communication officielle du rapport de la dernière commission, s'empressa, aussitôt que le canot fut disposé, de recommencer ses expériences sur le canal de la Villette. Le bateau, chargé de neuf personnes, fit, par la rapidité de sa marche, l'admiration de tous les passagers. On parcourut ce jour-là trois lieues environ avec la vitesse qu'auraient obtenue deux rameurs très-habiles. Cette promenade valut à l'inventeur les félicitations les plus empressées ; plusieurs des passagers voulaient même faire adapter de suite les hélices à leurs bateaux de plaisance, mais Sauvage s'y refusa.

— Attendez, répondit-il à toutes les offres qui lui

étaient faites, je ne déciderai rien sans avoir la solution du ministre que je prierai d'assister lui-même à une expérience. Je le verrai dès demain.

Le lendemain, l'inventeur était dans son lit. Cette fois, il se crut atteint du choléra, il en fut quitte pour la peur et pour une nouvelle attaque d'asthme et de rhumatismes. — Lorsqu'il put tenir une plume, il demanda une audience du ministre. Sa demande fut favorablement accueillie, et le samedi suivant lui fut désigné pour se présenter au ministère.

A l'heure dite, Sauvage était exact au rendez-vous, mais il avait compté sans l'enterrement de Casimir Périer, auquel le Cabinet tout entier avait tenu à assister. On lui répondit : Son Excellence vous attendra demain à la même heure.

Lorsque Sauvage se présenta le lendemain, le ministre cette fois encore était absent : le roi venait de le faire appeler.

Frédéric se disposait à faire une troisième tentative pour obtenir une audience, lorsqu'il reçut du ministère une lettre l'avisant que les renseignements fournis par la commission sur les expériences auxquelles ses membres avaient assisté ne leur laissaient aucun doute sur la supériorité des hélices comparées à tous autres propulseurs, mais qu'ils avaient reconnu également l'impossibilité de les employer sur les grands bâtiments.

La lettre concluait textuellement ainsi : « *L'application en grand du système des hélices ne peut être adoptée, des expériences récemment faites aux Etats-*

Unis ayant démontré que ce principe était impuissant sur une grande échelle. »

Des erreurs de ce genre devraient nous rendre plus indulgents pour celles que nous reprochons de si haut aux siècles passés.

Cette lettre frappa Sauvage d'un coup d'autant plus rude qu'il était plus inattendu; mais il avait pour adversaires tous ceux qui, de près ou de loin, étaient intéressés à la routine, cette puissante forteresse où se retranchent les incapables et les envieux pour barrer la route au progrès.

Les Anglais avaient vendu, quelques années auparavant, le droit exclusif d'employer les roues à aubes à un ingénieur fort bien en cour dans les bureaux de la marine; tous les bâtiments de l'Etat étaient ornés de ces deux immenses tambours qui encombraient leurs flancs, et dont les inconvénients, déjà reconnus en Angleterre, s'affirmaient chez nous de jour en jour; mais l'ingénieur concessionnaire tenait au vieux système par cela seul qu'il lui rapportait de grosses sommes, et les bureaux tenaient à l'ingénieur parce que c'était un personnage officiel.

Et comment un simple particulier, qui n'avait d'autre force que son génie inventif, d'autre recommandation que celle d'une innovation magnifique, aurait-il pu lutter contre des commis, décorés du nom de directeurs ou de sous-chefs, devant lesquels les ministres eux-mêmes sont souvent forcés de s'incliner, car les ministres gouvernent et les bureaux règnent.

La fatalité qui, dans le drame antique, condamnait

les héros à la malédiction des dieux semblait s'acharner contre Sauvage.

De quelque côté qu'il se tournât, il se heurtait contre l'imprévu.

Après avoir refusé les offres qui lui venaient de toutes parts, il se décida à mettre son brevet en actions ; une société de capitalistes lui proposa deux cent mille francs rien que pour l'exploiter en France. Tout était convenu, les signatures seules restaient à donner ; rendez-vous fut fixé au 6 juin, sept heures du soir. « Ce même jour, à six heures, écrivait Sauvage dès le lendemain, les imbéciles de Parisiens s'entr'égorgeaient et la réunion fut impossible. Le 7, tout était à Paris dans les alarmes les plus grandes et la capitale mise en état de siége. Comme je causais avec un avocat à la Cour royale de mon projet avorté, celui-ci me communiqua un article de la loi défendant aux possesseurs de brevet de mettre leur entreprise en actions sous peine de déchéance. J'étais deux fois battu. Il est vrai qu'une loi plus nouvelle permet l'exploitation par actions avec l'autorisation du Gouvernement, mais le Roi a bien d'autres affaires que de s'occuper des miennes et de formuler une ordonnance en ma faveur. »

Après avoir reçu la lettre du ministre qui l'informait de la décision des commissaires et déclarait impossible l'emploi de l'hélice sur les gros navires, Sauvage ne songea plus à renouer de nouvelles négociations avec le Gouvernement. Le commerce seul pouvait lui offrir un débouché, mais encore fallait-il s'adresser au centre même des affaires maritimes. Il était temps, du reste, qu'il arrivât à une solution : huit mois de luttes, d'essais et de combinaisons avaient épuisé ses avances. Il n'hésita point ; rassemblant ses dernières ressources, il partit pour le Hâvre et descendit avec son bateau le cours de la Seine au grand étonnement de tous les riverains, qui se demandaient quel moteur invisible pouvait imprimer une vitesse aussi grande à cette embarcation qui filait sous leurs yeux.

De nouveaux déboires attendaient Sauvage au Hâvre et nous allons le retrouver dans cette ville, luttant avec la même persévérance contre la destinée, toujours aussi courageux et pour son malheur aussi indépendant et aussi fier. Si cette fierté a été parfois la cause de ses échecs, n'oublions pas qu'un profond penseur a écrit son excuse dans cette maxime : La vanité est le vice des sots et la fierté du cœur la vertu des honnêtes gens.

CHAPITRE CINQUIÈME

1833-1838

Sauvage au Hâvre. — Nouvelles expériences et nouvelles déceptions. — Sa misère. — Le physionotype. — Retour à Paris.

Le génie, a dit Buffon, est une longue patience.

Si on accepte comme exacte cette définition du grand naturaliste, il faut reconnaître que Sauvage l'a pleinement justifiée: Tel nous l'avons vu à Paris, poursuivant son but à travers les obstacles qui se dressaient devant lui, tel nous allons le retrouver, continuant la lutte qu'il avait entreprise au milieu des nouvelles amertumes qui devaient l'assaillir.

Au Hâvre comme à Paris, c'est en appelant sur les hélices l'attention des constructeurs et des marins que Sauvage commença ses laborieux efforts.

Dans un port de mer, le nouveau propulseur ne pouvait manquer de rallier de nombreux partisans. Tous les gens du métier étaient d'accord sur les graves inconvénients des roues. Personne ne pouvait contester ni une notable partie de la force motrice perdue par les chocs et par les soulèvements d'une masse d'eau, ni une roue tournant à vide dans les gros temps, ni la fréquence des avaries, ni l'impossibilité d'adapter ce mode de propulsion aux grands vaisseaux de guerre, puisque l'espace occupé par l'immense appareil aurait diminué d'autant la ligne des batteries, et qu'il suffirait, d'ailleurs, d'un boulet arrivant dans cette partie si vulnérable, pour réduire à l'impuissance le plus fort bâtiment, comme un oiseau blessé à l'aile.

En outre, comme le fait si heureusement remarquer M. Urbain Fage, que nous sommes heureux de citer ici de nouveau, les marins, ces nomades de l'Océan, ont, avec l'Arabe du désert, un trait de ressemblance. Si celui-ci est fier de la beauté de son cheval, eux ne s'enorgueillissent pas moins des perfections de leurs navires. Ils ne dissimulaient donc pas leurs regrets de voir les belles lignes des frégates déshonorées par ces énormes roues tournoyant brutalement à leurs flancs.

L'hélice, qui venait supprimer tant d'inconvénients, qui conservait aux constructions navales leur harmonieuse beauté, et permettait d'appliquer aux plus grands vaisseaux de guerre la force de la vapeur, tout en leur laissant, par les vents favorables, le puissant et économique concours des voiles, l'hélice devait donc frapper vivement l'imagination des gens de mer.

Les premières expériences produisirent tout le résultat que Sauvage en attendait. Lorsqu'on eut vu l'inventeur arriver sur son canot, qu'il dirigeait lui-même, le conduire en rade, dans le port et dans les bassins, affronter avec lui les vagues des plus fortes marées, un étonnement profond se produisit chez les spectateurs très-nombreux de ces excursions plusieurs fois répétées. Une curiosité bienveillante se manifesta de toutes parts; chacun voulut voir, et Sauvage s'y prêtait si complaisamment que tous les intéressés furent bientôt au courant des détails de l'invention, comme ils l'étaient déjà des effets dont ils avaient été les témoins.

Toujours à l'affût des bâtiments à vapeur dont l'installation se prêtait mieux à ses expériences que celle des anciens bateaux, Frédéric parvint, quelques semaines après son arrivée, à se mettre en relations avec un entrepreneur de la Martinique, venu au Hâvre pour y faire construire deux bâtiments. Ceux-ci étaient destinés à faire les transports du Port-Royal à Saint-Pierre; le constructeur accepta avec empressement les offres de Sauvage, qui constituaient pour lui un important bénéfice, et il fut décidé que les bateaux, après avoir pris à Rouen la machine à vapeur dont ils devaient être pourvus, seraient également munis de deux hélices que l'inventeur se chargeait d'installer lui-même.

C'était déjà pour Sauvage plus qu'une espérance; il reprenait courage d'autant plus que les offres abondaient pour des bâtiments déjà vieux qu'on espérait transformer par son procédé. Mais il les avait refusées, car il lui importait que les résultats de ses premiers efforts ne fussent pas compromis par les dépenses relativement excessives, qu'eussent nécessitées ces transformations; il tenait, en outre, à ne placer les hélices qu'à l'arrière, et non sur le côté, comme il eut dû le faire pour certains remorqueurs.

« J'aime mieux attendre, écrivait-il, que de faire imparfaitement. Les oppositions de tous genres m'arriveront aussitôt qu'on aura vu poindre le succès, et je dois rester dans la meilleure situation pour les surmonter. La concurrence que les remorqueurs du Hâvre auront à subir par suite de l'adaptation des hélices amènera certainement la ruine de plus d'un. Les remorqueurs ont 100 francs pour conduire un navire en rade par les temps calmes, ou vents debout; il leur faudra compter sur une grande diminution pour l'avenir. Si les chevaux ne mangeaient que pour cinq sous d'avoine par jour, on ferait pour cinq francs la route d'Abbeville à Paris; le bénéfice des entrepreneurs ne serait pas amoindri, mais les voyageurs y gagneraient beaucoup. Mon entreprise amènera les mêmes effets; les armateurs y perdront, mais le commerce y gagnera. »

Sur ces entrefaites, un constructeur de Nantes, qui avait navigué à Paris sur le canot de Sauvage, lui proposait d'appliquer son système à cinq bateaux à vapeur, actuellement sur le chantier; une compagnie de Rouen lui faisait des offres semblables. Frédéric qui s'était refusé à traiter avec le public, aussi longtemps qu'il avait espéré le concours du Gouvernement, n'eut garde de repousser de pareilles demandes; il eut voulu y répondre en montrant, par le premier au moins des bâtiments destinés à la Martinique, l'installation en grand de son système et la preuve des avantages que l'on en pouvait attendre. Mais il avait affaire, parait-il, à un entrepreneur fort entiché de ses idées et qui se garda bien d'aviser à temps l'inventeur. Celui-ci l'avait prévenu : « Ou vous installerez convenablement vos bateaux ou vous n'emploierez pas mon hélice. »

Afin de faire à sa guise, cet homme partit pour Rouen où devait se monter la première machine et ne revint pas au Hâvre. Quand Sauvage, avisé tardivement, arriva à Rouen, l'installation était déjà faite, il lui fallut en prendre son parti. « Je suis très-contrarié, lisons-nous à ce sujet dans une lettre écrite par Frédéric à son frère, de n'avoir pu surveiller cette installation faite en dépit du bon sens ; malgré cela, les résultats démontrent combien mes hélices ont d'avantages sur les roues. J'en avais déterminé les dimensions, mais malgré de vives discussions, je ne pus convaincre mon entêté qui en voulait de plus grandes.

« Les bateaux étaient disposés pour recevoir la machine à vapeur derrière, puisque c'est là que sont les hélices ; cet homme la fit placer par devant, afin d'être, lui, conducteur de machine, près des passagers. Comme conséquence, il fallut des axes de quatorze pieds qui nécessitèrent de nombreux appuis et produisirent de nombreux frottements.

« La machine à vapeur qui devait donner quarante coups de piston à la minute, allait à peine à dix. Notre homme fit couper deux pouces de rayon aux hélices, il obtint vingt-deux coups, et fit encore couper un pouce, ce qui les réduisit à la largeur que j'avais prescrite, et procura trente-un coups de piston ; mais la longueur était toujours la même, et les proportions n'existaient pas. Enfin, ce bateau fut mis en marche par un vent violent, pour venir au Havre. Avec sept passagers, un chargement de quatre mille kilos et la force d'un seul cheval, le bâtiment fit deux lieues en une heure contre vent et marée.

« Le mécanicien, ayant eu peur du mauvais temps, revint à Rouen en faisant les deux lieues en vingt minutes. Je suis très-persuadé qu'il arrivera à une vitesse minimum de quatre lieues à l'heure, quand tout sera disposé comme il convient, ce qui ne se fera qu'à la Martinique. »

Sauvage l'avait prévu : cet essai, si imparfait qu'il fût à ses yeux, fit ombrage à tous ceux qui avaient intérêt à ce qu'il échouât ; ils répandirent habilement le bruit que les hélices avaient été déclarées inapplicables aux grands bâtiments. Cette rumeur parvint aux oreilles de l'inventeur, il craignit qu'elle n'arrivât à la connaissance des armateurs de Nantes et de Rouen qui lui avaient fait des propositions quelques semaines auparavant, et il en ressentit un tel ébranlement qu'il dut aussitôt se mettre au lit, pour lutter contre sa maladie habituelle avant de lutter contre ses détracteurs. Seul dans une ville où il avait conquis déjà bien des sympathies sans avoir encore eu le temps de se faire un ami, il éprouva cruellement les effets de l'isolement dans lequel il se trouvait et appela près de lui ses deux fils qui, jusque-là, étaient restés à Boulogne ; leur présence ranima son courage et, après de longs jours de souffrance, il se releva, enfin, plus intrépide que jamais. « Je triompherai, dit-il à ses fils, j'ai pour moi le bon sens, j'aurai pour moi le succès. »

Ses ressources, déjà singulièrement diminuées, ne lui permettaient plus d'acquérir à ses frais un grand bâtiment, mais il avait aperçu dans le port un bateau de pêche démâté, presque hors d'usage, et il en fit l'acquisition. Le bateau était lourd et pesant, mal construit, peu fait pour la course; n'importe! Sauvage le prit et le transforma, avec ses hélices, en un marcheur habile.

Lorsque tout fut prêt, la nouvelle expérience se fit avec plus d'éclat encore que les précédentes. Dès le lendemain, les journaux du Hâvre annonçaient la nouvelle à leurs lecteurs dans les termes qu'on va lire :

Une expérience fort intéressante et qui promet les résultats les plus importants, vient d'être faite dans nos bassins, disait le *Journal du Hâvre*.

M. Sauvage, ancien constructeur de Boulogne, a appliqué à un gros et lourd bateau les hélices dont il est l'inventeur, et le bateau muni de ce simple et ingénieux appareil, a parcouru avec une très-grande vitesse un long espace contre la direction d'un vent très-fort. Quatre hommes, gênés dans leurs mouvements, faisaient aller la manivelle qui servait de force motrice et malgré le peu de puissance qu'ils pouvaient imprimer à l'appareil, on a pu se convaincre de l'immense avantage qui résulterait pour la navigation à vapeur de la substitution des hélices aux grandes roues, sur lesquelles la mer et le vent ont tant de prise dans les circonstances les plus ordinaires.

Un autre journal disait :

L'essai d'une machine qui intéresse au plus haut degré la navigation et qui doit même par la suite introduire dans ses opérations des changements considérables, a été fait hier à midi dans un de nos bassins. Cette machine a été adaptée à un bateau de vingt tonneaux, remarquable par sa forme désavantageuse pour la marche et qui n'avait servi jusqu'alors qu'à transporter du sable pour les travaux du port.

Cet ingénieux mécanisme inventé par M. Frédéric Sauvage, ancien constructeur de Boulogne-sur-Mer, consiste dans deux hélices placées parallèlement à la quille, sur la partie de la carène qui avoisine le gouvernail, dont elle augmente considérablement l'action en renvoyant avec force le fluide dans une direction qui lui est parallèle. Ces hélices peuvent être immergées dans l'eau jusqu'à la profondeur de sept à huit pieds et plus, et remplacent sur les bateaux à vapeur ces grandes roues à aubes si sujettes aux avaries et dont la position et les chocs violents et répétés détériorent en si peu de temps le centre des bâtiments.

Ce mécanisme a cela de supérieur à tout ce qui jusqu'à présent a été employé pour les bateaux à vapeur, que, placé sous l'eau, il n'est sujet à aucun choc violent de la mer et sa position sera surtout précieuse aux bâtiments à vapeur de la marine militaire, en ce que les boulets ennemis ne pourront presque jamais l'atteindre. Beaucoup plus simple que les roues à aubes et son déplacement étant bien moindre, la force motrice devra être beaucoup moins considérable que celle actuellement employée, ce qui donnera une grande économie de combustible et d'espace. Il offre encore un avantage : c'est qu'il pourrait être adapté à tous les bâtiments à vapeur et remplacer leurs roues avec une dépense bien faible.

Tous ces avantages ont été reconnus par ceux qui ont

assisté à l'essai de ce nouveau système et parmi lesquels se trouvaient quelques personnes marquantes, un habile constructeur et plusieurs capitaines au long cours.

Ce perfectionnement introduit dans le système mécanique des bâtiments à vapeur nous a paru devoir éveiller l'attention des amis de l'industrie nationale et nous avons lieu d'espérer que M. Sauvage en donnant la préférence à notre port pour les premières applications ne sera pas trompé dans les espérances qu'il a pu fonder sur les lumières du commerce dans notre ville.

La cause était gagnée devant le public et devant les hommes les plus compétents, dans l'un des premiers ports de la France. Sauvage, pourtant, n'était pas encore satisfait.

Les bras des quatre hommes qui communiquaient la force motrice aux hélices ne pouvaient se comparer à la force qu'eût donnée leur poids, et c'est à cette combinaison que s'arrêta l'inventeur.

Il appliqua une échelle à l'axe de la roue qui commandait aux pignons des hélices, et les tourneurs, en montant sur cette échelle, imprimèrent le mouvement par leur pesanteur.

Les premiers résultats acquis prouvèrent à Sauvage qu'il ne s'était pas trompé ; il résolut de perfectionner ce système et construisit des échelles dans des conditions de largeur et d'installation qui augmentaient notablement la force motrice.

Nombre d'entrepreneurs de transports par canaux l'encourageaient dans cette voie ; les machines à vapeur étaient alors à un prix inabordable pour les petits armateurs, et les charbons français, peu connus et mal exploités, rendaient plus onéreux encore l'emploi de la vapeur. Si le poids des hommes était suffisant comme force motrice, le système devait être immédiatement appliqué sur les canaux et les nombreux cours d'eau qui, comme nous l'avons dit, monopolisaient presque complètement le trafic des transports à l'intérieur de la France.

Ce fait était évident, mais chacun attendit que son voisin donnât l'exemple et le nouveau moteur ne fut adopté que par une seule compagnie.

Les derniers efforts de Sauvage avaient épuisé ses ressources ; quoiqu'il vécût avec une frugalité vraiment incroyable, il avait vu peu à peu ses épargnes disparaitre. Pendant qu'il s'occupait, pour une maison du Hâvre, d'installer sur un bâtiment en construction ses hélices et ses échelles, M. Larrabure, gérant de la maison X..., écrivait à M. Pierre Sauvage, à Abbeville, une lettre navrante où il lui racontait la détresse de l'inventeur et de ses fils :

Depuis une vingtaine de jours, M. Frédéric et son fils Henri sont réduits aux abois, ils ont besoin de tout ! Oui, Monsieur, absolument de tout... leur crédit de vingt à vingt-cinq jours chez le boulanger vient de leur être fermé. Ils n'en ont plus chez le boucher, et sans quelques envois de provisions que j'ai pu leur faire au nom de la maison je ne sais où ils en seraient. Quant au fils aîné, il est ici avec moi et n'a besoin de rien. J'ai pourvu aux vêtements de tous, mais mille autres besoins les assaillent.

Frédéric, le fils aîné, que j'ai interrogé pour savoir quel parti il nous restait à prendre dans un cas aussi extrême, vous a nommé à mon inquiète sollicitude et je n'hésite pas un moment à vous donner connaissance de ce qui se passe, avec l'espoir que vous ne sauriez vouloir laisser cet excellent M. Sauvage dans un embarras aussi grand et qui s'accroît chaque jour davantage.

Ma maison a entrepris d'adopter le système de navigation de Monsieur votre frère, et, à cet effet, nous avons fait construire un bateau de cinquante-deux pieds de long, douze de large, six et demi de creux, avec sept hommes à l'échelle qui sert de moteur ; nous l'avons fait filer trois nœuds, ce qui serait assez pour un canal, mais ce qui est insuffisant pour les traversées du Hâvre à Honfleur et retour. Nous ambitionnons d'aller à quatre nœuds un quart ou quatre nœuds et demi et, à cet effet, nous travaillons à l'installation d'une autre échelle.

Ce système est destiné, à n'en plus douter, à amener une révolution complète dans tous les modes mécaniques employés jusqu'à ce jour pour la navigation. Mais si l'échelle peut devenir une grande ressource pour les canaux, il sera, selon moi, de toute nécessité que ce soit de la vapeur que les hélices reçoivent leur impulsion, pour être employées à la mer et dans les rivières. Dès à présent, on peut juger qu'elles demanderont une bonne moitié moins de force motrice que les roues à aubes et c'est là déjà un triomphe important. Il y a dans notre port des compagnies établies pour l'exploitation des systèmes mécaniques, mais celles-ci ont intérêt à nuire à toute entreprise nouvelle, parce que la moindre innovation devient leur ruine. Les hélices, par la résistance qu'elles offrent, prouvent que c'est une puissance proportionnée à cette résistance qui leur manque, car à chaque tour qu'on leur fait faire, c'est leur longueur qu'elles parcourent ; ainsi, la vitesse sera toujours en raison de la puissance de la force motrice qui leur sera appliquée. Nous l'avons fort bien éprouvé : à mesure que l'eau fait monter un homme à l'échelle, la vitesse s'accroît sensiblement.

M. Pierre Sauvage s'empressa de répondre à M. Larrabure et de venir, comme il le fit si souvent depuis, au secours de son frère.

Grâce à cet aide, Frédéric put surmonter les plus pressantes difficultés, retrouver son crédit perdu et continuer son œuvre. Le but fut atteint aussi complètement que possible, et la démonstration, déjà faite tant de fois, parut plus évidente et plus indéniable que jamais.

Quelques jours auparavant, un journal du Hâvre avait publié sous ce titre : *Nouveaux moyens de transport du Hâvre à Honfleur*, l'article que nous reproduisons ici. On y verra avec quel intérêt les efforts de Sauvage étaient suivis par le monde maritime :

Nous applaudirons bientôt à l'établissement des bateaux-hélices que M. Sauvage, inventeur de ce nouveau procédé, fait construire en ce moment à Honfleur. La vapeur ne sera plus le moteur dispendieux des hélices de ce bateau : huit hommes, par un mouvement continu d'ascension, seront suffisants pour imprimer à ces navires une marche égale à celle des bateaux de Honfleur au Hâvre. Notre intention n'est point d'établir un parallèle entre le système des roues et celui des hélices ; les constructeurs et les ingénieurs ne savent point encore auquel des deux accorder la primauté. Si M. Sauvage réussit, comme nous avons lieu de le croire, il aura tranché le nœud gordien et pour toujours établi la supériorité des hélices placées sur l'arrière du navire et qui impriment au gouvernail une plus grande facilité pour la direction du bâtiment. Ces hélices ne laissent par leur mouvement qu'un sillage qui n'oppose aucune résistance ; il n'en est point ainsi des remous occasionnés par les roues, qui présentent une grande force à vaincre, inconvénients auxquels le système de Cavé n'a remédié qu'imparfaitement, en créant des inconvénients nouveaux.

Nous avons vu M. Sauvage, par le seul emploi de sa force et de celle de ses deux fils, faire parcourir sur nos bassins quatre nœuds à une mauvaise barque dépourvue de tout ce qui donne de la marche à un navire : nous attendons donc avec impatience l'application de son nouveau procédé, pour lequel il a obtenu un brevet de quinze ans, à de grands bateaux passagers, qui permettront de maintenir les places à bas prix, sans perte d'argent pour l'entrepreneur, et qui surmonteront la répugnance des personnes qui n'osent encore monter sur un bateau à vapeur. Ce dernier mode a du reste l'inconvénient d'être très-dispendieux. Mais pour un passage aussi court que celui du Hâvre à Honfleur, il suffit d'un moteur bien moins énergique, et le système si simple de M. Sauvage, avec beaucoup moins de perte de force, sera, nous le pensons, suffisant pour que la traversée se fasse avec économie, sûreté et célérité.

Le succès, comme on le voit, devait marquer pour Sauvage l'heure du triomphe, il marqua de nouveau l'heure de la défaite. Quelques jours après, au milieu de l'enthousiasme général, des voix discordantes se firent entendre. Bonnes pour être manœuvrées par le poids des hommes, les hélices, disait-on, ne pouvaient être adaptées à la vapeur. Le Gouvernement l'avait déclaré, et la preuve qu'il ne pouvait les accepter, c'est que, dans le même temps, il faisait faire à grands frais dans le port de Cherbourg des expériences pour un autre système imaginé par M. Pelletan.

Ces bruits malveillants, inspirés par l'envie ou l'intérêt, propagés par l'ignorance, portaient à Sauvage un coup fatal. Le commerce se refusait à faire fonctionner les hélices à l'aide de la vapeur, avant d'être assuré que la vapeur les ferait utilement manœuvrer.

Pour cela, il eut fallu des essais; les armateurs les plus sérieux étaient les premiers intéressés à les tenter, car, d'après d'indiscutables calculs, l'emploi du nouveau propulseur réalisait, pour cinq navires, une économie d'au moins deux cent mille francs; mais cette fois, les préventions et la routine l'emportèrent sur l'intérêt, et chacun s'abstint de toute tentative.

Sauvage résolut de faire à ses frais cette nouvelle expérience. Il se rendit à Honfleur et y construisit, avec l'aide de ses fils, un bateau de soixante tonneaux, muni d'une machine de huit à dix chevaux, destiné à faire le service entre le Hâvre et le port de Honfleur. Une société anglaise s'était engagée, moyennant une participation importante dans les bénéfices de l'entreprise, à fournir la machine. Lorsque tout fut prêt pour la recevoir, la société exigea, pour la livrer, le paiement comptant. On ne pouvait se méprendre sur les motifs qui la faisaient agir. Elle avait cédé aux influences qui, depuis longtemps, s'acharnaient contre Sauvage: on voulait discréditer son invention, le ruiner, le mettre hors d'état de rien entreprendre. C'était là un moyen infâme, mais l'égoïsme des intérêts ne recule pas devant l'infamie. De son côté, Sauvage n'était pas homme à reculer devant la persécution. Il avait épuisé tout ce que son frère lui avait envoyé, il était perclus de rhumatismes, étouffé par un asthme asphyxiant, sans ressource aucune, et cependant il n'amena point son pavillon.

Mais comment satisfaire aux exigences des créanciers?

Un matin, le père et les deux fils se mirent à l'œuvre; le physionotype était trouvé. Le physionomètre ne permettait de prendre que le profil, le physionotype permit la reproduction complète des traits du visage, en remplaçant l'opération du moulage, si pénible pour celui qui la subit.

Il conservait aux parties molles du visage toute leur souplesse, sans aucune des dépressions résultant de l'action du plâtre; de plus, il était grand économe de temps, puisque deux minutes suffisaient à ses opérations.

La machine de Sauvage était vraiment ingénieuse; en voici la description telle que nous la trouvons reproduite dans les journaux de cette époque :

Le physionotype est une plaque métallique, ovale, percée d'une quantité de petits trous très-rapprochés et dans lesquels glisse avec une grande facilité une aiguille d'acier. Quand toutes les aiguilles, au nombre de 20,000, sont dans leur position, la surface offre l'aspect d'une brosse.

Si contre cette surface hérissée d'aiguilles émoussées, on applique un corps quelconque, même le moins ferme, les aiguilles obéissent à la moindre pression et s'enfoncent plus ou moins, de manière à offrir en creux le moule exact de l'objet qu'on y a appliqué. On fixe alors les aiguilles par un procédé extrêmement simple et c'est dans ce moule métallique que se reproduit exactement l'objet dont on a pris l'empreinte.

La légère sensation que l'on éprouve au contact de cette machine, ne saurait se décrire, il semblerait qu'on s'enfonce la figure dans la neige.

Lorsqu'après d'inévitables tâtonnements, Sauvage eut mis la dernière main à son œuvre, il pensa tout d'abord en tirer parti au Hâvre même et dans les environs, mais, cédant aux instances de ses fils, il consentit à revenir à Paris, afin d'y prendre un brevet de quinze ans.

Un renseignement qui lui parvint alors le décida complètement à partir. Las de tant de dépenses pour essayer le système de M. Pelletan sur les bateaux à vapeur, le Gouvernement avait arrêté les expériences entreprises à Cherbourg; c'était l'occasion, peut-être, de faire adopter les hélices; l'amiral de Rigny, malgré l'opposition de son entourage, en avait toujours parlé avec bienveillance et Sauvage espérait le décider à prendre en main sa cause et à consacrer à son système, si injustement méconnu jusque-là, une faible partie des millions utilisés pour de stériles découvertes.

Au moment où il arriva à Paris, l'amiral de Rigny remettait son portefeuille et quittait le ministère.

La fatalité ne se lassait pas.

CHAPITRE SIXIÈME

1838-1841

Physionotype et réducteur. — Le mécanicien anglais. — Smith et son brevet. — Nouvelles expériences. — L'hélice sur l'air. — L'*Archimède*. — Rapport du capitaine Chappell. — Démarches au ministère. — Rapport de M. Labrousse. — Frédéric Sauvage à Abbeville. — Traité avec MM. Normand et Barnes.

Sauvage, à peine arrivé à Paris, prenait, le 17 septembre 1834, un brevet de quinze ans pour le physionotype et s'installait dans un atelier où devaient passer bientôt, pour y faire mouler leur buste, la plupart des célébrités contemporaines.

Séduit par l'invention de Sauvage, Emile de Girardin, un de ses clients, lui proposa d'entrer pour moitié dans l'exploitation de l'affaire et lui offrit, à cet effet, 15,000 francs. Heureux de pouvoir se libérer ainsi des dettes laissées au Hâvre, Sauvage accepta. Les journaux auxquels collaborait son associé se chargèrent de faire la réclame, l'invention fut connue et l'engouement devint général. Les femmes à la mode, les hommes politiques, M. Dupin après lord Brougham, M. d'Hérambault après M. Guizot, M. Odilon Barrot et La Rochejacquelin, Alexandre Dumas et César Daly, Arnal, Déjazet, et tant d'autres encore, se pressaient dans l'atelier.

Le roi Louis-Philippe lui-même voulut se faire physionotyper avec toute sa famille. Sauvage transporta ses appareils aux Tuileries, mais ne pouvant suffire seul à cette besogne, il prit quelques artistes pour l'aider: la plupart de ces aides, acceptés un peu au hasard, étaient des adversaires du Gouvernement; ils se crurent obligés de le manifester dans leur attitude et dans leurs conversations.

Cette inconvenance froissa justement la Cour, et la confection des bustes fut arrêtée à son début. Bien qu'il ne se fût jamais occupé de politique, Sauvage encourut la responsabilité de ce procédé grossier, et les hélices qu'il espérait faire passer à l'aide du physionotype en subirent le contre-coup.

Cette industrie toute nouvelle se poursuivit avec un succès plus apparent que réel. Frédéric vivait avec ses deux fils du produit de son travail; les bénéfices étaient réservés aux actionnaires. Les acquéreurs, en effet, s'étaient empressés de mettre en actions l'entreprise dont ils avaient acquis la moitié; le public répondit à l'appel qui lui avait été fait, et la société fut constituée dès les premiers mois au capital de 500,000 francs. Frédéric toucha les 15,000 francs, prix de la participation au brevet, les actionnaires reçurent deux dividendes, on n'entendit plus parler du reste de la somme.

Cette fois encore, les choses avaient mal tourné pour l'inventeur, mais il faut convenir qu'il y allait un peu de sa faute. Il ne se prêtait pas aux caprices des clients, n'aimait pas le bavardage et eut volontiers écrit à la porte de son atelier : Ici, le silence est de règle.

Il ne fallait pas un long discours pour lui faire perdre patience.

— Je ne suis pas ressemblant, lui dit un jour un conseiller d'Etat, dont il venait de prendre la figure.

— Pourquoi cela ? demanda Frédéric.

— Je ne retrouve pas à mes traits leur expression accoutumée.

— Est-ce votre figure ou la mienne qui vient d'être placée dans le physionotype ?

— C'est la mienne, parbleu !

— Et vous n'êtes pas ressemblant ? Eh bien ! vous allez voir.

Avisant un apprenti qui les écoutait au fond de l'atelier :

— Apporte-moi bien vite mon pot au blanc et un pinceau.

— Voilà, patron.

— C'est bon, donne une couche de blanc sur la figure de Monsieur, il verra ensuite devant la glace comme son visage blanchi ressemble au visage de plâtre.

Il ne fallut pas beaucoup de scènes semblables pour éloigner la clientèle. La bourgeoisie, d'ailleurs, était restée réfractaire, estimant que pareil luxe était réservé aux plus riches ou aux plus célèbres.

Les associés de Sauvage ne s'accomodèrent pas de ce ralentissement du travail qui amenait un ralentissement sérieux dans les bénéfices.

Aux objections qui lui étaient faites, Sauvage se borna d'abord à répondre :

— Est-ce ma faute s'il n'y a plus de grands hommes? C'est pour eux que j'avais inventé le physionotype; ils sont tous venus, maintenant cherchez-en d'autres.

Emile de Girardin et son homme d'affaires Boutmy parlèrent d'un procès; Sauvage les laissa faire, mais, déjà, il pensait à une autre invention. Les bustes avaient tous la grandeur du modèle et, par suite, étaient peu pratiques et s'accommodaient mal avec l'exiguité des appartements modernes. Il importait de les pouvoir réduire dans toutes les dimensions.

Sauvage y parvint à l'aide du pantographe qu'il trouva moyen d'appliquer à la sculpture et qui fut connu depuis sous le nom de réducteur.

Le 3 mai 1836, le Gouvernement concédait à Frédéric un brevet de quinze ans pour cette machine à l'aide de laquelle on pouvait reproduire, en diminuant ou en augmentant les proportions, des statues, bustes, rondes bosses, bas-reliefs, et, en général, toutes les œuvres de sculpture. Il est resté le dernier mot de la perfection pour les instruments du même genre.

Lorsqu'il eut trouvé cette importante invention, Sauvage protesta plus vivement que jamais contre les exigences de ses associés qui prétendaient garder à leur profit l'exploitation complète du physionotype : « Je ne veux pas, écrivait-il, qu'ils puissent abuser plus longtemps de ma patience; ces gens-là me croient quelque vocation pour le métier de ver à soie; je devrais, suivant eux, passer ma vie à filer leur cocon et mourir complaisamment pour le leur laisser dévider. »

Surpris de voir Sauvage résister si énergiquement, les intéressés comprirent le parti qu'ils pouvaient tirer de l'exploitation du réducteur ; ils déclarèrent que cet instrument leur appartenait au même titre que le physionotype dont il n'était, assuraient-ils, qu'un indispensable complément.

Sauvage se révolta et se laissa faire le procès dont on l'avait si souvent menacé ; il le gagna. Le réducteur devint alors son gagne-pain, et celui de ses deux fils, Frédéric et Henri Sauvage.

L'invention du réducteur a opéré dans les beaux-arts une véritable révolution ; si les chefs-d'œuvre de la sculpture antique et moderne figurent aujourd'hui dans nos appartements, si l'ouvrier lui-même peut se les procurer à bas prix, si l'Apollon du Belvédère s'est fait petit pour prendre place sur nos étagères, c'est à Sauvage que nous en sommes redevables et l'on peut dire que de notre temps personne plus que lui n'a contribué à vulgariser le sentiment du beau.

Après les premiers mois consacrés aux applications de sa découverte, Sauvage reprit avec une activité plus grande que jamais ses expériences sur les hélices. Lui qui abandonnait, avec une facilité vraiment trop grande, les inventions que son génie fécond lui inspirait ; lui qui, semblable au prodigue jetant par les fenêtres un or péniblement amassé, oubliait sans regret sa trouvaille de la veille pour ne plus songer qu'à celle du lendemain ; lui qui, jusqu'alors, n'avait su tirer profit d'aucune de ses découvertes et se retrouvait, après chacune d'elles, plus pauvre qu'auparavant ; lui, enfin, insoucieux de tout le reste, continuait à faire de la réussite de ses hélices le but constant de sa pensée et la préoccupation de sa vie.

Il avait bien compris que toutes ses autres inventions n'étaient vraiment rien à côté de celle-là, que si quelques industries devaient profiter des unes, la patrie toute entière bénéficierait de l'autre, que, par elle, il n'apportait pas seulement quelques profits à des commerçants plus ou moins habiles, mais qu'il en étendait les bienfaits au monde maritime ; par elle, il revivait sa jeunesse ensoleillée de tant d'espérances, ses travaux d'autrefois au grand air de son chantier ou sur le bord de l'Océan, ses premiers exploits comme sauveteur, ses premiers succès dont aucune amertume ne tempérait encore la triomphante ivresse, et ces rêves de gloire, de fortune, de considération et d'honneur dont il s'était bercé si longtemps, dont la médaille d'or avait été un premier reflet, et dont l'enthousiasme de ses concitoyens avait, dès 1832, augmenté le lumineux horizon.

Sauvage allait passer sur son canot chacune des heures de liberté dont il pouvait disposer. Là, recommençant cent fois ses essais, répétant ses expériences sans jamais se lasser, adaptant au canot divers moteurs qu'il subtituait aux moteurs employés auparavant, y installant tour à tour les échelles et la machine pour remplacer les rames qu'il avait imaginée en 1811, il se retrouvait dans son véritable élément.

Tous les armateurs de la navigation fluviale connaissaient son histoire et s'y intéressaient ; lui les connaissait presque tous et saluait au passage leurs embarcations, tout heureux quand il rencontrait, dans ses promenades sur le fleuve, quelqu'un qui voulût bien écouter son récit ou le questionner sur son invention. Alors, le grand taciturne devenait bavard ; il expliquait son système sans être ennuyé d'en recommencer sans cesse la démonstration, et ne se lassait pas jusqu'à ce qu'il ait conquis un nouvel adepte et un nouveau partisan.

Tenant compte de l'impulsion apportée par le courant et de la force de projection qu'il donne à l'eau contre les étambots et les parois des bâtiments, Sauvage avait modifié légèrement les dimensions de son hélice pour la navigation fluviale : le diamètre était resté le même, mais l'angle de 45 degrés se trouvait changé par la longueur de la spirale.

Dès 1835, Frédéric s'était efforcé d'obtenir en Angleterre la reprise de son *caveat*, dont le bénéfice avait été perdu, alors que l'inventeur luttait au Hâvre contre une profonde misère. Le Gouvernement anglais fit répondre à Sauvage qu'il y consentait, que dorénavant il n'aurait point à payer les annuités à la redevance desquelles tous étaient obligés, et que, de plus, plusieurs centaines de mille francs lui étaient offerts comme un premier remerciement du Royaume-Uni pour une découverte aussi utile que la sienne à la navigation.

En échange de ces faveurs, l'Angleterre réclamait un droit exclusif à l'usage des hélices pour les bâtiments de sa nationalité.

— Jamais, répondit Sauvage ; l'hélice est une invention française, elle restera française ; à aucun prix je ne priverai mon pays de cette découverte.

L'Angleterre ne parla plus de rien, mais elle supprima définitivement le *caveat*.

Six mois plus tard, Sauvage recevait dans son atelier de la rue Vivienne où il exploitait le physionotype et le réducteur, la visite d'un gentleman à l'allure très-respectable qui lui demanda l'autorisation de voir ses hélices.

Frédéric fit complaisamment manœuvrer sur son canal en zinc les petits modèles qu'il avait apportés avec lui d'Abbeville, et qui lui avaient servi pour ses premières démonstrations.

— Prodigieux ! admirable ! ne cessait de proclamer l'Anglais.

Quand la démonstration fut terminée et qu'il se fut bien fait tout expliquer, l'insulaire sollicita la faveur de monter dans le canot amarré au quai de la Râpée et dans lequel Sauvage faisait constamment, pour la navigation fluviale, les expériences dont nous avons parlé plus haut.

Ravi d'avoir trouvé un auditeur si bienveillant et si attentif, Sauvage adhéra très-volontiers à cette proposition. On prit jour et on se sépara, enchanté de part et d'autre.

Au jour et à l'heure dits, Sauvage était sur le quai. Il n'était pas seul. Son frère et son neveu, venus d'Abbeville pour le voir, avaient désiré, eux aussi, assister à cette expérience qui devait être aussi complète que possible.

Le gentleman ne se fit pas attendre et arriva bientôt de son côté. Toujours correct, il salua gravement ses hôtes et s'installa commodément dans le canot.

Frédéric commença ses expériences. Elles durèrent plusieurs heures.

A chaque instant, l'insulaire l'interrompait par une question nouvelle.

Quand tout fut fini, il connaissait fort exactement non-seulement tous les détails du propulseur, mais encore les dimensions proportionnelles de l'hélice selon la force des bâtiments, le meilleur moyen de lui communiquer toute la force du moteur, d'éviter les frottements, d'utiliser les navires déjà construits, etc. Chacune de ses interrogations, habilement présentée, avait été non moins complaisamment résolue. Aussitôt comprise, elle était notée avec soin sur un carnet que le gentleman ne quittait pas et qu'il illustrait de ses dessins en même temps qu'il le remplissait des renseignements recueillis.

Lorsque les expériences et la promenade sur la Seine furent terminées, l'Anglais s'inclina avec beaucoup de déférence, ôta son chapeau et partit.

— Voilà, dit Sauvage, un homme bien intelligent.

— Beaucoup plus que toi, répliqua son frère d'un air indigné.

— Et pourquoi cela?

— Pourquoi ? Parce que cet homme est un agent de quelque mécanicien anglais venu en France pour surprendre ton secret. Maintenant que tu lui as tout dit, que tu lui as donné tous les détails pour une application en grand de ton procédé, on va se passer de toi en Angleterre, et ton système y sera connu sous peu, tu peux en être certain.

— Tu crois ? fit simplement Frédéric.

— Cela ne peut faire un doute, et je m'étonne qu'après avoir si peu fait attention aux signes que mon fils et moi nous te faisions pendant tes démonstrations, tu prennes aussi tranquillement ton parti d'une pareille bévue.

— Vous le savez, répliqua Frédéric, j'ai refusé la fortune que m'offrait l'Angleterre, on ne peut donc rien me reprocher à ce sujet. Mes expériences sont publiques et tout le monde a pu y assister, je les ai faites au grand jour tant au Hâvre qu'à Paris ; le Gouvernement et le commerce français se sont jusqu'ici obstinés à ne pas voir, je ne puis empêcher un négociant anglais d'être plus clairvoyant, et de mieux comprendre ses intérêts que ne le font nos armateurs. N'est-il pas trop évident, du reste, que toutes les inventions françaises semblent avoir besoin d'être mises en nourrice en Angleterre. C'est de là qu'elles nous reviennent grandies, et c'est après cet apprentissage que la France, reconnaissant enfin son erreur, accepte le bienfait qu'elle avait d'abord refusé des mains de ses enfants.

Les prévisions des deux frères ne tardèrent pas à se réaliser ; l'ingénieur anglais Smith prenait, trois mois après, un brevet d'invention en Angleterre pour une hélice pleine identique à celle que Sauvage avait adaptée sur son canot et qu'il destinait à la navigation fluviale. Pour y apporter quelque apparence de perfectionnement, Smith avait coupé l'hélice en deux ; tenant moins de place, elle devait, pensait-il, avoir la même puissance puisqu'elle présentait la même surface. C'était là une erreur dont l'ingénieur anglais convint lui-même plus tard, en proclamant que l'angle de 45 degrés était celui sous lequel l'hélice avait son maximum de force propulsive.

Etait-ce Smith ou un de ses agents que Sauvage avait si bien renseigné ? Nous ne saurions le dire et n'avons pas, du reste, à le rechercher ici. Ce qu'il nous importait de démontrer, c'est que ce ne fut qu'après les renseignements et les démonstrations fournis par l'inventeur français qu'il fut, pour la première fois, question de l'hélice pleine en Angleterre.

L'année suivante, Smith vint en personne à Paris y solliciter l'obtention d'un brevet pour son invention. Les dessins de l'ingénieur anglais remis entre les mains de M. Séguier, furent reconnus par lui comme identiques à ceux de Frédéric Sauvage auquel ils furent communiqués et qui put s'en convaincre par lui-même. Le brevet français fut refusé à Smith qui dut retourner en Angleterre sans avoir rien obtenu.

Cette démarche, en appelant à nouveau l'attention du Gouvernement, amena de nouveaux essais et provoqua des expériences qui, cette fois encore, ne devaient pas aboutir. M. de Rotrou, directeur de la navigation de la Haute-Seine désira faire examiner le procédé afin de l'adapter aux remorqueurs.

Selon la demande qui lui en était faite, Frédéric fit

construire à Saint-Cloud un bateau-modèle en deux sections et de 15 pieds de longueur.

« Le bateau terminé et conduit à Paris servit à de nouvelles expériences qui furent accueillies, nous dit Sauvage, auquel nous empruntons ces détails, de la manière la plus satisfaisante. Quelques observations mal fondées firent désirer un autre bateau plus grand. Je fis faire à la Rapée un bateau de 35 pieds, dimension qui m'était prescrite.

« Le bateau terminé et sur le point de recevoir le mécanisme, on prétendit que la différence de 15 à 35 pieds n'était pas suffisante pour le but qu'on se proposait. Je fus donc forcé d'en faire un de 60 pieds, et toujours à mes frais : je dus me soumettre à cette demande pour ne pas renoncer à l'entreprise projetée ; enfin, je me déterminai à ce dernier effort.

« Le bateau terminé eut le même succès que les autres, et rien, suivant l'apparence, ne laissait hésiter sur la bonté du système ; alors, les pourparlers s'engagèrent sur les conditions des intérêts dans cette nouvelle entreprise.

« Je profitai de la circonstance pour tenter d'arriver près du Roi avec mon bateau, pour lequel je n'avais rien négligé.

« Je fus trouver M. de Montesquieu, aide-de-camp de Sa Majesté, pour l'inviter à faire une promenade sur la Seine ; le lendemain matin, j'étais informé que le Roi avait lui-même engagé quelques personnages de la Cour à visiter mon bateau. Ces Messieurs furent précédés par l'amiral Willaumez qui vint me trouver et me dire qu'il n'avait été pour rien dans les difficultés survenues en 1832, et il fut convenu qu'il ne serait pas question du passé. Dans le temps de l'examen auquel j'étais préparé, l'amiral me fit une seconde visite avec prière de consentir à une nouvelle excursion que j'entrepris avec plaisir.

« Il fut convenu que je conduirais le bateau à Neuilly, aussitôt l'arrivée du Roi ; l'accouchement de la duchesse d'Orléans apporta un retard à cet examen, l'amiral Willaumez me fit savoir qu'il devait faire une tournée et que l'affaire serait remise à son retour.

« Six semaines se passèrent ; l'amiral revint, et je le trouvai aussi froid pour les hélices qu'il était chaud à son départ. Mes bateaux restèrent à Neuilly, et je tentai vainement l'accomplissement du but dans lequel je les y conduisis.

« Je ne recueillis que le conseil de m'adresser au ministère de la marine. Une nouvelle commission fut nommée, elle fit un rapport favorable et on en resta là. »

Cependant ceux-là même qui, tout d'abord, avaient combattu Sauvage s'étaient ralliés à lui ; ceux qui l'avaient regardé comme un rêveur s'étaient associés à son rêve dont ils avaient compris la réalité ; ceux qui avaient traité son hélice d'inapplicable utopie avaient reconnu la possibilité de l'appliquer, et, malgré tout cela, l'inventeur et l'invention se trouvaient encore repoussés, les roues à aubes et leurs partisans restaient maîtres de la situation, on se refusait, après tant d'essais onéreux et improductifs pour d'inadmissibles systèmes, à accorder à celui qui s'affirmait à tous les yeux un peu des secours prodigués aux autres.

Sauvage luttait sans se laisser abattre contre le parti pris trop évident d'un mauvais vouloir intéressé, il engloutissait à nouveau dans ses bateaux les bénéfices que lui rapportait le réducteur. Cet instrument habilement exploité eut assuré à son inventeur une fortune considérable, mais harcelé sans cesse par ses créanciers du Hâvre, de Saint-Cloud, de la Rapée, Sauvage devait leur abandonner ses bénéfices au fur et à mesure qu'il les réalisait, et c'est à peine s'il pouvait suffire à tant de travaux menés de front au milieu des difficultés incessantes que la maladie ajoutait au mauvais vouloir général.

Combien de fois encore ne dut-il pas écrire à son frère et à son neveu pour les appeler à son aide. Dans ses lettres que nous avons sous les yeux, nous retrouvons à chaque page des traces de sa détresse : « Ma garde-robe est en lambeaux, écrivait-il, et mon pantalon se verrait refuser l'entrée des ministères. » Puis, c'était des billets que ce grand homme si naïf signait complaisamment à des exploiteurs, ou donnait trop légèrement à des créanciers. Au jour de l'échéance, il fallait payer ; Sauvage réclamait un répit et Abbeville venait à la rescousse.

L'inventeur cependant n'avait point donné toute sa mesure. Le 5 décembre 1839, le bureau des brevets enregistrait encore son nom pour une addition et un perfectionnement à ses hélices.

Ce que l'hélice pleine produisait dans l'eau, Sauvage avait voulu le produire dans l'air par son hélice divisée en deux, trois, quatre ou six parties de spirales. Ces spirales, tournant rapidement, s'appuyaient sur l'air : placées à l'arrière du bateau, elles le poussaient en avant. L'hélice pleine était réservée aux grands bâtiments pour la navigation fluviale ou maritime, la seconde était destinée aux bâtiments de plaisance.

Mais ce perfectionnement n'était pour Sauvage qu'un incident. En septembre 1839, nous le retrouvons faisant des expériences à Neuilly avec des ingénieurs et des capitalistes. « Tous ces Messieurs, écrivait Sauvage à son frère, sont partis émerveillés. »

Quelques mois plus tard, il écrivait encore : « Mon affaire marche, je ne dirai pas au galop, mais enfin elle marche. Je conçois qu'il serait difficile de faire galoper ou même trotter tous les ânes qui se sont prononcés d'une manière si positive, mais enfin ils sont obligés d'aller au pas et ils seront forcés d'arriver. »

Il avait beau faire toutefois, l'Etat refusait toujours systématiquement son appui et son adhésion ; pendant ce temps, les Anglais mettaient à profit les renseignements qu'ils avaient, pour ainsi dire extorqués, comme on l'a vu plus haut.

L'ingénieur Smith, secondé par les armateurs de son pays, faisait construire un steamer de grandes dimensions, muni d'une machine à vapeur de soixante-dix chevaux, et à l'arrière duquel il adapta une hélice entre les deux étambots. Ce steamer s'appelait l'*Archimède*.

A peine ce navire était-il terminé qu'une commission, présidée par M. Chappell, capitaine de vaisseau et inspecteur de pyroscaphes ou bateaux-poste anglais, était nommée pour vérifier la valeur du procédé.

Afin d'expérimenter le mérite du propulseur, le capitaine Chappell se rendit de Douvres à Calais, accompagné du vapeur la *Sarcelle*, le meilleur marcheur des paquebots qui faisaient alors le service de la poste d'Angleterre en France.

Ce premier voyage fut suivi de plusieurs autres et l'*Annotateur de Boulogne-sur-Mer* publiait à ce sujet, le 30 avril 1840, l'intéressante relation que voici :

Lundi dernier nous avons vu arriver sur notre rade le beau steamer anglais l'*Archimède*. Ce navire qui est de fortes dimensions, jaugeant plus de 200 tonneaux, présente cela de particulier dans sa construction, que les roues à aube et par conséquent les tambours qui offrent tant d'inconvénients, sont supprimés. Le bâtiment est mû par deux hélices ou vis d'Archimède, placées sous les façons et considérablement au-dessous de la flottaison, à l'abri par conséquent de l'action du vent et des vagues et même des boulets de l'ennemi. Il est inutile d'insister sur les avantages qu'offre une semblable installation, surtout en temps de guerre. Sur les rivières et les canaux, cet appareil ne serait pas moins précieux, car il obvierait à l'action destructive pour les berges des vagues créées par l'action des roues ; ces avantages ne sont rachetés ni par la perte de la solidité dans la construction, ni par le sacrifice de la rapidité de la marche ; l'*Archimède*, au contraire, a montré sous ce dernier rapport, sa grande supériorité : il s'est essayé avec une des malles anglaises allant de Douvres à Ostende et l'avantage lui est resté.

Pendant la traversée de Douvres à Calais, faite dernièrement en compagnie du paquebot de malle anglais l'*Ariel*, il a devancé celui-ci de plusieurs minutes. En venant sur notre rade, il a lutté de vitesse avec la *Britannia*, qui était partie la première, et bien que la marche de ce navire soit reconnue comme plus qu'ordinaire, l'*Archimède* est arrivé sur notre rade vingt et une minutes avant lui. Voilà donc, prouvés par l'expérience, les avantages des bateaux à hélices, d'après le système proposé il y a plus de huit ans par notre concitoyen M. Frédéric Sauvage, qui n'a pu réussir à le faire adopter en France et qui a maintenant le chagrin de voir son invention mise à profit par d'autres. On se rappelle que M. Sauvage avait fait exprès le voyage de Paris pour proposer son invention à l'amiral de Rigny, à qui il était fortement recommandé par la Chambre de Commerce, la Société d'agriculture de Boulogne et par nos principaux négociants. L'amiral l'accueillit on ne peut plus favorablement, mais tout ce qu'il put faire pour lui fut de soumettre son invention à l'examen d'une commission composée d'ingénieurs. Le rapport de cette commission fut défavorable à notre ingénieux compatriote en ce qu'elle déclara que son système était inapplicable aux bâtiments à vapeur. Nous regrettons de ne pouvoir signaler par leurs noms, à la reconnaissance de la France, les savants qui ont rédigé ce mémorable rapport, auquel un démenti si éclatant est donné en ce moment, et qui ont fait perdre au véritable inventeur le fruit de sa découverte et à notre pays les avantages qu'il pouvait en retirer.

L'*Archimède* mis ainsi en concurrence dans des conditions de tirant d'eau et de chargement qui lui étaient désavantageuses, arriva bon premier à diverses reprises, et le 2 mai 1840 le capitaine Chappell déposait à l'amirauté anglaise le rapport le plus favorable.

Quelques jours plus tard, le 26 mai, des essais avaient lieu à Plymouth. L'amiral sir Graham Moore, commandant la station, et plusieurs officiers distingués de la marine britannique s'étaient embarqués à bord. Nous trouvons dans les journaux anglais de cette époque un compte-rendu très-détaillé de l'expérience de Plymouth. Malgré sa longueur nous croyons devoir le reproduire ici : il prouvera avec quel intérêt ces essais étaient suivis et leurs moindres détails soigneusement signalés :

L'*Archimède* sortit du port avec grand frais de vent d'Ouest accompagné d'une forte mer, il s'éleva debout au vent et à la lame, filant environ six nœuds et demi. Ayant gagné le large, les voiles furent installées et la marche du bâtiment, au plus près et avec l'aide de sa mécanique, fut trouvée de neuf nœuds à l'heure. Sa marche au plus près, à la voile seulement, l'hélice ayant été débrayée, était de sept nœuds, malgré qu'une très-grosse mer prît le bâtiment par le lof ; la drisse ou mât de la misaine ayant cassé, la voile amena tout-à-coup ; mais le navire, à la grande surprise de tous ceux qui étaient à bord, vira parfaitement sans misaine. L'hélice ayant été remise en fonction, la grande voile fut serrée et le navire se dirigea vers le port, grand largue, filant dix nœuds et devançant le yacht de l'amiral qui faisait même route sous toute la voilure qu'il pouvait porter. En arrivant sur la rade, la mécanique fut mise en mouvement pour faire rétrograder le navire, qui cula à raison de cinq nœuds à l'heure. Il rentra ensuite dans le port, tourna autour du vaisseau amiral et évolua parmi les bâtiments désarmés, avec autant de facilité que l'aurait fait un canot.

Tous les officiers de marine, présents à l'expérience, ont déclaré être parfaitement satisfaits du résultat.

Nous avons suivi avec attention les différentes expériences qui ont été faites sur le système des bateaux à hélices et voici en peu de mots les avantages qu'il présente :

Pour les navires armés en guerre :

Faculté de porter une rangée complète de canons et de les placer au centre de gravité au lieu des extrémités du navire ;

L'hélice et la machine à vapeur elle même sont placées considérablement au-dessous de la flottaison et par conséquent à l'abri du boulet ;

L'hélice fonctionnant entièrement sous l'eau ne fait aucun bruit qui puisse, pendant la nuit ou en temps de brume, annoncer la présence et l'approche du navire et permet ainsi de surprendre l'ennemi ;

Possibilité d'installer à bord de tous les navires, quelle que soit leur grandeur, une machine dont ils se serviraient seulement en temps de calme ou de faible brise, pour débrayer lorsque l'action des voiles serait suffisante ;

Pour les bâtiments de rivières ou de canaux :

Suppression totale de l'agitation de l'eau par les vagues causées par le sillage des bâtiments à aubes et qu'on a vue maintes fois portée au point de faire sombrer des canots et même des barques non pontées et pesamment chargées. Cette même agitation de l'eau, qui aurait promptement détruit les berges des canaux, a jusqu'ici empêché d'y employer des barques mues par la vapeur, ce que l'on pourrait faire en adoptant le système des hélices.

Pour les bâtiments à vapeur en général :

On sait que l'action du gouvernail est produite par la

force exercée sur ses parois latéraux, par l'eau qui glisse dans le sillage le long de la partie de la carène appelée les *façons* du navire et que cette action est en raison directe de la rapidité du sillage. A bord d'un navire à hélices, dès que la vis est mise en mouvement, elle chasse l'eau dans la direction du gouvernail, dont le bâtiment sent la puissance aussitôt et il gouverne même avant d'avoir pris de l'aire.

C'est un avantage immense, mais qui est, à la vérité, quelque peu balancé par l'inconvénient que voici : c'est que, lorsque le navire fait route, si l'on arrête le mécanisme, la vis, dans son état de repos, cause un remous qui paralyse l'action du gouvernail et le navire, bien qu'il conserve son aire, ne gouverne plus jusqu'à ce que l'hélice soit remise en mouvement. On peut obvier à cet inconvénient en ayant soin de ne pas mettre l'hélice dans un état de repos complet et de lui conserver un mouvement insuffisant pour donner une impulsion au navire, mais assez fort pour empêcher le remous et en ralentissant ce mouvement à mesure que le navire perd son aire.

La grande facilité avec laquelle l'*Archimède* évolue a été prouvée par le fait qu'on l'a vu tourner sur lui-même dans deux fois sa longueur. Cette facilité d'évolution est due à la puissante action de son gouvernail.

Les différentes expériences faites en compagnie d'autres navires, ont prouvé que l'*Archimède* avait une vélocité à peu près égale à celle des autres steamers, lorsque ceux-ci pouvaient conserver leur position horizontale, de manière à ce que l'axe de leurs aubes fût parallèle à la surface de l'eau et cela bien que les machines de l'*Archimède* ne soient que de la force de soixante-dix chevaux, ce qui est bien peu pour un bâtiment jaugeant deux cent trente-sept tonneaux ; mais lorsque par l'effet d'un vent par travers ou d'un fort roulis les bâtiments à aubes avaient leur roue dessous le vent immergée et leur roue du vent éventée, l'avantage de l'*Archimède* était le plus manifeste, car l'inclinaison plus ou moins grande du navire et l'agitation de l'eau n'influent en rien sur la force motrice qu'il emprunte aux révolutions de son hélice. Il faut remarquer aussi que les efforts faits sur les roues des navires à aubes, dans ces circonstances, sont tels qu'il est nécessaire de ne point faire agir la mécanique avec toute sa force, de crainte d'entraîner la rupture des pièces qui la composent, inconvénient qui n'existe pas dans le système à hélices. Les navires faits sur ce système, n'ayant point de ces chocs à redouter, peuvent aussi être faits d'un plus faible échantillon et cependant avoir toute la solidité désirable.

Pour obtenir une grande vélocité des navires à aubes, on a été obligé de forcer leur dimension en longueur, ce qui les fait porter à faux entre deux lames, fatiguer et arquer. La longueur des navires à hélices pourrait être réduite sans inconvénient à celle des navires à voiles ordinaires.

La suppression des tambours procure une foule d'avantages : les canots peuvent accoster le long du bord, sans danger, comme ils feraient le long d'un navire à voiles, — le bâtiment élonge les quais ou les autres navires sans craindre d'avaries et avec toute facilité désirable, pour embarquer, débarquer ou transborder passagers et marchandises, — il peut entrer dans les bassins ou écluses dont le peu de largeur des portes interdit l'accès aux bâtiments à aubes, — dans les ports et les rivières encombrés de navires, il peut passer entre ceux-ci, quand les navires à vapeur ordinaires ne peuvent le faire faute de place.

Lorsqu'on veut, à bord de l'*Archimède*, cesser de faire usage de la mécanique pour ne se servir que des voiles, l'opération d'embrayer et de débrayer *(connecting and disconnecting)*, se fait en fort peu de temps et alors l'hélice étant mise en mouvement par le sillage du navire, ne gêne en rien l'action du gouvernail. Cette opération d'ailleurs nous paraît susceptible de recevoir encore de grandes améliorations : ne serait-il pas possible, par exemple, d'adapter un appareil pour soulever l'hélice hors de l'eau, dans une coulisse, lorsqu'elle ne fonctionne plus ?

On a remarqué à bord de l'*Archimède* que la mécanique faisait beaucoup de bruit et imprimait au bâtiment des vibrations désagréables, par suite des nombreux engrenages employés pour donner à l'arbre un mouvement de rotation dans le sens longitudinal au lieu du sens transversal ; mais c'est le premier essai fait dans ce genre et tous les ingénieurs s'accordent à dire qu'il y a là un vaste champ ouvert aux améliorations.

La mâture de l'*Archimède* est beaucoup plus forte que celle des autres navires à vapeur ; elle est pour le moins égale à celle que l'on donnerait à un navire à voile des mêmes dimensions. Le bâtiment se comporte aussi bien sous la voile que le ferait ce dernier et paraît ainsi avoir résolu le problème dont on cherchait depuis longtemps la solution, savoir : la construction d'un navire à vapeur et à voiles, et pouvant servir à volonté comme l'un ou comme l'autre. Nous croyons que cette invention est destinée à jouer un grand rôle dans l'avenir de la navigation à la vapeur, qui est encore dans son enfance, malgré toutes les améliorations qu'on y a dernièrement introduites.

A peine le rapport du capitaine Chappell était-il connu en Angleterre que l'hélice fut appliquée sur d'autres bâtiments ; le *Great Western* fut le second vaisseau qui utilisa cette invention française si habilement exportée par Smith. Nous trouvons à ce sujet, dans l'*Annotateur* du 7 janvier 1841, les lignes suivantes :

En Angleterre, il s'est trouvé des théoriciens qui ont déclaré qu'il n'y aurait rien à gagner à substituer les hélices aux roues à aubes ; mais il s'est trouvé aussi des praticiens qui se sont chargés de leur prouver le contraire. Les essais faits à bord de l'*Archimède* ont été tellement satisfaisants, que des ordres ont été donnés par l'amirauté anglaise de construire une machine de la force de 200 chevaux pour appliquer le système, soit des hélices, soit d'un autre moteur fonctionnant d'une manière analogue à un navire de l'État : nous ne savons si ce navire doit être un bâtiment à vapeur proprement dit, ou un navire à voiles à bord duquel la vapeur ne serait employée que secondairement.

Bien plus, il se construit actuellement à Bristol, pour la compagnie propriétaire du beau steamer le *Great Western*, un navire à vapeur d'énormes dimensions et qui sera mû par le système des hélices, que nos ingénieurs avaient si hardiment déclaré impossible. Ce navire portera le nom de *Mammoth* ; il sera entièrement construit en fer ; jaugera 3,000 tonneaux et en portera 3,600. Il sera, par conséquent, plus grand que nos vaisseaux de haut bord de premier rang : la force de sa machine sera de 1,000 chevaux.

Les armateurs anglais, gens essentiellement pratiques, voulurent donner à l'invention utilisée par Smith toute la publicité possible et offrirent au capitaine Chappell de faire, avec l'*Archimède*, un voyage de circumnavigation autour du littoral de la Grande-Bretagne.

Ce projet fut aussitôt mis à exécution ; le voyage

dura quarante-cinq jours, il fut une marche triomphale.

Rendant compte de son excursion, M. Chappell s'exprimait ainsi :

Les essais exécutés sous ma direction à Douvres avaient bien suffi pour me convaincre de la supériorité propulsive de la vis d'Archimède, même dans les calmes et par une mer unie, sur les roues à palettes ; et, de plus, que si le vent s'y prêtait, alors l'*Archimède* l'emportait sur les meilleurs marcheurs parmi les pyroscaphes-poste de Sa Majesté, placés sur cette station. Mais comme le temps assigné pour ces expériences avait été trop court pour me permettre d'éprouver les qualités de l'*Archimède* par toute espèce de vent et de mer, je m'empressai d'accepter l'offre des armateurs, de mettre leur navire à ma disposition pour une circumnavigation du littoral de la Grande-Bretagne. Pendant cette tournée et relâchant dans les principaux ports, j'y trouverais l'occasion, non-seulement de montrer au grand jour et à tout le royaume, toutes les ressources de ce genre de navigation, mais, en outre, j'appellerais l'attention générale des officiers de la marine, des ingénieurs, de tous ceux qui se chargent de la direction pratique des pyroscaphes, des armateurs, constructeurs, etc., sur le mérite d'un agent propulseur jusqu'ici peu connu ; agent qui semble destiné à produire une révolution complète dans la construction des navires mus en tout ou en partie par la puissance de la vapeur. Cette importante expédition s'étant exécutée, y compris les relâches ou autres temps d'arrêt, dans l'espace de quarante-cinq jours, c'est avec la plus grande satisfaction que je soumets aux réflexions du public les documents qu'on va lire.

Après avoir donné de nombreux détails et cité les irrécusables témoignages recueillis auprès des personnages les plus compétents, M. Chappell, parlant de la forme des hélices, atteste, sans s'en douter, la provenance de l'invention dont l'ingénieur Smith a vainement essayé de recueillir l'honneur :

La forme des hélices expérimentées par M. Smith avant qu'il adoptât celle dont se sert aujourd'hui l'*Archimède*, variait depuis trois tours jusqu'à un seul ; il a également essayé de diviser l'hélice unique en deux, quatre, six et huit parties ou segments. Néanmoins, M. Smith affirme aujourd'hui que, selon lui, UNE HÉLICE ENTIÈRE NE FORMANT QU'UNE SEULE SPIRE DONT LA LONGUEUR ET LE DIAMÈTRE SERAIENT ÉGAUX, SERAIT LA FORME LA PLUS CONVENABLE A ADOPTER POUR LE PROPULSEUR.

Or, cette hélice était celle de Frédéric Sauvage.

M. Chappell énumère ensuite tous les avantages de vitesse, d'économie, de facilité d'évolution pour le navire que présente l'hélice et il conclut ainsi :

La substitution de l'hélice aux roues à palettes ramènera la sécurité dans les rivières très-fréquentées, telles que la Tamise, où la vie des hommes était souvent exposée. Nous en avons la preuve incontestable dans une excursion très-récente de l'*Archimède*, pendant laquelle nos embarcations, suspendues aux pistolets des haubans d'artimon, ont été très-souvent mises à l'eau et rehissées sans beaucoup de danger, bien que le vapeur filât neuf nœuds à l'heure. De plus, en passant au milieu ou très-près de bateaux charbonniers, sur la Tyne et ailleurs, ceux-là n'ont jamais couru le plus petit danger de s'emplir ou de souffrir la moindre avarie.

Il est un autre point de vue sous lequel l'emploi de

l'hélice promet de rendre un immense service, c'est son application aux bateaux de sauvetage. En les munissant d'une petite machine, on peut les mettre à même d'aborder les vaisseaux naufragés, ou de simples débris sur lesquels se débattraient encore les victimes ; et cela, par des temps où ni embarcation à rames, ni pyroscaphe à roues, ne pourraient surmonter la violence du ressac.

L'*Archimède*, aujourd'hui (5 août 1840), fait route sur Oporto. Les rois de Prusse et de Hollande, frappés de l'importance de l'invention, ont souscrit des engagements pour que ce pyroscaphe vint se faire étudier à Hambourg et à Amsterdam ; après quoi il ira peut-être à New-York et sur le Mississipi. Mais comme j'ai déjà navigué tout autour de la Grande-Bretagne et que j'ai parcouru sur ce navire au moins 2,500 milles (4,023 kilomètres, plus de 1,000 lieues), on ne peut plus considérer l'emploi de l'hélice comme un simple essai, mais comme une expérience des plus complètes, qui établit d'une manière incontestable la supériorité du système de cette hélice sur des roues à palettes.

Signé : E. CHAPPELL,

Capitaine de vaisseau dans la marine royale d'Angleterre,

17, Queen street, May Fair, à Londres.
5 Août 1840.

L'hélice avait reçu en Angleterre ses lettres de naturalisation et Sauvage demandait toujours en vain justice à son pays. Fier de son œuvre, il refusait de la livrer à d'incomplètes expériences ; sollicité par MM. Mazeline, les honorables constructeurs du Hâvre, d'appliquer l'hélice à la corvette l'*Ariel*, il ne voulait pas y consentir, malgré l'avantage apparent de cette proposition. On s'étonna du refus, et le rédacteur d'un des journaux du Hâvre crut devoir en exprimer sa surprise.

Sauvage répondit :

« On vous a dit que je m'étais opposé à l'application, au bateau l'*Ariel*, de mon hélice, l'hélice simple. Je dois expliquer le motif qui m'a réellement fait prier MM. Mazeline frères, d'arrêter les dispositions qui concernent cette hélice. On ne peut juger de l'effet d'un propulseur simple ou fractionné que par des expériences faites dans les mêmes conditions. Ainsi, les petites dimensions de l'*Ariel* ne permettent pas d'installer deux hélices d'une manière convenable, les axes seraient de 10 centimètres plus élevés que celui des hélices qui ont été essayées, et l'emplacement trop étroit oblige à une multiplication d'engrenage. Ces difficultés disparaissent si le moteur transmet le mouvement de la même manière pour les diverses expériences qui doivent prononcer sur le besoin qu'on a ou qu'on n'a pas de fractionner l'hélice.

« MM. Mazeline frères, m'ont toujours témoigné le plus vif intérêt ; ils ont été témoins de mes expériences en 1832, et mieux que personne, ils doivent comprendre l'acharnement des plagiaires qui ne visent qu'à dénaturer mon système et passer à côté de mon brevet. On m'a cru atteint d'aliénation mentale quand j'ai prétendu remplacer les roues par les hélices. Aujourd'hui, tout le monde veut faire des hélices ; mais c'est toujours mon procédé plus ou moins dénaturé. Je me borne à demander, sans avoir encore pu l'obtenir, que les expériences soient enfin faites telles que je les réclame. »

L'illustre Boulonnais, nous devons le dire à l'honneur de notre pays, comptait, à côté de ses détracteurs, de chaleureux partisans, entre autres, M. Séguier, le secrétaire perpétuel de l'Académie des sciences, qui, en 1836, avait empêché Smith de prendre un brevet en France pour ce que ce dernier appelait *son* invention.

A la fin de 1840, Sauvage adressait à M. Séguier la lettre suivante :

« Je ne sais pas faire de volumes et je me borne à de simples explications qui ne peuvent être comprises que par les hommes éclairés. Que faut-il au public ? Des bateaux d'une marche rapide. Le public a raison. Il a des bateaux très-longs, très-délicats qui flottent sur cinq à six pouces d'eau. Qu'importe le système qui les pousse, ils ne peuvent manquer d'avoir une grande vitesse.

« Quand j'ai songé aux hélices, mon but n'était point de pousser des bouchons, mais bien d'obtenir le moyen de pouvoir seconder les voiles et de conserver une forme de navires qui puissent battre la mer, résister à la mer en gros temps, plonger dans l'eau et trouver un appui relatif à la résistance qu'éprouve la carène d'un bâtiment. L'usage des roues a conduit à des dimensions de bateaux qui n'offrent ni solidité, ni stabilité. Un bâtiment, pour bien porter la voile, doit avoir du pied dans l'eau et une largeur convenable, autrement il dérivera au plus près et même grand largue. Les bateaux actuellement en usage ne peuvent profiter que du vent arrière, c'est là une triste ressource.

Dans le même temps, Sauvage s'adressait encore une fois au ministre de la marine ; il lui disait :

« Monsieur le Ministre,

« Vous avez reçu, par les mains de M. Billiard, mon ami, la note relative à l'emploi des hélices appliquées à la navigation, note par laquelle je vous priais de nommer une commission pour apprécier le mérite de cette découverte.

« M. Billiard m'apprend que vous allez nommer cette commission, je vous prie d'en recevoir mes remerciements ; mais vous auriez fait observer, paraît-il, qu'il est nécessaire d'avoir d'abord sous les yeux, à Paris, un modèle de machine pareille à celle que les Anglais ont adaptée au navire l'*Archimède*.

« Je m'empresse de vous dire que j'ai à Neuilly un bateau auquel le système des hélices est appliqué, que je le tiens à votre disposition et à celle de la commission que vous vous proposez de nommer. De nombreuses expériences ont été faites avec ce bateau, au moyen duquel on peut juger si le problème est complètement résolu. Je vous ai cité le navire l'*Archimède*, parce que l'application des hélices y est faite en grand et qu'il fait apprécier d'une manière encore plus sensible le mérite de mon invention.

« En attendant vos ordres, je vous prie, Monsieur le Ministre, d'agréer, etc. »

Le ministre allait, comme autrefois l'amiral de Rigny, se rendre aux désirs de Sauvage, lorsque lui aussi remit son portefeuille.

Le général de Montesquiou, qui s'intéressait à l'affaire, adressa quelques mots à l'inventeur pour l'engager à prendre patience :

Je me suis acquitté, lui disait-il, de la promesse que je vous avais faite : j'ai parlé à M. le baron Tapinier et il vient de me répondre que tout est suspendu à l'égard de la décision désirée pour votre machine à hélice jusqu'à ce que l'expérience soit faite en Angleterre dans les mêmes dimensions. Je ne sais pas si cette réponse vous satisfera, Monsieur ; je n'ai rien négligé à votre sujet, étant désireux de vous obliger et de justifier ainsi votre confiance.

Je vous renouvelle l'assurance de mes sentiments distingués.

Gal MONTESQUIOU, Député.

Paris, le 25 Novembre 1840.

A cette époque, en effet, le Gouvernement, qui ne pouvait rester plus longtemps sourd au retentissement qu'avait la nouvelle invention dans tout le monde maritime, se décida à envoyer en Angleterre M. Labrousse, avec mission d'examiner les bateaux à hélice. Voici le rapport officiel de ce dernier ; il est, comme on peut s'en convaincre, entièrement favorable à Sauvage :

Une occasion s'était présentée pour la France de faire, la première, l'application de l'hélice aux bâtiments à vapeur, et ce fut M. Frédéric Sauvage qui la fit naitre. Cet habile mécanicien, constructeur de navires à Boulogne, maniait la godille avec une telle habileté, qu'il imprimait seul, par ce moyen, une vitesse plus grande à une embarcation que celle qu'elle pouvait recevoir de deux rameurs ; en réfléchissant aux moyens d'appliquer aux bâtiments à vapeur un système de propulsion analogue, il songea à l'hélice, et prit, en 1832, un brevet d'invention. Depuis cette époque jusqu'aux essais de l'*Archimède*, M. Sauvage n'avait reculé devant aucune démarche, aucun sacrifice pour faire prévaloir ses idées auprès du gouvernement et des particuliers. Les journaux s'en occupèrent, et M. Sauvage prit même, en Angleterre, un *caveat* qui finit par ne plus être renouvelé.

M. Smith, qui a appliqué l'hélice pleine sur l'*Archimède*, ne fut brévеté qu'en 1836. Nous ne prétendons pas dire que M. Smith, qui a habité Boulogne, se soit emparé des idées de M. Sauvage, bien qu'elles eussent été, antérieurement à l'exposition de celles de Smith, exposées dans plusieurs journaux de Paris et des départements ; mais nous devons cependant faire une observation assez curieuse à cet égard : M. Sauvage annonçait que l'hélice, selon lui, la plus avantageuse, devait avoir une longueur égale à son diamètre et un angle de 45°. Or, pour une telle hélice, cet angle de 45° n'est ni angle extrême, ni angle milieu, ni angle moyen des efforts ; on conçoit bien que M. Sauvage, qui était préoccupé de l'effet de la godille qui est le plus efficace sous cet angle, se soit servi d'une telle expression, mais on est étonné de la retrouver littéralement chez M. Smith.

Quoi qu'il en soit, il nous a semblé de toute justice, en ne considérant même que les dates des brevets de MM. Sauvage et Smith, de donner à l'*hélice pleine* le nom d'HÉLICE SAUVAGE, comme nous donnerons à la vis évidée celui de la vis Delisle ; nous espérons que ces dénominations prévaudront même chez les étrangers, lorsque la vérité des faits sera plus généralement connue.

LABROUSSE,
Commissaire du Gouvernement.

Cependant le bruit des succès obtenus en Angleterre avait favorablement réagi chez nous sur l'opinion publique. Ceux-là même qui s'étaient montrés les plus hostiles étaient les premiers à s'étonner que Sauvage eût rencontré, dans sa patrie, tant d'ingratitude et de mauvais vouloir. L'heure du triomphe semblait proche. Sauvage pouvait croire qu'il allait être vengé : la maladie vint détruire ses espérances. Son ardeur et son courage étaient toujours les mêmes, mais ses forces étaient brisées ; il dut céder aux instances de sa famille et venir à Abbeville passer quelques mois au milieu des siens.

De là, il se rendit en Angleterre pour y constater par lui-même le plagiat dont il était victime. De retour en France, il reçut les offres de service de M. Normand, un des premiers constructeurs du Hâvre, à qui le Gouvernement venait de confier la construction d'un bateau-modèle sur lequel l'hélice de Sauvage devait être adaptée.

Dans le courant de mai 1841, répondant aux premières ouvertures qui venaient de lui être faites, Sauvage écrivait à M. Normand :

« L'emploi des hélices en Angleterre me fait espérer que nous ne tarderons pas à les employer, puisque c'est le sort réservé à toutes nos découvertes qui ne sont appréciées chez nous qu'en revenant d'outremer.

« Persuadé que vous serez un des premiers constructeurs de France qui seront chargés d'exécuter des travaux d'après mon procédé, je vous adresse une brochure qui vous fixera sur les véritables résultats obtenus par l'*Archimède*. Vous remarquerez que

M. Smith reconnaît que l'angle de 45 degrés est l'angle le plus favorable, ainsi qu'une hélice entière. Voilà la base de mon affaire. Cependant, il a adopté deux demi-tours sur le même axe, mais il fallait à M. Smith un brevet et l'apparence d'une invention. Je l'ai vu dernièrement à Londres, ainsi que M. Renie, l'ingénieur chargé du mécanisme du bateau à hélices. M. Smith convient du choc de l'eau sur l'étambot en n'employant qu'une hélice.

« M. Renie s'occupait, à mon départ de Londres, d'expériences avec trois parties d'hélice sur le même axe et se terminant en pointe vers l'arrière, afin de conserver la même surface et d'éviter l'obstacle que rencontre M. Smith. Je suis libre de couper et de trancher, mais je reste convaincu qu'une hélice de chaque côté du navire est ce qu'on peut faire de mieux, d'autant plus qu'on emploie généralement deux machines à vapeur. Il est constant que la force divisée sur deux axes donnerait un mouvement infiniment plus doux et rendrait l'effet du gouvernail plus sensible.

« Je ne terminerai pas sans vous faire part de mes intentions relativement à mon brevet de quinze ans pris en 1832. A cette époque, j'aurais exploité ce brevet si les circonstances m'avaient favorisé, ainsi que je devais l'espérer.

« Depuis dix ans je ne puis me coucher: mes nuits se bornent à deux heures de sommeil, incommodité qui use et fait aspirer à une retraite prématurée.

« Les ressources du Hâvre et vos grandes relations pourraient un jour me faire rencontrer une société disposée à exploiter cette affaire avec tous les soins qu'elle réclame et profiter des produits qu'on doit en espérer ; veuillez alors m'en informer et on me trouvera disposé à traiter à des conditions satisfaisantes.

« Je suis pour quelque temps à Abbeville, chez mon père, chaussée Marcadé, n° 23. »

Enfin, le 22 juillet 1841, le traité suivant était signé entre les parties :

Les soussignés,

M. Normand, constructeur de bateaux, demeurant au Hâvre, présentement à Paris, M. Barnes, ingénieur-mécanicien, demeurant à Londres, présentement à Paris, et M. Frédéric Sauvage, inventeur du système des hélices dont sera ci-après question, présentement à Abbeville, département de la Somme ;

Sont convenus de ce qui suit :

MM. Normand et Barnes, convaincus de l'avantage du système d'hélices de M. Sauvage sus-nommé, pour lequel il a été brévété en France le 10 juillet 1832, lui ont proposé pour propager ce système et donner le moyen de prouver qu'il est préférable aux systèmes employés jusqu'à ce jour comme moteur sur les bateaux à vapeur de construire à *leurs frais* et sans que M. Sauvage ait à faire aucun déboursé, un bateau à vapeur qui aura la forme, les dimensions et installation qu'ils jugeront convenables. La force de la machine ne pourra être moindre de 120 chevaux. Cette proposition est faite à M. Sauvage, à la charge par lui de leur concéder pour ce bâtiment seulement et gratuitement le droit d'employer le système par lui inventé.

M. Sauvage, confiant dans le mérite reconnu de MM. Normand et Barnes, leur accorde par ces présentes le droit qu'ils demandent d'employer son système et s'engage même à leur donner tous les documents et renseignements dont ils pourraient avoir besoin.

Paris, le 20 juillet 1841.

NORMAND. — BARNES.

Abbeville, le 22 juillet 1841.

FRÉDÉRIC SAUVAGE.

Neuf années de luttes, de douleur et d'abnégation allaient donc, on pouvait l'espérer, recevoir leur récompense. Sauvage avait acquis des droits imprescriptibles au repos, au bien-être, à la gloire. Ceux qui l'aimaient, et le nombre en était grand, se réjouissaient pour la France et pour lui. Mais de nouveaux orages montaient à l'horizon et le grand inventeur devait encore une fois subir toutes les cruautés du malheur.

Nous venons de le suivre dans les efforts de son énergie pour faire adopter ses procédés; nous avons vu la fortune s'unissant, pour ainsi dire, à ses adversaires afin d'étouffer dans leur germe ses plus belles conceptions, nous avons vu des spéculateurs éhontés s'enrichissant de sa misère, des Anglais venant espionner ses machines et lui volant ses secrets. Nous allons le voir maintenant luttant contre ceux qui veulent déformer ou accaparer son invention, contre ceux qui lui en disputent la paternité et contre des soucis nouveaux qui l'assiégeront jusqu'à la fin.

L'espoir du repos ne devait être pour lui qu'un rêve dont la séduisante réalité lui échapperait toujours;

Sauvage, suivant l'expression d'un de ses contemporains, semblait fatalement condamné à voir sans cesse se changer en couronne d'épines sa couronne de lauriers.

CHAPITRE SEPTIÈME

1841-1843

Difficultés avec Normand et Barnes. — Les premières expériences du *Napoléon*. — Frédéric Sauvage en prison pour dettes. — Entrée du *Napoléon* au Hâvre. — Alphonse Karr et les *Guépes*.

Sauvage avait signé son traité avec la bonne foi naïve qui le caractérisait et que nous retrouvons chez la plupart de ceux qui vivent loin du monde réel, absorbés dans une idée fixe. En abandonnant gratuitement à M. Normand l'emploi de ses hélices, il avait oublié de se réserver le droit de les faire installer sous sa direction.

Quelques mois plus tard, il apprenait que M. Normand s'était rendu en Angleterre, et qu'il y avait conféré avec Smith, puis avec Renie. Smith qui n'avait pu obtenir en France un brevet pour une hélice simple, en avait obtenu un en Angleterre avec une hélice en deux sections. Copiant Smith à son tour, comme Smith avait copié Sauvage, et cherchant, lui aussi, à dissimuler son larcin, Renie avait imaginé une hélice en trois sections, et il l'adaptait alors au *Great-Britain* encore en construction,

Normand et Barnes ne voulurent pas rester en arrière : ils imaginèrent une hélice qui achevait de défigurer complètement l'hélice de Sauvage. Celui-ci protesta énergiquement.

A vingt reprises différentes, il rappela dans ses lettres aux constructeurs les engagements qu'ils avaient pris, les essais qu'il avait faits lui-même, et leur démontra que dix ans d'expérience ne laissaient aucun doute sur la supériorité de l'hélice simple d'une longueur égale à son diamètre.

Comment deux hommes qu'aucun travail préparatoire n'avait initiés aux effets du nouveau mécanisme, pouvaient-ils espérer faire mieux que l'éminent inventeur qui en avait étudié tous les secrets ?

L'un des deux associés ou tous les deux, d'un commun accord, voulurent-ils imiter les plagiaires anglais et attirer sur eux la gloire de l'invention ? Sauvage le crut et avec sa brusque franchise se gêna peu pour le dire.

Profitant alors de son séjour à Paris, il s'adressa à l'Académie des Sciences et lui demanda de vérifier par elle-même son procédé et d'en consacrer l'authenticité dans un rapport.

Cette proposition fut accueillie avec empressement et, le 16 octobre 1842, M. Séguier, au nom d'une commission dont il faisait partie avec MM. Poncelet, Coriolis et Piobert, donnait à l'Académie lecture du rapport suivant :

De louables efforts sont tentés pour substituer aux roues à aubes des bateaux à vapeur, des organes d'impulsion moins volumineux, mieux appropriés au service maritime, plus en rapport avec l'armement militaire. Déjà plusieurs tentatives de ce difficile problème vous ont été présentées et l'appareil, dit Palmipède, de M. de Jouffroy, fils de celui qui, le premier, a fait naviguer avec succès un grand bateau à l'aide de la vapeur, a reçu votre approbation.

La France qui a vu naître, en 1788, à Beaume-les-Dames, l'invention de la navigation à vapeur, aura encore l'honneur de voir éclore chez elle ses plus importantes modifications. Aujourd'hui, nous venons un instant réclamer votre bienveillante attention en faveur d'expériences tentées par un ex-constructeur français de Boulogne-sur-Mer, devenu mécanicien fort ingénieux. Vous trouverez, Messieurs, quelque opportunité dans la demande que vous a adressée M. Sauvage, afin de répéter, sous les yeux d'une commission, avec des modèles construits à l'échelle, les expériences auxquelles il s'est déjà livré plus en grand, si nous vous disons qu'en ce moment même des ingénieurs Anglais importent en France les mêmes idées, dont M. Sauvage a pris le soin de se garantir la propriété par un brevet, pris déjà à une époque assez reculée.

Le moyen d'impulsion soumis à l'examen de votre commission consiste dans la substitution d'hélices aux roues latérales. M. Sauvage propose d'armer les navires de guerre de deux organes de ce genre, complètement immergés, et appliqués au navire sous les formes rentrées de l'arrière ; en terme de marine, sous les fesses du navire.

L'installation de ces organes, qui agissent dans une direction parallèle à la quille, peut se faire sans aucune modification notable à la construction marine actuelle. Ses hélices, dont le pas est égal au diamètre, sont composées d'une seule révolution autour de leur axe ; elles diffèrent essentiellement des organes de même nature, proposés par ses rivaux d'outre-mer, et acceptés par l'administration de la marine à titre d'essai, pour un des vaisseaux de l'Etat.

L'inventeur français, convaincu par de nombreuses expériences que la forme par lui définitivement adoptée est préférable à toute autre, a désiré que vous en fussiez juges ; nous avons l'honneur de vous rendre compte de ce qui s'est passé sous nos yeux.

Un modèle de brick de guerre a été pourvu de deux hélices à une seule révolution continue : un mouvement rotatoire rapide ayant été communiqué à ces organes au moyen d'un mécanisme d'horlogerie, le petit navire a été capable de faire équilibre à un poids de 200 grammes, après lequel il a été amarré et sur lequel il agissait à la façon d'un bateau remorqueur. Des hélices de même surface, mais divisées en deux sections, ayant été substituées aux précédentes, pour que le navire ainsi installé restât capable de faire équilibre au poids, il a dû être réduit à 180 grammes. Des hélices divisées en trois parties, mais représentant toujours exactement la même surface de point d'appui sur le liquide dans leur développement total, ayant à leur tour remplacé les secondes, le poids, pour être soutenu en équilibre, a dû être ramené à 140 grammes.

M. Sauvage, par des expériences plusieurs fois répétées, trouve que la puissance de son hélice, comparée à celle des autres d'une construction différente, est, dans un rapport, comme 20 est à 18 et à 14.

M. Sauvage est jaloux d'assurer à la France la priorité d'une application qu'il a lui-même portée à un degré de perfectionnement supérieur à celui atteint par ses concurrents, il aurait voulu rendre l'Académie tout entière spectatrice de ces essais pleins d'intérêt, quoique répétés sur une bien petite échelle.

La commission conclut des expériences auxquelles elle a assisté qu'à l'échelle de ces essais, des hélices d'une simple révolution, mais continue, sont préférables à des hélices à double ou triple filets, ne faisant chacune qu'une demie ou un tiers de révolution, quoique offrant, toutes en somme, une surface égale.

Il semblait que le rapport de M. Séguier eût dû mettre fin à la discussion. Il n'en fut rien. Les journaux s'en emparèrent pour le critiquer. Le *Siècle* et les *Débats* le déclarèrent incomplet, et les constructeurs du *Napoléon* continuèrent lés errements du passé, malgré le rapport, malgré la science et malgré l'Académie.

Enfin, l'heure décisive approchait, le *Napoléon* avait été lancé à la mer dans le cours de l'année 1842 et dès la fin de janvier 1843, il commençait la série de ses épreuves.

Le *Journal du Hâvre* en rendait compte en ces termes, le 26 janvier 1843 :

La goëlette à hélice, le *Napoléon*, a mis en mer hier pour la première fois, dans le but d'essayer ses machines. Un concours considérable de curieux stationnait sur le quai et la jetée pour assister à la sortie de ce bâtiment, qui offrait aux habitants du Hâvre, si familiers avec la navigation à vapeur, le premier modèle du nouveau système de propulsion. A quatre heures et demie, le *Napoléon* filait entre les jetées, et, en effet, ce spectacle inusité d'un navire qui semblait marcher tout seul, et dont la vitesse n'était expliquée par aucun indice extérieur, était bien fait pour piquer la curiosité. En voyant son franc bord aligné de bout en bout sans solution de continuité, on cherchait instinctivement sa voilure, et le regard n'apercevant qu'une cheminée, était naturellement ramené aux flancs du bâtiment, où devaient se trouver les roues motrices. Ni l'un ni l'autre de ces moyens d'action n'apparaissaient à leur place ordinaire, et sauf une légère écume qui blanchissait le remoux du gouvernail, rien ne révélait les causes du mouvement. A la surface de la mer, nulle agitation, nulle autre trace du déplacement de l'eau, que la ligne de sillage laissée par la fine carène.

En faisant ces remarques, chacun appréciait l'avantage évident d'un système qui, réunissant les bénéfices des deux modes de navigation, était exempt des plus grands inconvénients de chacun d'eux.

Le *Napoléon*, qui à la vue sortait avec une vitesse de 6 à 7 nœuds, s'est élevé au large, où bientôt l'obscurité le cacha à tous les regards. Il faisait nuit quand il est rentré.

D'après les renseignements qui nous ont été fournis sur les essais auxquels il s'est livré, le *Napoléon* remplira entièrement l'attente de ses constructeurs. Il n'a pas, du premier coup, donné les résultats qu'il peut atteindre. Ainsi au lieu de vingt-cinq coups de piston, la machine n'a fourni que dix-huit coups ; mais cette imperfection, qui provient de quelques défauts d'ajustement inévitables, et que l'épreuve avait pour but de reconnaître, sera facilement annulée, puisqu'il ne s'agit que de quelques corrections de détail ; et, comme en cet état même, l'hélice a fait filer au navire 7, 8 et près de 9 nœuds en certains moments, on peut, dès à présent, regarder comme acquis, le succès complet de cette belle innovation.

Ce matin, à quatre heures, le *Napoléon* est de nouveau sorti pour rester dehors toute la journée ; il lui faut ce temps pour faire une expérience importante. Voici en quoi elle consiste : Lorsque le bâtiment, favorisé par le vent, voudra se servir de ses voiles, on comprend que l'hélice traînant à son arrière offrirait une grande résistance au fluide, si elle restait fixée au grand axe qui lui communique le mouvement, puisque prenant la rotation que lui communiquerait la marche du bâtiment, elle réagirait sur tous les rouages de la machine. Il est donc indispensable d'isoler l'hélice, de la rendre au besoin indépendante du grand axe, afin qu'elle puisse tourner librement. A cet effet, un mécanisme fort simple relie l'hélice au grand axe ou l'en sépare à volonté, et c'est pour essayer si la manœuvre de ce mécanisme est praticable et facile à la mer que le *Napoléon* est sorti ce matin, en se faisant accompagner par précaution d'un bateau à vapeur d'escorte.

Quelques jours après, on pouvait lire dans la *Revue du Hâvre* :

LE NAPOLÉON.

Que ce soit encore le prestige du grand nom qu'elle porte, ou le seul attrait d'une curiosité instinctive, jamais on ne s'est ému aussi vivement ici d'une invention nouvelle que ne l'est en ce moment notre population par l'installation et les divers essais de la machine à hélices de la goëlette *Napoléon*. Ce navire ne peut se mouvoir du bassin à l'avant port sans qu'une foule empressée, avide de voir, et curieuse, ne le suive aussitôt des yeux, sur les quais, à la sortie des écluses, sur le gril, partout. Les vieux marins, les jeunes, les pilotes, tous les hommes de mer enfin, en si grand nombre dans notre ville, semblent abandonner leurs travaux et le soin de leurs affaires pour observer les mouvements de ce beau navire, admirer ses formes sveltes et gracieuses et cette *espèce de limaçon* qui joue sur son arrière, sans que l'intelligence de la plupart de ces intrépides spectateurs puisse expliquer, d'après les notions ordinaires, comment la rotation de cette machine peut suppléer les deux roues tournantes et les palettes des bateaux à vapeur d'ancien système. Certes, la curiosité générale trouverait plus d'aliment dans l'inspection intérieure de la goëlette ; mais y pénétrer est impossible, la consigne impitoyable repousse flegmatiquement toute tentative de ce genre, et nous l'avons vu appliquer dans toute sa sévérité à des dames qui ont vainement employé pour obtenir une préférence vivement sollicitée, toute la séduction d'un langage presque suppliant

Après diverses épreuves préliminaires, faites dans les premiers jours de cette semaine, mercredi à trois heures de l'après-midi, le *Napoléon* s'est élancé du vieux bassin dans l'avant-port pour faire son premier essai, toujours suivi, comme d'usage, par une nombreuse escorte de curieux qui est sortie de la ville pour se porter sur la jetée du nord-ouest et observer sa marche, jusqu'à ce que la nuit fit trêve à ce long et attentif examen.

Nous ne rapporterons pas tous les jugements contradictoires émis dans cet essai et dans celui qui eut lieu le lendemain ; l'opinion des véritables juges est entièrement favorable aux innovations dues au système perfectionné d'hélices dont M. Sauvage fit, il y a quelques années, l'épreuve dans notre port. Le *Napoléon* a filé environ 9 nœuds dans sa plus grande vitesse, et les connaisseurs affirment qu'il peut excéder encore cette vitesse de 3 ou 4 nœuds au moins, quand il sera dans toutes les conditions de sa marche régulière, vitesse que les gros temps ne sauraient ralentir, parce que les lames ne peuvent, dans aucun cas, atténuer les moyens d'action de sa machine.

Le succès de cette *nouvelle invention* ne sera pas sans influence sur les futures constructions de bateaux à vapeur que projettent quelques armateurs. Tout porte à croire même que, dans cinq ou six ans, l'ancien système sera abandonné, surtout pour les traversées de long-cours que le système des hélices doit considérablement abréger.

Si nous reproduisons ici, malgré leur étendue, les détails qui nous sont donnés sur ces expériences par les journaux de l'époque, c'est qu'elles ont été pour bien des incrédules le chemin de Damas de la vérité.

Pendant dix ans, Sauvage avait crié au monde maritime : ce que je vous apporte c'est l'avenir, c'est le mouvement, c'est la lumière, et chacun avait répondu comme le Gouvernement en 1832 : Votre système n'est applicable qu'en petit.

Le *Napoléon*, avec ses deux machines à vapeur de quatre-vingts chevaux, avec ses essais multipliés devant toute une population de marins, donnait la preuve du contraire et justifiait toutes les affirmations de l'inventeur.

Mais le *Journal du Hâvre*, apologiste convaincu de Normand, semblait oublier bien vite ce que le *Napoléon* devait à Frédéric Sauvage, et le 27 février, après avoir rendu de nouveau justice à la précision des résultats obtenus dans les essais renouvelés la veille encore, il ajoute :

La construction du *Napoléon* aura le double avantage de doter notre marine à vapeur, d'un bon et beau bâtiment de plus, et de fournir à la science des données propres à conduire au perfectionnement du nouveau système. Nous sommes heureux que notre port ait été choisi pour être le berceau de cette première application de la vis d'Archimède à la navigation à vapeur, et le vif intérêt qu'y excitent les expériences du *Napoléon*, nous fait penser que l'on ne jugera pas hors de propos quelques détails sur l'origine française de cette invention.

La *vis*, proprement dite, est attribuée à *Archytas*, disciple de Pythagore, et qui vivait 400 ans avant J.-C.; 180 ans plus tard, *Archimède* imagina de l'employer à l'élévation des eaux, en la revêtissant d'une enveloppe. Un coquillage lui en avait, dit-on, donné l'idée. Diodore de Sicile prétend que cette machine, qui s'appelait alors *limace égyptienne*, était antérieure à Archimède, qui l'aurait rapportée de ses voyages en Egypte. Quoi qu'il en soit, cette machine hydraulique est connue, depuis plus de vingt siècles, sous le nom de *vis d'Archimède*.

Deux Français, Du Quet, en 1699 et 1729, et Du Bost, en 1743, sont les premiers qui employèrent la vis comme *moteur* hydraulique, pour faire marcher des moulins dans le courant des rivières. On voit encore aujourd'hui un grand nombre de ces moulins dans le Mississipi.

Un mathématicien Français, Pancton, est le premier qui ait eu l'idée d'appliquer la vis hélice à la navigation; son but était de remplacer la rame des galères, par un organe dont l'effet fût uniforme et constant.

Depuis Pancton, un grand nombre d'inventeurs ont reproduit et essayé d'appliquer son idée, plus ou moins altérée. Un grand nombre de brevets furent pris et ne produisirent aucun résultat. L'un des derniers, pris par M. Sauvage, de Boulogne, date de 1832.

C'est en 1841 que M. A. Normand proposa au Gouvernement de se charger, à ses risques et périls, et le premier en France, d'une expérience qui a acquis la plus grande importance pour l'avenir de la marine militaire et de la grande navigation. La volonté ferme de feu M. Humann, ministre des finances, et l'avis favorable émis par M. Boucher, alors inspecteur-général du génie maritime, firent décider la construction du *Napoléon*.

Ainsi, l'idée ingénieuse de *Pancton*, vivifiée par la puissance de la vapeur d'eau, dont la découverte est due au génie d'un autre Français, est appliquée, après quatre-vingts ans, à un bâtiment de l'Etat et va sans doute compléter la révolution navale commencée par la vapeur.

Sauvage, indigné de cet article, y répondit aussitôt par une lettre que le *Courrier du Hâvre* publiait le 7 février :

Monsieur,

Le *Journal du Hâvre* semble disposé à me faire paraître étranger à l'application des hélices aux bateaux à vapeur ; j'ai fait assez d'expériences dans le port du Hâvre pour qu'on n'y confonde pas l'inventeur du système avec le constructeur du *Napoléon* ; mais on peut l'ignorer ailleurs, et je désire qu'on sache à qui s'adresser quand on voudra faire construire des bateaux d'après mon procédé. En conséquence, je vous prie d'insérer dans votre prochain numéro, la réclamation suivante.

Vous pouvez juger si j'ai droit à de telles réclamations, puisque vous étiez au Hâvre quand j'y allai avec mon canot à hélices, construit et installé à Paris, pour des expériences desquelles je ne pus obtenir d'avis favorable, parce que les hélices avaient échoué aux Etats-Unis. Vous étiez au Hâvre quand j'ai installé le gros bateau de pêche, duquel a parlé M. Corbière dans le *Journal du Hâvre*. Vous avez vu à Honfleur le bateau que j'ai construit pour le passage de ce port au Hâvre et pour lequel on devait me fournir une machine à vapeur ; mais les faux arguments qui m'avaient été funestes à Paris, retentirent jusqu'au Hâvre, et l'application de la vapeur n'eut point lieu.

Vous avez vu le bateau modèle de remorqueur que je fis à St-Cloud, ceux que je fis construire à la Rapée, dont un de 35 pieds et l'autre de 60, destinés aux expériences de la navigation fluviale, et qui sont encore à Neuilly. Enfin, vous avez eu bien des fois l'occasion de voir, ainsi qu'une grande partie des habitants du Hâvre, que mes expériences n'étaient point une simple tentative, ainsi que veut bien le dire votre confrère, et si le rédacteur veut se donner la peine de chercher le *Journal du Hâvre* de ce temps-là, il verra que son prédécesseur considérait l'affaire plus consciencieusement. Je suis resté près de deux ans au Hâvre et à Honfleur, et je faisais très-souvent manœuvrer mes bateaux, espérant toujours convaincre le public et le ministère de la marine de l'erreur de ce dernier, quand il a condamné mon procédé comme impraticable pour l'emploi de la vapeur sur une grande échelle. Enfin les Anglais ont prouvé le contraire, et j'en rends grâces au ciel.

Parlons maintenant du *Napoléon*. Je me suis abstenu d'en parler pendant les premières expériences. Je me suis borné à faire constater d'avance les mauvais résultats qu'on a obtenus. Je n'ai pas vu ce beau bateau, chef-d'œuvre sans pareil, mais je connais maintenant la clé du *Journal du Hâvre*, et il me sera facile à l'avenir de deviner ce qu'il veut dire. Il prétend que M. Normand fut le premier qui osa hasarder l'application de mon système, quand il existe en Angleterre tant de bateaux à hélices ! Le *Journal du Hâvre* vante la grande finesse du *Napoléon*, lui permettra-t-elle de porter la voile ? Je suis porté à en douter.

La première expérience du *Napoléon* n'était pas satisfaisante, cela se conçoit, parce que la machine n'avait point encore fonctionné, voilà une raison qu'on ne peut contester ; mais depuis cette première épreuve, les frottements ont dû s'adoucir, et rien ne devrait plus clocher, sinon le prétendu perfectionnement qu'on a voulu faire.

Avant de déterminer la paroi de mon hélice, j'ai

représenté une rame en godille dans la position la plus favorable, 45 degrès, et j'ai fait passer la ligne supérieure de mon hélice en dehors de l'espace qu'elle doit parcourir, ce qui forme une hélice ayant en diamètre la longueur de son axe. Il est certain que deux hélices semblables et tournant en sens inverse produisent exactement l'effet de la godille. Si la rame avait trois pelles, pourrait-on la conduire aussi facilement? Ne serait-elle point plus rude à faire mouvoir, puisque ces pelles renfermeraient entre elles une colonne d'eau qui occasionnerait une résistance au détriment de la force motrice? C'est ce qui explique pourquoi M. Normand n'obtient que dix-huit coups de piston à la minute, quand il comptait sur vingt-cinq coups.

L'hélice, décrite dans *Tregold*, traduit par M. Mélète, est construite sur un angle tellement ouvert, que la rame se trouverait presque placée horizontalement, si on voulait la faire fonctionner dans l'espace occupé par cette même hélice. Il suffit d'avoir vu faire usage d'une godille pour comprendre que son effet serait nul dans une position verticale ou horizontale, qu'ainsi l'intermédiaire entre ces lignes est la position qui convient pour obtenir la plus grande puissance.

C'est cependant cette hélice qui fut essayée aux Etats-Unis et qui m'occasionna tant de désappointement depuis douze ans, et qui fit dire à M. Normand et à bien d'autres encore, que ce procédé ne valait rien, qu'au surplus il était dans le domaine public.

Cependant, M. Normand n'a pas cru devoir entreprendre la construction du *Napoléon* sans me demander l'autorisation que je lui accordai sans la moindre rétribution pour mon droit de brevet ; je ne connaissais pas encore ce constructeur habile ; sa tentative avec la triple hélice est-elle dans le but de me débouter par un perfectionnement? Mais ce moyen je l'ai laissé de côté et je ne l'ai employé que comme point de comparaison ; car il est bon de se convaincre soi-même avant de se mettre en évidence et d'essayer tous les moyens qui pourraient exciter la contrefaçon.

Lorsqu'il fut question de la construction du *Napoléon*, je revenais de Londres, j'avais visité l'*Archimède*, M. Smith et plusieurs ingénieurs anglais qui s'occupent des hélices, et il me fut bien facile de juger qu'on y avait fractionné cette même hélice pour avoir l'apparence d'un perfectionnement, puisqu'on n'accorde pas de brevet d'importation en Angleterre. M. Smith me dit, et c'est écrit dans sa brochure, que l'hélice *entière* valait mieux que divisée, mais qu'en deux parties elle occupait beaucoup moins de place. Cette considération ne me semble pas compenser la perte des forces de propulsion. Mais, ainsi que je viens de le dire, il fallait un brevet, bon ou mauvais, qu'importe !

Environ deux mois avant que le marché de M. Normand avec le gouvernement ne fût signé, j'envoyai à ce constructeur une des brochures que j'avais rapportées de Londres, contenant tous les rapports sur l'*Archimède*. Je le priai instamment de ne pas dénaturer l'hélice, ainsi que l'avait fait M. Smith, qui l'avait coupée en deux. M. Normand fit plus, il la coupa en trois parties. Ce petit envoi, ainsi que des renseignements que je lui communiquai, restèrent sans réponse... Qu'en dites-vous?

Aussitôt que j'appris que M. Normand avait l'intention de martyriser ainsi mon procédé, j'invitai l'Académie à vouloir bien nommer une commission à l'effet de constater un fait dont j'étais convaincu depuis plus de dix ans, et qui consistait dans la comparaison des puissances impulsives et attractives des hélices simples aux hélices fractionnées, et dont les résultats sont en raison du nombre des parties qui composent l'hélice, comme 20, 17 et 13, quand elle est entière, en deux ou trois sections.

Ce rapport fut publié dans les journaux. M. Normand en fut prévenu par une lettre particulière, à laquelle il n'a seulement pas encore répondu.

Les expériences que j'ai répétées, quoiqu'en petit, et que j'avais déjà faites avec le poids des hommes, sont peu probantes aux yeux de bien des gens. Mais, suivant la nature des expériences, elles sont parfois plus exactes au moyen d'une force invariable, quoique faible, que par des moyens puissants qu'on dirige à volonté, ce qui fait que très-souvent, en Angleterre comme en France, on a annoncé des succès complets desquels on n'entendit plus jamais parler, surtout quand il était question de la vapeur.

Il est bien certain qu'il est pénible, surtout quand on a beaucoup d'amour propre, de se rétracter et d'exécuter d'après un principe qu'on a condamné ; mais, quand on ne sait que copier, on ne fait ni invention ni perfectionnement. M. Normand a-t-il fait un bateau à vapeur sans traverser plusieurs fois la Manche et rapporter plein ses poches de documents ?...

Si je me plains avec autant d'amertume, c'est que mon procédé se trouve compromis par une application qui devait faire disparaître les doutes qui restent encore sur ma découverte et qu'on vient nous vanter l'intrépidité de M. Normand qui osa entreprendre une chose aussi hasardeuse que difficile !

Recevez, etc.

C'est du Hâvre, comme on le voit, que Sauvage envoyait cette réponse à ceux qui semblaient s'efforcer de faire l'oubli autour de son nom. Il venait, en effet, d'y accourir à la nouvelle des expériences tentées en rade avec l'hélice *perfectionnée* de MM. Barnes et Normand. Mais avant de quitter Paris, il avait adressé au ministre de la marine un mémoire que Son Excellence lui avait demandé ; il y résumait en quelques lignes ses efforts depuis son invention :

» En 1831, écrit-il, je fis des expériences pour substituer les hélices aux roues des bateaux à vapeur. Au mois de mars 1832, je vins à Paris pour présenter au Ministre de la marine le rapport d'une commission de Boulogne-sur-Mer, qui constatait les résultats que j'avais obtenus, ainsi que deux petits modèles de bateaux dont l'un avait une hélice sur le prolongement de la quille et placée entre deux étambots, tandis que le second était armé de deux hélices placées l'une à tribord, l'autre à babord de la coulée. Je me rendis donc au ministère avec ces modèles, plus un petit canal en zinc que j'avais fait construire à l'effet d'y faire manœuvrer les bateaux et juger de leur puissance d'impulsion. Le Ministre parut voir avec autant de plaisir que d'intérêt cette expérience en petit. Il fut alors convenu que j'en ferais une application nouvelle sur un canot de 16 à 17 pieds, le tout afin qu'on puisse mieux apprécier l'avantage de mon procédé. Aussitôt mon canot construit et installé, j'en fis part au Ministre ; Son Excellence m'informa par une lettre du 30 mai qu'elle venait de nommer une Commission qui devait être présidée par le vice-amiral Alghan, auprès duquel il m'invitait à me rendre afin de nous entendre sur le jour de l'examen. Le jour même indiqué pour l'expérience, un employé du ministère vient me dire que le Ministre s'était trompé en désignant le vice-amiral Alghan pour cet examen, qui était du ressort de l'amiral Willaumez.

« La commission se rendit donc à bord de mon canot à flot sur le canal de l'Ourcq ; l'expérience, bien que satisfaisante, ne parut pas captiver l'attention de cette commission, ce qui m'astreignit à de nouvelles démarches ensuite desquelles le ministre consentit à m'envoyer ses aides-de-camp. Ces Messieurs ayant accueilli avec un vif intérêt les nouvelles expériences dont ils furent les témoins, je devais présumer que le Gouvernement ferait une application sérieuse sur un des bâtiments de l'Etat ; la suite me prouva que je n'avais nourri que de vaines espérances.

« Le 11 juillet, une seconde lettre du Ministre me fit connaître l'opinion de la commission ; elle avait décidé que l'application de mon système ne pouvait réussir sur une grande échelle, impossibilité démontrée, disait la commission, par des expériences antérieurement faites aux Etats-Unis : on trouve, en effet, dans *Tregold*, traduit par M. Melète, la relation de l'essai tenté en Amérique. Malgré mes instances réitérées, on n'a pas cru devoir ordonner la comparaison de ces procédés avec les miens, d'où il suit que je n'obtins pas de rapport, rapport qui eut victorieusement anéanti tous les doutes sur la haute utilité commerciale et militaire de mon invention. Quelqu'amer que fût mon désappointement, je ne perdis pas courage, et partis pour le Hâvre avec mon canot, dans l'espoir d'attirer l'attention du commerce, ce qui me fit dépenser, en dix ans de temps, 70 à 80,000 francs en essais divers, sans jamais pouvoir arriver à l'emploi de la vapeur. On approuvait généralement mes expériences, mais on finissait toujours par cet argument écrasant : le Gouvernement a repoussé ce moyen comme *inapplicable en grand.* Cependant, on n'a jamais su me dire pour quel motif, ni pour quelle cause il le repoussait.

« Plus tard, des propositions me furent faites pour porter mon système en Angleterre, car j'avais pris un *caveat* avant de prendre mon brevet à Paris. Mais pour faire revivre ce *caveat*, on m'imposait l'obligation d'anéantir le brevet pris en France. Mû bien plus par un sentiment de patriotisme que par mon intérêt, je dus refuser absolument, comptant bien que les applications faites en Angleterre finiraient par déterminer mon pays à adopter ce système. Maintenant, pour mieux prouver que le premier de ces deux sentiments dominait l'autre incontestablement, il me suffira de relater les faits suivants. Avant de traiter avec le Gouvernement pour la construction du *Napoléon*, M. Normand me demanda l'autorisation de construire un bateau modèle à hélice ; j'y consentis sans exiger aucune rétribution pour mon droit de brevet, de plus, j'engageais ce constructeur à employer l'hélice simple parce que des expériences réitérées, faites au Hâvre et à Honfleur, m'avaient positivement démontré que l'affaiblissement de la puissance de propulsion était en raison du fractionnement de cette même hélice, ce que je me suis empressé de faire constater par une commission de l'Académie, quand j'appris les intentions de M. Normand : ainsi, par exemple, je ne crains pas de le garantir, pour l'hélice simple la puissance de fraction est de 20, elle s'abaisse à 17 si le fractionnement est en deux parties, et elle se réduit à 13 si l'on divise l'hélice en trois.

« Je crois donc remplir encore un devoir consciencieux en engageant le Gouvernement à vérifier le fait que je signale, avant de se lancer dans d'autres applications.

« J'oubliais qu'en 1840 mes nouvelles démarches auprès du Ministre me valurent sa lettre du 21 juillet, m'annonçant qu'une nouvelle commission se rendrait à Neuilly où se trouvent encore deux de mes bateaux, entre autres un de 60 pieds installé pour la navigation fluviale. On a dû faire un rapport sur les investigations de cette dernière commission ; mais il ne m'a jamais été communiqué.

« Je termine en demandant à votre Excellence une très-courte audience dans laquelle je puisse compléter des renseignements, utiles tant aux intérêts de la marine qu'à ceux qui me sont personnels, mais qui ne pourraient trouver place dans cet exposé déjà trop long. »

L'audience demandée dans ce rapport fut accordée, mais cette fois encore la bonne volonté du ministre devait se briser devant le mauvais vouloir et le parti pris de ceux qui l'entouraient.

Sauvage, cependant, s'occupait activement au Hâvre de constituer une société capable de l'aider dans l'exploitation de son procédé. De nombreux armateurs vinrent successivement lui faire leurs offres de service et lui proposèrent une association qui l'eût amplement dédommagé des pertes qu'il avait subies et qui avaient englouti sa fortune. Il allait conclure lorsque le bruit se répandit que son brevet devait prochainement expirer. Les bailleurs de fonds reprirent leur parole et chacun voulut attendre l'heure où les hélices seraient tombées dans le domaine public.

Déçu dans ses espérances comme il l'avait toujours été jusque-là, Sauvage attendit patiemment, avant de rien tenter de nouveau, que le *Napoléon* eût définitivement pris la mer, car il était sûr à l'avance que la supériorité de son système serait enfin reconnue.

Sa correspondance avec sa famille, ses lettres à ses amis, tout nous le montre sûr du triomphe.

Le 2 avril 1843, il écrivait à son fils :

« Rien n'est plus curieux que les bêtises faites à bord du *Napoléon*. Aussi, aucun moyen ne pouvait mieux m'assurer la propriété de l'hélice qui porte mon nom. Une quatrième hélice est arrivée hier d'Angleterre. Elle est aussi absurde que les autres. Je vais dans un quart d'heure aller la voir avec M. Lahure, le seul homme du Hâvre qui comprenne bien ce système, et sous peu, je te donnerai des détails sur la mauvaise foi de mes deux armateurs.

« Demain, à neuf heures, je ferai à M. Alix, l'ingénieur désigné par l'Etat pour suivre les expériences du *Napoléon*, une démonstration qui lui indiquera la cause certaine des absurdités dont il a connaissance. »

Le *Lloyd Français* publiait le 27 avril de la même année l'article suivant :

Le *Napoléon*, marchant par la vis d'Archimède, a fait plusieurs excursions avec succès. Si le système répond aux espérances qu'il a fait naître, une véritable révolution s'opérera dans la marine. Il ne sera plus nécessaire de construire les navires à vapeur d'une manière tout-à-fait spéciale. Leur largeur et leur longueur pourront se rapprocher très-sensiblement de celles des bâtiments à voiles. Ils deviendront alors plus propres à la guerre : d'abord parce que l'appareil locomoteur n'étant plus sur les flancs, ne sera plus exposé à être brisé à la première volée ; en second lieu, parce que l'artillerie pouvant être placée le long du bord, les navires à vapeur ne seront plus obligés de combattre en pointe, manœuvre qui expose leurs équipages à des coups d'enfilade, qui sont les plus meurtriers de tous. Il est évident ainsi que les navires à vapeur ayant plus de largeur, on leur fera porter une mâture et une voilure en proportion à peu près normale avec leur tonnage, et que, dès lors, employant tour à tour la vapeur ou la voile, ils pourront accomplir avec rapidité les plus longs voyages.

L'*Annotateur* de Boulogne, en reproduisant cet article, y ajoutait ces réflexions :

Nous ajouterons que le sillage de ce bâtiment avec sa voilure et son hélice, a atteint une vitesse de dix nœuds et demi, et que tout fait augurer le succès complet du nouveau système. Nous demanderons quel avantage en retirera M. Sauvage, car nous n'avons pas appris qu'il soit aucunement question de le récompenser d'une découverte qui promet d'être si utile à notre marine militaire et à notre commerce.

Ainsi, la presse française, l'opinion publique, les marins, les ingénieurs, les principaux armateurs du Hâvre, tous les hommes spéciaux rendaient pleine et entière justice à l'invention ; le véritable inventeur seul était oublié. Mais la dernière épreuve du *Napoléon* devait bientôt lui fournir l'occasion de revendiquer ses droits et de montrer la supériorité de son mécanisme.

Sauvage attendait cette épreuve avec impatience lorsqu'il fut arrêté au saut du lit, en vertu d'un jugement obtenu contre lui par ses créanciers.

Le 8 mai 1843, les portes de la prison du Hâvre se refermèrent sur lui.

Ce fut le seul moyen jugé possible pour vaincre enfin cet athlète infatigable, dont l'indomptable ténacité semblait avoir lassé le destin ; on n'avait plus ainsi à craindre ses réclamations incessantes ou ses avis multipliés ; on pouvait désormais continuer les errements contre lesquels il n'avait cessé de protester, contre lesquels il lutta sa vie tout entière. Au lieu d'employer l'hélice simple qui était le dernier mot de la perfection, on pouvait la transformer et la diviser pour s'attribuer cette invention, les murailles du cachot, où il était enfermé, étaient assez épaisses pour empêcher sa voix d'être entendue.

Vers le milieu d'un grand jour de bataille, le maréchal Desaix disait à Napoléon : « La bataille est perdue, mais il nous reste encore assez de temps pour en gagner une autre ! »

Et Napoléon rassemblant ses troupes éparses les ramena au combat, et l'histoire de France put enregistrer parmi ses plus glorieux faits d'armes, la victoire de Marengo.

Sauvage aussi allait avoir son Marengo. Si comme il en demeura convaincu et comme il en fournit vingt fois la preuve, une hostilité personnelle était la cause réelle de son arrestation, l'emprisonnement qu'il dut subir n'empêcha point le triomphe de son idée. Déjà même, après quelques jours de captivité, il apprenait l'insuccès définitif de certaines tentatives et pouvait écrire à son frère la lettre suivante :

Hâvre, 12 mai 1843.

Mon cher Sauvage,

Il n'est plus question de l'hélice Normand, lequel jure à qui veut l'entendre qu'il n'a jamais eu l'intention d'anticiper sur mes droits. Cependant on se doute bien que si cette hélice formée de croches et doubles croches eut produit un bon effet, Normand ne serait pas resté sans prétentions. Enfin ce chef-d'œuvre n'existe plus. Laissons les morts tranquilles.

Il est certain, malgré ce qu'a dit le *Journal du Hâvre* que le *Napoléon* allait à peine à sept nœuds lors des premières expériences. Aujourd'hui qu'il a une hélice construite sur une des conditions indispensables et formée de lignes verticales sur l'axe, le *Napoléon* va à onze nœuds. On a persisté aux trois parties ; mais on dit qu'il va partir pour Cherbourg et que là on lui fera une hélice en deux. C'est le bon moyen pour dissimuler la honte.

L'ingénieur de la marine qui a suivi la construction et les expériences est venu me trouver pour avoir des avis, car il lui serait bien difficile de trouver des conclusions exactes dans les notes qu'il a prises pour faire son rapport. On a menti dans bien des circonstances et il m'a dit franchement que ce que je lui ai fait voir est plus probant que tout ce qu'il avait vu jusqu'alors. Nous devons nous revoir. Voilà le moment qui arrive où je vais demander à régler avec le ministère de la marine, qui je crois n'a pas été étranger à la tentative qui a été faite. Enfin je me contenterais bien de ce qu'on a dépensé en Angleterre pendant cinq ans et à bord du *Napoléon* pour arriver aux deux conditions qui caractérisent mon procédé.

Nous allons aussi nous occuper des bâtiments à voile auxquels on peut en très-peu de temps monter deux petites hélices avec une petite machine rotative qui n'a pour une force de quinze chevaux qu'un mètre de largeur, 1^m 50 de longueur et 60 centimètres de hauteur. Elle peut se placer sous la plate-forme de la chambre et suppléer au vent en temps calme.

Jusqu'ici, malgré mes observations, tant en France qu'en Angleterre on avait placé une seule hélice entre deux étambots, ce qui exige une construction spéciale. Cependant, il est dernièrement venu sur la rade du Hâvre une frégate anglaise qui avait deux hélices, ce qui est plus rationnel et rend le gouvernail aussi puissant sur un bord que sur l'autre. Cet avantage ne peut avoir lieu avec une seule hélice et je l'ai signalé dans le principe.

J'ai tout lieu d'espérer qu'il me sera accordé une prolongation de cinq ans pour mon brevet, puisque c'est le gouvernement qui m'a cassé bras et jambes ; d'ailleurs, je puis maintenir cette condition quand je terminerai avec le ministère de la marine.

Le *Napoléon* rend les bateaux à roues bien hideux, ils ont réellement l'air de bourriques avec des mannequins; l'hélice ne produit aucune agitation dans l'eau, aussi me demande-t-on tous les jours comment il se fait que j'aie rencontré tant d'ignorants pour empêcher mon procédé de prendre il y a dix ans. Ceux qui me disent cela pensent que je n'ai pas de mémoire : ils étaient précisément les plus grands antagonistes des hélices. Normand est venu le premier me rendre visite, grâce à l'insuccès de ses premiers essais ; il m'a fait voir dans un vieux registre trois rapports de lui sur le gros bateau de pêche que j'avais installé au Hâvre en 1833 : ces rapports qui sont des plus avantageux étaient adressés à l'amiral Bodin et il ne m'en avait jamais parlé.

Un mois plus tard, dans sa prison, Sauvage recevait de M. Séguier, son illustre défenseur à l'Académie des Sciences, la lettre qu'on va lire ; elle fut, pour le prisonnier, comme la messagère de sa délivrance (1).

Je reviens du Hâvre, j'ai vu le *Napoléon*, je viens d'écrire à M. le général Rumigny, aide-de-camp du Roi ; la position où vous vous trouvez au moment où votre conception *va enfin* triompher. Ma lettre a été, me répond le général, placée par lui sous les yeux du Roi ; patience donc et courage, honneur et justice vous seront rendus. Je vais faire proclamer la vérité à la tribune de la Chambre des Députés, à l'occasion du budget de la marine, JE VEUX QUE TOUT LE MONDE SACHE QUE L'HÉLICE EST UNE INVENTION FRANÇAISE. Le fermier Smith ne dépouillera pas l'ingénieux et persévérant constructeur de Boulogne-sur-Mer. Rapportez-vous-en à moi, ce qui est à César sera rendu à César. Faire rendre justice est mon métier, noble occupation qui a pour moi des charmes, surtout lorsque je puis venir consoler ceux qui souffrent.

Le jour du triomphe de votre idée favorite approche, le Roi a le désir de voir au Tréport le *Napoléon*. J'ai insisté dans ma lettre, qui a passé sous ses yeux, pour qu'il lui

(1) Ici se place un détail peu important, sans doute, mais qui montre comment, tout en poursuivant un grand problème scientifique, Sauvage donnait l'exemple d'une simplicité vraiment touchante. Il aimait les oiseaux, se réjouissait à leurs chants, et dans les tristesses de la captivité, il n'oubliait pas sa chère distraction.

— Donne-moi, écrivait-il à son fils, l'état de situation de mes oiseaux. Je crains d'apprendre une grande mortalité : les alouettes et le merle chantent-ils ? Surtout soigne les bien, j'aurai si grande joie de les retrouver !

fût dit et répété que l'hélice est toute française, je veux que cette vérité soit hautement proclamée à la Chambre afin que vos droits soient à l'abri de toute contestation. Je sais tout ce que vous avez fait, depuis quand vous vous êtes mis à l'œuvre, mon témoignage vous est acquis.

Sauvage y répondait aussitôt :

De la maison d'arrêt du Hâvre, 24 juin 1843.

Monsieur,

Vous m'avez bien souvent soutenu dans la persévérance qu'il m'a fallu montrer pour faire prévaloir un système longtemps combattu par de faux préjugés. Aujourd'hui vous venez soulager la peine que m'ont occasionnée cinquante jours de prison et diminuer l'amertume de ceux que je dois encore passer dans un lieu dont l'horreur ne consiste que dans les motifs qui nous y entraînent.

Ma conscience est aussi pure ici que sur le bord de la mer ; mais il n'en est pas de même de ma santé qui décroît de jour en jour. Je suis habitué depuis bien des années à me promener en plein air une grande partie de la nuit ; aujourd'hui, au soleil couchant je suis enfermé dans une chambre jusqu'au lendemain sept heures du matin. Les chiens de la prison aboyent sans relâche aussitôt qu'ils aperçoivent ma croisée ouverte : c'est ainsi qu'on les a dressés pour prévenir les tentatives d'évasion, de sorte que je ne puis respirer, qu'en fraudant, le grand air qui m'est si nécessaire, et ces nuits d'été me paraissent plus longues que les nuits d'hiver quand je suis en liberté.

Vos bonnes intentions me font espérer que je ne resterai pas longtemps dans une telle position et me laisseront un souvenir que je n'oublierai pas.

Votre lettre est datée du 21 juin ; ce premier jour de l'été 1843 sera peut-être pour moi la première journée qui aura contribué à détruire un sentiment pénible qui me tourmentait souvent, ayant épuisé l'avoir de mes enfants sans pouvoir atteindre le but que je m'étais proposé.

Enfin, Monsieur, si les hélices me donnent un jour autant de satisfaction qu'elles m'ont occasionné de peines et de tracas, c'est à vous que je devrai un aussi grand service.

Recevez, Monsieur, les sincères remerciements de votre tout dévoué.

FRÉDÉRIC SAUVAGE.

Non content d'écrire à Sauvage, M. Séguier faisait agir auprès du Roi. M. de Rumigny, un des aides-de-camp de Sa Majesté, écrivait à l'illustre académicien le 19 juin 1843 :

J'ai mis sous les yeux du Roi la lettre que vous m'avez fait l'honneur de m'écrire. Sa Majesté prend le plus vif intérêt au succès du *Napoléon* dont elle connait tout le système des machines. Elle me charge de vous faire savoir qu'elle verra avec le plus grand plaisir ce beau navire au Tréport, s'il peut y entrer, lorsqu'elle ira habiter le château d'Eu.

Des succès de l'hélice dépend la haute destinée des bateaux à vapeur dans les guerres futures, car on l'appliquera aux plus gros vaisseaux, en mettant les machines à l'abri des boulets, par leur situation au-dessous de la ligne de flottaison : rien ne me semble plus facile à faire.

L'amiral Cochram, qui était ces jours-ci à Paris, m'a dit qu'il mettait une de ces machines à bord d'un vaisseau de ligne, et qu'il avait trouvé le moyen de diminuer de moitié le poids des chaudières sans diminuer la force des machines.

Il m'a dit encore qu'il regardait comme certain le succès complet des hélices.

J'ai parlé au Roi des récompenses méritées par le *Na-*

poléon, il y sera donné suite convenable dès que S. M. sera rendue au château d'Eu.

S. A. R. le prince de Joinville est attendu à Brest ; il ira passer quelques jours à Eu avec la famille royale, et je le connais assez pour savoir que M. Sauvage n'aura pas de protecteur plus zélé que lui. .

Sauvage fut avisé de l'arrivée prochaine du *Napoléon* au Tréport. On lui offrit même d'assister à la visite que le Roi devait faire à ce navire, il refusa. Voici les raisons qu'il en donnait :

« Il ne conviendrait pas du tout, écrivait-il à ce sujet, que je sois à bord du *Napoléon* quand il ira au Tréport. Ce qu'on admire maintenant à bord de ce bâtiment sera reconnu plus tard comme un succès incomplet. Etant à bord, je ne pourrai expliquer ce que je me propose de faire connaître un peu plus tard au Roi, et je donnerai lieu à des apparences de perfectionnement si j'ai l'air d'approuver ce qu'on vient de faire. Je me garderai bien de faire une telle démarche ; d'un autre côté, je dois agir pour me faire payer et non pour solliciter une récompense. »

En attendant les honneurs et les récompenses, il fallait sortir de prison et se créer des ressources. Lorsqu'il s'agissait de Sauvage, M. Séguier prévoyait tout et ne laissait échapper aucune occasion de lui être utile. Il écrivit au fils du prisonnier :

J'ai une bonne nouvelle à vous annoncer ; je viens d'obtenir de l'Académie une délibération spéciale par laquelle l'Académie, prenant l'initiative, renvoie au ministère de la marine le rapport qui a été fait en septembre dernier sur les hélices inventées par Monsieur votre père pour la propulsion des navires.

Or, voici les conséquences de cette mesure : le ministère tient en réserve des fonds de rémunération pour les inventeurs qui auront réellement rendu des services à l'administration de la marine.

J'ai appris que les chefs de division du matériel et des fonds étaient très-disposés à départir 25,000 francs environ à Monsieur votre père, à titre, non pas d'acquisition de son brevet, (ceci reste tout-à-fait en dehors et devra être l'objet d'un traité particulier), mais à titre tout gratuit et simplement rémunératoire et sans rien préjuger des droits de Monsieur votre père à l'invention. Je m'empresse de vous communiquer cette bonne nouvelle, vous priant de venir me voir demain sur les huit heures du matin. Je vous expliquerai le résultat de mes démarches.

La famille de Sauvage n'avait connu que fort tard, et par les journaux, son arrestation et sa captivité ; elle lui écrivit alors, s'étonnant de son silence. Elle lui demandait ce qu'elle pouvait faire pour lui, et en reçut cette réponse :

« Je voulais vous laisser ignorer ce que vous pouviez apprendre par une publicité indépendante de ma volonté, mais ne vous chagrinez pas : on a cru me faire avaler un bouillon qu'on me prépare depuis longtemps, on a pensé en me privant d'une liberté qui m'est si chère, me faire adhérer à des propositions ridicules que j'ai repoussées : on peut m'écraser, me faire courber, jamais !

« Je vous donnerai plus tard des détails qui prouveront que l'infamie n'a pas de bornes. Jadis, je ne savais à quel saint m'adresser sans encourir la haine d'un autre saint. Je n'étais point timide, mais je craignais toujours : il me manquait les arguments que je possède aujourd'hui.

« Aujourd'hui, en effet, j'ai le droit de me plaindre et je frappe à toutes les portes. J'attends dimanche quelqu'un que j'ai envoyé près de M. Guizot avec toutes mes armes, c'est-à-dire mes paperasses. Je connais son caractère ; son appréciation me sera favorable. »

Malgré les démarches les plus actives et les plus pressantes, Sauvage restait toujours prisonnier ; mais il allait trouver un nouvel et puissant appui dans l'un des hommes qui, de notre temps, ont le plus honoré les lettres par la hauteur du talent, par l'indépendance et la dignité du caractère. Nous avons nommé Alphonse Karr. C'est lui qui, avec l'aiguillon de sa plume, devait dénoncer à la France la monstrueuse ingratitude dont Sauvage était la victime et réclamer pour lui la gloire de son invention.

De Sainte-Adresse où il habitait alors, Alphonse Karr put voir, le 21 juillet 1843, le *Napoléon* sortir des bassins du Hâvre, et rentrer salué par les acclamations de la foule, dans les jetées de ce port après sa triomphante promenade du Hâvre à Cherbourg et de Cherbourg à Porstmouth et à Southampton.

Nous laissons la parole à l'éminent écrivain ; c'est lui qui nous racontera les résultats de cette dernière expérience, dans ses *Guêpes*, cette Ménippée du XIXe siècle, qu'on lit encore aujourd'hui, lorsque tant de livres réputés fameux sont oubliés depuis longtemps. Ces pages pleines de cœur, de sens et d'esprit passeront à la postérité comme un admirable témoignage rendu par le courage au génie malheureux.

Voici cet article :

La mer commençait à remonter ; le soleil couchant colorait de teintes rouges et violettes le sable humide de la plage ; la mer unie et calme, blanchie seulement sur ses bords par la marée montante, semblait un grand manteau couleur d'algue-marine avec une frange d'argent ; mais que signifient de pareilles comparaisons ? A quoi comparer la mer qui ne soit plus petit et moins beau qu'elle ? Elle était d'un bleu pâle et verdâtre ; du soleil à mes yeux, s'étendait sur l'eau un large sillon d'un jaune lumineux.

Le ciel, au couchant, entre des bandes de nuages, était du vert de certaines turquoises, — les falaises se découpaient en noir sur la mer et sur l'horizon.

Tout-à-coup, au détour de la Hève, parut un bâtiment d'une forme noble et majestueuse : c'était le *Napoléon* qui revenait au Hâvre.

Le *Napoléon*, c'est-à-dire le bateau à vapeur à hélice, le bateau à vapeur sans ses roues incommodes qui ont rendu jusqu'ici les bâtiments à vapeur impropres à la guerre ; le bateau à vapeur qui marche à la voile, quand le vent lui est favorable, aussi vite qu'un autre navire, et qui continue sa marche avec son charbon et ses hélices sans se ralentir quand le vent est contraire ; en un mot, la réalisation d'un problème longtemps nié et traité d'absurdité et de folie.

On lisait le lendemain dans plusieurs journaux :

« Le bateau à vapeur, nouveau modèle, le *Napoléon*, construit au Hâvre, pour le compte de l'État, par M. Normand, est arrivé du Hâvre à Cherbourg, mercredi 21, dans l'après-midi, pour éprouver sa marche et ses machines ; il a fait ce trajet en sept heures. On sait que c'est le premier bâtiment français auquel est appliqué le nouveau système de propulsion consistant en une *vis* ou *hélice* mue par la vapeur, et qui, placée à l'arrière et immergée, tourne dans l'eau avec une vitesse considérable, de manière à faire filer au navire dix à onze nœuds en temps favorable. La force de cette hélice équivaut à un appareil ordinaire de cent vingt chevaux.

« Il y avait à bord du *Napoléon*, pour constater le résultat des expériences, une commission présidée par M. Conte, directeur général des postes, et composée de MM. de la Gatinerie, chef de service de la marine au Hâvre ; Moissard, ingénieur des constructions navales et agent général du service des paquebots de la Méditerranée ; Allix, sous-ingénieur ; Bellanger, capitaine de corvette ; Normand, constructeur, et Conte fils, secrétaire.

« Le bâtiment à vapeur a parcouru trois fois notre rade dans toute sa longueur. MM. l'Amiral, préfet maritime, le sous-préfet de l'arrondissement, les chefs de service du port, les ingénieurs des constructions navales et plusieurs officiers de la marine militaire et administrative, ont assisté à ces essais. Le sillage a été de onze nœuds. Cette grande vitesse témoigne assurément en faveur du nouveau propulseur.

« Le steamer le *Napoléon*, après avoir touché à Cherbourg et y avoir pris quelques pièces d'artillerie, s'est rendu devant Portsmouth et Southampton, où il a salué les forts. Ses saluts lui ont été rendus, et, après avoir fait l'admiration des nombreux visiteurs qu'il a reçus à son bord, il devait retourner au Hâvre, où il est attendu ce soir. »

Il y avait un homme qui n'était pas sur le *Napoléon*, un homme qui n'avait pas été admis à prendre sa part de cette promenade triomphale, un homme que les journaux ne nomment pas.

Cet homme était tout simplement Sauvage, l'inventeur des hélices ; Sauvage qui, depuis treize ans, travaille et lutte : deux ans, d'abord, pour trouver et appliquer son hélice ; ensuite, onze ans contre l'incrédulité, l'envie et la malveillance.

C'était Sauvage, l'homme qui, depuis treize ans, a dépensé tout l'argent qu'il avait, pour arriver à son but.

D'abord, en construisant le *Napoléon*, on avait essayé à *grands frais*, de *perfectionner* l'hélice de Sauvage, *perfectionner*, c'est-à-dire dépouiller l'inventeur, c'est-à-dire faire en sorte que son brevet, qui n'a plus que quelques années à courir, ne lui eût rapporté que la ruine et les avanies de toutes sortes, tandis que le triomphe et l'argent seraient pour d'autres.

De perfectionnements en perfectionnements, on en est arrivé précisément au point de départ, c'est-à-dire à l'hélice de Sauvage, à l'hélice du *Napoléon*.

J'écris en ce moment une des impressions les plus tristes que j'aie ressenties de ma vie.

Je savais que Sauvage était enfermé dans la prison du Hâvre pour une misérable dette, contractée, sans doute, pour l'hélice, niée jusqu'alors et aujourd'hui triomphante.

On regardait avec fierté rentrer le *Napoléon* et personne, excepté moi, peut-être, ne pensait à l'inventeur.

Le lendemain, les journaux disaient ce que je viens de copier plus haut.

J'allai voir Sauvage dans sa prison ; il s'y était parfaitement installé, seulement, comme il étouffe dans une chambre fermée, il laissait ouverte, la nuit, la fenêtre de sa cellule ; mais les chiens de la prison aboyaient avec fureur contre cette fenêtre ouverte et troublaient le repos de tous les prisonniers. On lui enjoignit de fermer sa fenêtre : il essaya d'obéir, mais en vain ; à chaque instant, se sentant suffoqué, il se levait, ouvrait sa fenêtre et les molosses recommençaient leur vacarme.

Il prit un couteau et un morceau de bois et fit une machine qui, lançant de très-loin aux chiens de l'eau et des boulettes de terre, les obligea à se réfugier dans leur niche et les réduisit au silence. Il était heureux comme un roi de ce triomphe.

Depuis qu'il est en prison, il joue du violon et il met de côté les cordes qui se cassent pour en faire toutes sortes de machines ingénieuses. Je trouvai sur sa fenêtre un bassin fait par lui avec une feuille de zinc. Dans ce bassin était un bateau construit avec un couteau. Il avait trouvé tout simplement un moyen de diminuer et de réduire à presque rien le poids d'un bâtiment à remorquer.

Sur des bouteilles était un modèle d'hélices appliquées à l'air pour faire un moulin ; l'une était en papier noirci ; l'autre était formée avec les plumes d'oiseaux qu'il avait attrapés sur le toit de la prison.

Et je le trouvai là ne se plaignant que d'une chose, que le *Napoléon* ne répondît pas encore à ses espérances et à ce qu'il veut de son hélice.

Quoi ! M. Conte est venu au Hâvre et a monté le bateau à hélice et il n'a pas demandé où était l'inventeur de l'hélice !

Quoi ! il ne s'est trouvé personne parmi tous ces hommes riches qui étaient fiers d'aller montrer aux Anglais cette invention française, qui allât demander à Sauvage la permission de lui prêter la somme nécessaire pour sa mise en liberté ! Quoi ! le ministre de la marine, quoi ! le roi de France, le laissent en prison depuis deux mois !

Est-ce donc ainsi qu'on récompense, en France, le génie et le dévouement à une idée féconde ?

C'est une tache pour un pays, c'est une tache pour une époque, c'est une tache pour un règne.

L'article des *Guêpes* arriva comme une révélation ; les journaux de Paris le reproduisirent et la question se trouva posée devant l'opinion publique. M. Boucher de Perthes, alors président de la Société d'Emulation d'Abbeville, la famille et les amis de Sauvage unirent leurs efforts ; mais il était déjà libre lorsque d'unanimes témoignages de sympathie vinrent lui apprendre que tous les gens de cœur étaient avec lui.

Un matin, on vint l'avertir qu'il pouvait sortir de prison, il en sortit sans savoir pourquoi il y était entré et comment il en sortait. Sa première visite fut pour Alphonse Karr et il trouva près de l'illustre écrivain, à qui il devait la gloire et la liberté, l'accueil le plus empressé, le plus vif désir de le venger par une *Guêpe* nouvelle des injustices, des persécutions, de l'envie et de l'égoïsme.

Sauvage est sorti de prison, grâce à l'intervention d'un ami et à un délai accordé par le créancier, écrivait Alphonse Karr dans une des pages intéressantes qui vivront autant que notre langue.

Pendant que le *Napoléon* se promène triomphalement dans la rade du Hâvre avec les hélices dénaturées, changées, *perfectionnées*, non pour faire mieux, mais pour faire autre chose, Sauvage, retiré dans un coin de campagne, est obligé, pour appliquer son système tel qu'il l'a créé, de faire de ses mains un bateau et des hélices, et de creuser lui-même, avec une bêche, une mare sous les pommiers.

Je voudrais que, les journaux m'aidant encore de leur publicité, on crût devoir me répondre clairement à ceci :

Sauvage est-il, oui ou non, l'inventeur de l'hélice ?

Le gouvernement a-t-il, oui ou non, donné plus de

500,000 fr. pour appliquer le système de l'hélice au *Napoléon* ?

Sauvage a-t-il reçu, oui ou non, une indemnité pour ses dépenses, ses essais ? une récompense pour son invention ?

L'hélice du *Napoléon*, l'hélice divisée est-elle supérieure à l'hélice simple inventée par Sauvage ?

Pour cette dernière question, je puis me faire la réponse à moi-même. L'Académie a déclaré que l'hélice perdrait de sa force à proportion des divisions qu'on y ferait.

Si l'on n'est pas de l'avis de l'Académie, l'Académie et l'inventeur ne valent-ils pas la peine qu'on leur prouve qu'ils ont tort, par un essai d'application de l'hélice Sauvage, comparativement à l'hélice divisée ?

En tout cas, pourquoi Sauvage est-il mis à la porte de son invention ?

Dans l'hypothèse la plus désavantageuse pour Sauvage, c'est-à-dire si l'Académie des sciences s'est trompée, si l'hélice Sauvage a été perfectionnée par l'hélice brisée du *Napoléon*, ne pense-t-on pas devoir une récompense nationale à l'inventeur ?

Ou prétend-on que le perfectionnement, si perfectionnement il y a, n'est pas la conséquence de l'invention ?

Je prie les journaux qui ont donné une hospitalité, honorable pour eux, à ma première réclamation, d'ouvrir encore leurs colonnes à ces questions d'une extrême simplicité.

Il y a, dans les cœurs honnêtes, quelque chose qui se soulève et se révolte à la vue de pareilles injustices.

Alphonse Karr n'était plus seul à protester : M. Boucher de Perthes, reprenant ses démarches au nom de la Société d'Emulation d'Abbeville, M. de Bardes, au nom de la Société de l'Agriculture, du Commerce et des Arts de Boulogne, s'adressèrent au Ministre, réclamant pour l'inventeur une récompense nationale.

Un journal anglais lui-même, *le Buitter*, indigné de l'ingratitude de la France, avait proposé à ses compatriotes une souscription en faveur de Sauvage ; déjà pareille proposition avait été émise à Boulogne, mais Sauvage la repoussa ; ce qu'il voulait, c'était non pas une aumône, mais la reconnaissance de ce qui lui était dû par le Gouvernement comme par le pays tout entier; ce qu'il voulait, c'était liquider le passif de ses dettes dont le poids l'écrasait ; ce qu'il voulait, lui qui avait refusé les promesses, les honneurs, l'or de l'Angleterre en échange de son invention, c'est que la France comprit le bienfait de sa découverte, c'est que le Gouvernement adoptât son hélice et non les projets modifiés et les soi-disants perfectionnements de ses plagiaires ; ce qu'il voulait, ce n'était pas l'aisance, mais la possibilité de vivre, ce n'était pas la gloire pour lui-même, mais le triomphe pour son idée. En un mot, il demandait justice, mais l'heure de la justice ne devait pas encore sonner pour lui.

CHAPITRE HUITIÈME

1843-1846

Le *Napoléon* au Tréport. — Lettres de M. Boucher de Perthes. — Efforts tentés pour faire prolonger pendant cinq ans le brevet des hélices. — Indemnité de 2,000 fr. accordée à Sauvage.

« Ah ! si le Roi savait ! » disaient nos aïeux ; il importait que le Roi devant qui le *Napoléon* devait manœuvrer dans les eaux du Tréport fût au courant de l'invention et des déboires essuyés jusque là par l'inventeur, afin que la récompense pût atteindre celui qui l'avait si vaillamment gagnée.

Le frère et le neveu de Frédéric, MM. Sauvage d'Abbeville, se rendirent donc au château d'Eu dans les premiers jours du mois d'août 1843. M. de Montesquiou, gentilhomme de la Reine, voulut bien les présenter au prince de Joinville devant qui les expériences devaient être faites. Un petit bateau à deux hélices apporté d'Abbeville à cette intention manœuvra dans le bassin du château. Pendant une heure et demie, M. Pierre Sauvage, neveu de l'inventeur, tint le prince attentif sous l'intérêt puissant de sa démonstration.

Lorsque les expériences furent terminées et que le frère de l'illustre Boulonnais eut, à son tour, fait ressortir les titres de Sauvage à la reconnaissance nationale, le prince remercia gracieusement ses hôtes, qui prirent congé de lui en emportant de son bienveillant accueil les plus sérieuses espérances.

Le roi Louis-Philippe, retenu par un conseil des ministres, n'avait pu assister aux expériences, mais il devait, le lendemain, visiter le *Napoléon*.

L'excursion projetée eut lieu le 16 août, et deux jours après, M. Boucher de Perthes en rendait compte à Sauvage en ces termes :

Le 16 de ce mois, étant allé à Eu, le Roi a bien voulu m'inviter à l'accompagner dans une promenade qu'il allait faire à bord du *Napoléon*. Je l'y ai donc suivi, désirant voir fonctionner vos hélices, quoiqu'on les ait défigurées.

Le *Pluton* et l'*Archimède*, bâtiments à roues, devaient lutter contre le *Napoléon*, à hélice. La mer était très-favorable, le vent était faible ; aussi tout allait au mieux.

Les hélices ont, à l'unanimité, été reconnues préférables aux roues. Nous avons été en droite ligne à environ quatre lieues au large, et le *Napoléon* a toujours eu l'avantage ; il l'a eu bien plus encore au retour. Les journaux vous diront tout ceci mieux que moi.

Comme on avait exposé sur le pont, aux yeux du Roi, tous les divers systèmes qui dérivent du vôtre et ne le valent pas, j'ai eu occasion de défendre votre droit de priorité, et en même temps la supériorité de votre hélice. J'ai fortement plaidé votre cause, notamment auprès du ministre des finances qui remplaçait celui de la marine, et de M. Conte, directeur des postes, qui se trouvait à bord, probablement chargé d'examiner si le système des hélices était applicable aux bateaux-postes.

C'est sur la proposition du ministre que M. Normand, constructeur du *Napoléon*, a eu la croix qui lui a été remise séance tenante à bord du bateau.

Je dois ajouter qu'il a déclaré devant moi, au ministre lui-même, qu'il regrettait de la recevoir avant vous, parce que vous étiez le véritable inventeur des hélices appliquées à la navigation. Il a dit la même chose au prince de Joinville également présent.

Sur ce point, j'ai été parfaitement de son avis, et ne voulant pas quitter le ministre qu'il ne m'eût promis de s'occuper de vous, je l'ai reconduit jusqu'à chez lui, où j'ai enfin obtenu cette promesse. Reste à savoir quel en sera le résultat.

A dîner chez le Roi, j'ai trouvé l'occasion d'en dire un mot à Sa Majesté. M. Anatole de Montesquiou s'est joint à moi. Le roi a paru bien disposé, mais sans se prononcer davantage.

Comme les paroles passent vite, je vais écrire au ministre, au général et à M. de Montesquiou. A l'aide des notes que votre frère m'a fait remettre aujourd'hui même et que je regrette de ne pas avoir eues plus tôt, je vais leur rappeler ce qui vous est dû et les engager à agir.

Si vous aviez été à Eu, je suis bien certain que vous auriez été bien accueilli par Sa Majesté et aussi par le prince de Joinville, qui désire faire plus en grand l'expérience de votre système. M. de Montesquiou est celui qui a mis plus de chaleur à exposer vos droits à une pension ou à une récompense nationale.

Comme M. de Perthes l'avait promis, il écrivait, le 21 août, à M. Lacave-Laplagne, ministre des finances. Après avoir exposé les diverses inventions de Sauvage, notre éminent compatriote concluait ainsi :

Dans ma conviction intime, l'hélice simple, celle que Sauvage a inventée, est la meilleure et tôt ou tard on y reviendra. L'hélice à deux coupures de Smith, celle à trois de John Renie, qui, d'ailleurs, reconnaissent que l'invention première est à Sauvage, ne peuvent avoir la même puissance. Avant de condamner l'hélice simple, il faudrait l'essayer ; c'est ce qu'on n'a pas fait, car on ne peut pas considérer comme épreuves définitives les essais de Sauvage qui, quoique riche alors, ne l'était pas assez pour les faire en grand. Il les a faits comme il a pu, et pourtant il s'est ruiné. Sa ruine n'est donc pas la suite de l'inconduite, tant s'en faut. M. Sauvage est un modèle de sobriété et de vertu ; il n'a peut-être pas, dans toute sa vie, donné six francs à ses plaisirs.

Quant aux articles de journaux, non-seulement il n'y est pour rien, mais je suis convaincu qu'il ne les a pas lus. Jamais homme ne fut plus étranger à l'intrigue. Il aime si peu le bruit, que tout récemment, à la suite de son emprisonnement pour dettes, on parla de faire pour lui une souscription nationale ; il s'y opposa formellement en disant que les grands mots ne changeaient rien aux petites choses, et qu'il ne recevait l'aumône de personne. Bref, la joie, la vie, l'idée fixe de Sauvage, c'est d'inventer. Lorsqu'il poursuit une idée, il ne la quitte plus, il ne dort plus, il ne mange plus, et quand il est arrivé au but, il ouvre sa fenêtre et crie : « Qui veut de l'invention ? » Il la jette au premier passant, et il songe à une autre.

Pour conclure, je dirai qu'on a fait une chose bonne en récompensant Normand qui est un homme de talent, mais qu'on fera une chose juste en récompensant Sauvage, et une chose qui satisfera l'opinion des villes de Boulogne et d'Abbeville où, par sa position sociale, la famille de Frédéric Sauvage jouit d'une considération méritée et de l'estime générale. Si, d'ailleurs, monsieur le ministre, vous voulez bien consulter à cet égard M. le Maire d'Abbeville, celui de Boulogne, enfin toutes les autorités locales, cet exposé sera par eux confirmé de point en point. L'opinion que j'ai émise n'est donc pas seulement la mienne, mais celle du public.

Citons encore la lettre suivante de M. de Perthes que nous trouvons dans son ouvrage : *Sous dix Rois*. Elle est adressée par l'auteur à son père et nous révèle une des causes restée jusqu'alors inconnue des obstacles que Sauvage rencontra sur sa route et des difficultés qu'il eut à surmonter, alors même qu'il pouvait se croire plus près d'un triomphe assuré :

.... Ce même jour, 16 août, une lutte devait avoir lieu entre le *Napoléon*, navire à hélice, le *Pluton* et l'*Archimède*, autres navires à vapeur, mais à roues. Le Roi voulut bien m'inviter à le suivre au Tréport.

Sa Majesté, avant de se rendre sur le *Napoléon*, avait été visiter le *Pluton* et l'*Archimède*, ce qui fit que nous étions avant lui à bord du *Napoléon*. Il ne tarda pas à y arriver, et une canonnade accompagna son entrée. Aussitôt la course commença. Nous filâmes droit devant nous avec une rapidité d'environ dix nœuds à l'heure. Nous fîmes ainsi trois ou quatre lieues en fort peu de temps.

Les hélices ont le grand avantage de ne pas imprimer au navire le balancement des roues ; on ne sent sous les pieds qu'une sorte de frémissement, et l'on vire de bord avec une facilité singulière.

Je n'ai pas perdu mon temps à bord, et j'ai défendu vigoureusement Frédéric Sauvage qui, s'il n'a pas inventé les hélices, est du moins le premier qui les ait appliquées à la navigation et qui, depuis, nonobstant son brevet d'invention, a été pillé par tout le monde, puis calomnié par ceux qui l'avaient pillé.

Il y a des gens que le guignon poursuit. La nature a tout fait pour Frédéric Sauvage. Fils d'un riche constructeur de navires de Boulogne, il a reçu une excellente éducation. Bien fait, d'une haute taille, d'une figure charmante, non-seulement il avait du génie, mais de la grâce et il y joignait une facilité merveilleuse pour tous les exercices et tous les arts : il dansait bien, jouait fort agréablement du violon, dessinait avec talent et sculptait en artiste.

A vingt-trois ans, il épousa une femme belle et riche ; il ne put vivre avec elle. Les enfants qu'il en avait eus annonçaient les plus heureuses dispositions ; leur santé délicate les empêcha d'en profiter. — Il inventa les hélices, le physionotype, le symétronome, etc., etc. On les exploita. Est-ce à son profit ? — Non, c'est à ses dépens. Il a dix fois mérité la décoration ; on la lui promet, on la lui annonce et on la donne à un autre.

Sauvage est-il un homme dérangé ? — Tant s'en faut ; c'est la continence et la sobriété même. Mais il a un grand défaut : c'est de ne jamais se rappeler le précepte : *Aide-toi, le ciel t'aidera.* Il étudie, il invente, il perfectionne, enfin il travaille jour et nuit ; puis, il ne sait plus tirer parti de son travail. Dans son dédain pour l'or et pour la puissance, il ne ferait un pas ni pour une fortune ni pour un roi. Il n'a pas voulu venir à Eu où il aurait été présenté à Sa Majesté, car j'en avais obtenu la permission, non toutefois sans quelques difficultés. Voici ce qui les faisait naître :

Parmi ces guignons qui poursuivent Sauvage, il en est un qui lui a nui et qui devait lui nuire : c'est un de ses cousins, qui se nomme Sauvage comme lui, qui est de Boulogne comme lui, fils de constructeur comme lui ; enfin, comme lui, homme d'esprit et de savoir, auteur d'un bon ouvrage sur les constructions ; mais de plus que lui, cerveau brûlé qui, pour ses opinions politiques, a eu des démêlés avec toutes les polices de l'Europe. Or, les faits et gestes de son homonyme ont été mis sur le dos du pauvre Frédéric qui, je viens de le dire, est la vertu et la douceur même et qui, simple dans ses goûts, dans ses manières, s'est ruiné en inventions, mais non en propagande, et encore moins en plaisirs. Il n'en connaît qu'un seul : celui de pêcher à la ligne ; encore, en ceci comme en toute chose, est-il constamment malheureux.

Soyez donc homme de génie ! Sauvage qui n'a pas le sou, Sauvage qu'on emprisonne pour une dette de quelques milliers de francs qu'il n'a pas voulu que je paie pour lui, Sauvage aurait aujourd'hui vingt mille livres de rentes s'il n'eût été qu'un imbécille. Aussi, ne m'étonnais-je plus que son frère, homme de sens d'ailleurs, ne veuille pas que son fils soit artiste et qu'il s'empresse de cacher ses charmantes compositions en sculpture, de peur qu'en y applaudissant, on encourage le jeune homme à mieux faire encore.

Grande calamité que le talent, selon M. Sauvage frère ; aussi veut-il faire de son fils un bon bourgeois d'Abbeville, sans plus ni moins. Il n'a peut-être pas tort. Quoi de plus heureux dans la nature qu'un bourgeois d'Abbeville, le plus pacifique, le moins ambitieux des êtres ? Si quelques-uns sont devenus artistes et même grands artistes, c'est par maladie : aussi les plaint-on généralement.

Pendant que M. de Perthes agissait auprès des ministres, M. Adam, maire de Boulogne, multipliait de son côté les démarches, et M. Séguier, que nous retrouvons toujours le protecteur aussi persévérant qu'éclairé de Sauvage, écrivait, à la même époque, au baron de Mackau, ministre de la marine, la lettre suivante :

Hier soir, avec votre bienveillance habituelle, vous avez bien voulu écouter le récit des tribulations éprouvées par le malheureux Sauvage.

J'avais l'honneur de dire à votre Excellence que M. Normand, constructeur du *Napoléon*, se plaisait à lui rendre pleine justice, permettez-moi de confirmer mes paroles par la preuve écrite de ce que j'ai avancé.

La lettre que j'ai l'honneur de faire passer sous vos yeux est d'un haut prix pour M. Sauvage ; c'est la reconnaissance formelle de son droit à l'invention, émanée de celui-là même qui aurait le plus grand intérêt à le contester.

Nous reproduisons ici la lettre dont parle M. Séguier; elle était adressée par M. Normand aux deux fils de Sauvage pendant que leur père était retenu au Hâvre à la prison pour dettes :

Le Hâvre, 25 mai 1843.

Messieurs Sauvage Frères, à Paris.

J'ai appris ici, avec beaucoup de peine et de surprise, que les créanciers de Monsieur votre père, regardant son brevet, pour les hélices, comme une affaire à peu près perdue, voulaient faire vendre, à quelque prix que ce fut, sa machine à réduire.

Il est extrêmement fâcheux de voir perdre ainsi, par une précipitation et une crainte mal fondée, une affaire excellente en elle-même, et cela d'autant plus que Sauvage n'a jamais été aussi près qu'il l'est maintenant de recueillir le fruit des peines qu'il s'est données pour faire adopter les hélices.

Plusieurs personnes très-influentes dans la marine, auxquelles j'ai fait connaître toute la part que M. Sauvage avait dans le succès de cette importante innovation, ont pris cette affaire fort à cœur.

Il n'y a pas de doute qu'avec l'appui de ces personnes et la sanction des faits et des succès acquis maintenant, le Gouvernement récompensera M. Sauvage des services qu'il a rendus à son pays ; seulement, il faut un peu de patience à cause de la longueur des formes administratives.

Je m'estimerai aussi heureux d'avoir contribué à faire rendre justice à Monsieur votre père que d'avoir appliqué avec succès l'hélice à la navigation.

Recevez, etc. NORMAND.

Cette lettre, dont Sauvage eut connaissance quelques mois plus tard, contribua beaucoup à diminuer sa rancune contre le constructeur qui avait si inconsidérément divisé l'hélice du *Napoléon*. Elle ne pouvait, d'autre part, ajouter à l'empressement de M. de Mackau qui avait fait siennes les espérances de Sauvage et qui ne cessa d'en poursuivre de tout son pouvoir la réalisation.

Lui-même présentait au Conseil des ministres la demande d'une pension viagère pour l'inventeur ; le Conseil la refusa, mais M. de Mackau ne se découragea pas et, en attendant le vote de la pension, sollicita de ses collègues un secours qui pût aider Sauvage à payer une partie des dettes qu'il avait contractées. A la date du 20 octobre 1843, M. de Mackau écrivait à son collègue, M. le Ministre du commerce :

La proposition que j'ai cru devoir présenter au Conseil du Roi en faveur de M. Sauvage, n'ayant point été accueillie, vous avez bien voulu exprimer la pensée qu'au lieu de la pension viagère que je demandais pour cet inventeur, il serait possible de lui accorder. à titre de rémunération, une somme déterminée dont une partie pourrait être imputée sur les fonds d'encouragement dont le département du commerce dispose, et l'autre sur le crédit porté au budget de la marine sous le titre : *Frais d'expériences et d'essais divers.*

Je m'associe bien volontiers à cette pensée, et je suis tout disposé à faire contribuer le département de la marine à une récompense que motive suffisamment l'avantage, résultant pour la navigation à vapeur, du système de propulsion dont M. Sauvage est le promoteur. Mais avant de prendre une décision relativement à la quotité de la somme qu'il sera possible de prélever pour cet objet sur les fonds du budget de la marine, j'aurais besoin de connaître d'une manière précise ce dont le département du commerce peut disposer de son côté.

La position de M. Sauvage est de nature à donner du prix à une prompte décision, et c'est pour cela que je crois devoir prier votre Excellence de vouloir bien s'en occuper le plus tôt possible.

Vous connaissez les titres de cet inventeur à une récompense ; il est certain que si l'idée première d'appliquer les hélices comme moyen de propulsion a été émise avant lui, du moins il est le premier et même le seul qui ait tenté d'arriver, par des essais coûteux et persévérants, à la solution de ce problème, et qui l'ait fait avec succès. Les dépenses que M. Sauvage s'est imposées dans ce but ont contribué à sa ruine ; et, tandis que l'Etat est appelé à profiter désormais du fruit de ses travaux, il ne serait pas conforme à la dignité du pays de ne pas offrir à l'inventeur, sinon les moyens de le sortir entièrement de sa fâcheuse position, du moins un témoignage d'intérêt. Ce sont là, au surplus, des considérations sur lesquelles je crois superflu d'insister auprès de votre Excellence, et je dois me borner à vous prier de vouloir bien statuer le plus tôt possible sur la part à prendre par le département du commerce à la rémunération de M. Sauvage, et de me faire connaître votre décision à ce sujet.

Enfin, le 27 décembre 1843, une première indemnité de 2,000 francs fut accordée à l'inventeur par le roi Louis-Philippe, sur la présentation du rapport que voici :

RAPPORT AU ROI, décision de Sa Majesté qui accorde à M. Sauvage une indemnité de 2,000 francs, pour le dédommager en partie des sacrifices qu'il s'est volontairement imposés pour chercher les moyens d'appliquer l'hélice à la vapeur.

Paris, le 27 décembre 1843.

Sire,

Dans un rapport précédemment soumis à Votre Majesté, j'exposais les titres que M. Sauvage me paraissait avoir à une récompense qui pût le dédommager en partie des sacrifices qu'il s'est volontairement imposés pour arriver, par des expériences répétées, à la solution de l'intéressant problème de l'hélice comme moyen de propulsion des bâtiments à vapeur.

La pensée de lui accorder, à ce titre, une pension viagère, se présentait comme la plus naturelle, mais elle a dû être écartée en raison des difficultés auxquelles pouvait donner lieu la présentation d'une loi à ce sujet. J'ai dû, par ce motif, et conformément à l'avis adopté dans le conseil de Votre Majesté, me concerter avec M. le Ministre du commerce pour proposer un autre mode de rémunération.

Déjà, il a pu être accordé à M. Sauvage une somme de 500 francs sur les fonds d'encouragement portés au budget du département du commerce ; c'est une rémunération du même genre que je prie Votre Majesté d'accorder à M. Sauvage, sur les fonds du budget de la marine. On pourrait disposer cette année, en sa faveur, d'une somme de 2,000 francs sur le crédit de 50,000 francs qui figure au chapitre 21, sous le titre : *frais d'expériences et d'essais divers*.

J'ai l'honneur de solliciter de Votre Majesté l'autorisation d'allouer cette somme à M. Sauvage, à titre d'encouragement, me réservant d'ailleurs de présenter, l'année prochaine, une semblable demande en sa faveur.

Signé : BARON DE MACKAU.

De la main du Roi,

Approuvé :

Signé : LOUIS-PHILIPPE.

Le vice-amiral, pair de France, ministre-secrétaire d'Etat, de la marine et des colonies,

Signé : DE MACKAU.

Pendant que tant de démarches étaient tentées en sa faveur, que devenait Sauvage ? Retiré dans sa solitude de Sainte-Adresse, il se reposait des rudes secousses que deux mois de captivité avaient fait subir à son tempérament déjà épuisé ; sa fille était venue l'y rejoindre et soignait de son mieux cette chère santé si gravement compromise. Un nouveau chagrin l'avait frappé à sa sortie de prison : son fils aîné, de retour du Brésil, mourait à Paris pendant que Sauvage, malade lui-même à Sainte-Adresse, ne pouvait aller le voir et l'assister à ses derniers moments.

L'épreuve fut rude pour le malheureux père que tout semblait alors accabler. Ses ateliers de Paris, dont il avait dû, pour venir au Hâvre, abandonner complètement la direction, avaient reçu la visite d'une foule d'intrigants qui, peu à peu, s'y étaient implantés et qui, bientôt, y régnaient en maîtres; de ce côté, aucun secours ne pouvait plus arriver et sans l'assistance continuelle de sa famille, Sauvage qui, dix années plus tôt, s'était vu refuser au Hâvre le crédit de son boulanger, y serait cette fois mort de faim.

Ce qu'il voulait avant tout, c'était bien moins un secours que la prolongation de son brevet; après le succès du *Napoléon* et malgré les résultats imparfaits dus au sectionnement des hélices, les partisans des roues à aubes avaient pu encore une fois se croire vaincus ; la même rumeur qui, déjà, avait fait échouer plusieurs combinaisons financières fut de nouveau mise en circulation ; le brevet, disait-on, n'avait plus que quelques mois à courir.

Le brevet avait encore trois ans de durée, mais Sauvage qui en avait sacrifié l'avantage en autorisant l'emploi gratuit des hélices sur le *Napoléon*, afin de faire connaitre son invention et d'en prouver à tous le mérite et la valeur, se voyait alors repoussé dans tous ses pourparlers avec les compagnies, sous prétexte que cette invention allait tomber dans le domaine public.

Ce fut donc sur ce point que se portèrent tous les efforts de ses généreux défenseurs. M. de Perthes et la Société d'Agriculture de Boulogne recommencèrent à nouveau leurs démarches pour essayer d'obtenir de la Chambre une prolongation de cinq années ; mais alors les brevets étaient donnés avec la garantie du Gouvernement, ils s'obtenaient très-difficilement, et leur prolongation était presque sans exemple. Il ne fallait rien moins qu'un vote de la Chambre pour que la durée légale de quinze années pût être prorogée. Or, comme nous l'avons déjà dit, Sauvage avait à la fois contre lui les partisans de la routine et les intéressés que les raisons pécuniaires ou l'amour-propre attachaient aux roues à aubes comme à une ancre de salut.

M. de Perthes ne s'épargna point; après avoir gagné à sa cause les députés de la Somme et ceux du Pas-de-Calais, il s'efforça d'y intéresser les représentants de la Seine-Inférieure. Comme président de la Société d'Emulation, il écrivait, le 25 janvier 1844, aux députés de la Somme une lettre officielle où il rappelait à la fois les efforts de l'inventeur et ses démarches multipliées, les rapports officiels et les promesses de Sa Majesté :

Ce qui suffirait seul, ajoutait M. de Perthes, à démontrer l'utilité du nouveau propulseur, c'est que la marine anglaise, après une étude approfondie de l'hélice s'en est emparée et que les ingénieurs Smith et Renie en ont fait l'application à divers navires, dont l'un, le *Great Britain* est de 3,600 tonneaux.

Sans doute l'hélice Sauvage a reçu quelques modifications en Angleterre, mais il a été démontré que ces modifications, loin d'être utiles étaient nuisibles, et que l'hélice simple, telle que Sauvage l'a inventée il y a douze ans était vraiment la plus puissante.

En France, le brevet d'invention accordé à Sauvage en 1832 fait foi de sa découverte.

Aujourd'hui Frédéric Sauvage désire que ce brevet reçoive une prolongation de cinq ans.

Tel est, Messieurs, l'objet de la réclamation que j'ai l'honneur de vous adresser en faveur de M. Frédéric Sauvage au nom de la Société royale d'Émulation dont M. Sauvage est membre. La Société vous prie de vous intéresser également à ce que la pension que le Gouvernement paraît lui avoir accordée soit proportionnée aux services qu'il a rendus. Quelle que soit cette pension, elle ne couvrira pas ses avances qui s'élèvent aujourd'hui à plus de deux cent mille francs et qui ont englouti la totalité de son patrimoine.

De même que la plupart des inventeurs, Frédéric Sauvage n'a jamais joui du fruit de ses découvertes ; homme de mœurs austères et n'ayant jamais rien donné ni au luxe, ni au plaisir, il a tout sacrifié, fortune et santé, à l'art et au travail. Il était dans l'aisance, beaucoup y sont aujourd'hui par lui, mais ils y sont sans lui. Sauvage est un homme de génie, Sauvage est un homme utile, Sauvage est l'honneur et la probité même et Sauvage est pauvre.

C'est à vous, Messieurs, en secondant les intentions bienveillantes du Gouvernement, à faire que justice lui soit rendue. C'est non-seulement au nom de la Société royale d'Émulation, mais à celui des Abbevillois de toutes les classes et de toutes les opinions, que j'ai l'honneur de vous adresser cette demande.

Sauvage avisé par M. de Perthes des démarches tentées en sa faveur auprès des députés lui répondait aussitôt :

Saint-Adresse, 19 février 1844.

Merci, très-cher Président, mille fois merci ; les coups que vous avez portés ont produit de bons résultats. Vous avez échauffé des députés qui en ont échauffé d'autres et les nouvelles que je reçois de Paris me donnent les plus grandes espérances pour l'obtention de la prolongation que je réclame. Les pensions et gratifications me sont moins précieuses que cinq ans de brevet.

Après avoir essayé de me faire passer pour fou, on répandit le bruit que mon privilége expirait dans dix-huit mois (il me reste encore trois ans). On a beaucoup dépensé pour faire des expériences avec des hélices opposées aux principes du grand maître : Dieu ; on avait plus envie d'user le temps que de s'instruire. Encore dernièrement, au Hâvre, on vient d'essayer un bateau (la *Bretagne*) construit par le fameux Normand ; ce bâteau est mieux que le *Napoléon :* il est armé d'une hélice en six parties et il file un peu plus de cinq nœuds. J'ai, l'année dernière, vu à Paris les propriétaires de ce beau bateau ; ils ont assisté à mes expériences. Je leur ai démontré l'évidence de ce qui arrive aujourd'hui ; je croyais les dispenser d'une leçon qui leur coûtera cher. Je savais que pour faire avancer les ânes peu disposés à marcher, il fallait les tirer par la queue ; mais je croyais avoir affaire à des hommes.

Quand je verrai aux poissons des queues à quatre ou six sections et que mes pigeons, que je contemple souvent dans leur vol, auront des ailes divisées, je dirai à à tous les ânes : faites des hélices en quatre, faites des hélices en six.

Votre tout dévoué, FRÉDÉRIC SAUVAGE.

Mon voisin Alphonse Karr vous présente ses civilités.

Notre inventeur, on le voit, continuait d'espérer ; tant de bonne volonté et tant d'efforts étaient mis à sa disposition qu'il se serait cru ingrat en les méconnaissant. Ce n'était pas pourtant qu'il n'eût parfois ses heures de découragement ; nous en trouvons les traces dans une lettre adressée à la même époque à l'un de ses amis qui lui avait demandé quelques détails sur ses inventions :

« J'ai goûté dès ma jeunesse, écrivait-il, les vrais plaisirs de la mécanique, sans me douter des tourments qu'elle entraine avec elle, surtout quand elle a pour but l'utilité publique. Faites des inventions qui ne mènent à rien, vous ferez fortune.

« Le caléïdoscope qui n'excite aucune jalousie d'intérêt, fit la fortune de son inventeur.

« La découverte du fer blanc moiré n'appartient qu'au chat d'un ferblantier qui répandit de l'eau forte sur une feuille de fer blanc. Son maitre, frappé de l'effet produit par la maladresse de son chat prit un brevet d'invention et fit fortune.

« Si vous n'êtes persévérant, entêté et surtout bien pénétré de votre sujet, ne vous mêlez pas d'inventions utiles, car vous échouerez infailliblement ; étouffez la passion qui vous domine.

« Par exemple, si un gargotier invente un mets supérieur à ceux de ses confrères, s'il réussit et que son procédé entraine dans une nouvelle disposition de fourneaux, dans une modification aux ustensiles du métier, et surtout s'il a pris un brevet d'invention, vous pouvez être persuadé que toute la clique gargotière se révoltera.

« Vous trouverez exquis le plat qu'il a préparé, mais on le dira malsain : il y entre du poison. Il faut donc que notre pauvre diable attende l'arrêt d'un juge inflexible qui veut que tout finisse : le temps.

« On s'imagine qu'un procédé n'a de valeur qu'après la mort de l'inventeur ; on a tort. On cite un peintre qui se fit passer pour mort, afin de tirer parti de ses œuvres. Je ne crois pas à l'efficacité de ce stratagème. Quelques fous se sont donné la mort croyant sauver leurs familles dénuées de tout, par suite de sacrifices pour faire valoir une découverte ; probablement ces hommes étaient frappés d'une fausse idée et n'avaient pas lutté douze ans, ainsi que j'y fus contraint.

« Je suis persuadé que si un brevet de quinze années pouvait se transformer en un brevet de longévité de cent cinquante ans, l'inventeur jouirait toujours du fruit de sa découverte, car il n'aurait plus d'adversaires. Il faudrait bien moins de temps s'il n'était question que de gargote, car le gargotier parle souvent et n'écrit guère ; mais quand il est question d'art ou de science, on a affaire à des gens qui parlent peu et qui écrivent beaucoup. Le temps efface une parole, et un écrit se perpétue.

« Si, en 1831, j'avais eu connaissance de tout ce que j'ai lu, vu et entendu depuis, je me serais probablement bien gardé de songer aux hélices. Quand je pense aux frais de modèles qu'a nécessités le bric-à-brac des roues des bateaux à vapeur et toutes les belles éditions qui ne serviront qu'à l'épicier, je me sens ému par un mouvement de remords ; mais j'ai fait la faute et je dois en subir les conséquences. »

Ecrivant, à la même époque, à son frère pour lui demander un service, il terminait ainsi sa lettre :

« Si vous ne pouvez pas m'accorder ce que je vous

demande, ne me l'écrivez pas, j'aime mieux l'apprendre par le temps qui coule lentement que par une lettre qui porte un coup subit.

« J'ai reçu dans ma vie tant de lettres fatales, que la vue d'un facteur me fait l'effet d'un huissier. »

Les démarches et les efforts pour obtenir cinq années de prolongation au brevet des hélices durèrent pendant plus de deux ans. « Modifiez, améliorez, perfectionnez quelque chose à vos hélices, disait le Gouvernement à Sauvage, et nous vous donnerons un nouveau brevet.

— Impossible, répondait celui-ci, j'ai dit à leur sujet le dernier mot de la perfection. »

Et il attendait, sûr de l'avenir, certain que les déconvenues éprouvées par ses maladroits plagiaires lui amèneraient chaque jour de nouveaux adhérents, et que le succès couronnerait sa patience.

Comme un homme placé sur le sommet d'une montagne qui voit dans la plaine les passants s'agiter en vain, ainsi, des hauteurs de Sainte-Adresse, il regardait avec pitié tous les essais tentés stérilement pour sortir du cercle qu'avait tracé son génie.

Il avait autorisé, en 1844, la construction d'un petit remorqueur pour la rivière de Caen. Les armateurs du bateau, après avoir assisté aux expériences du *Napoléon*, étaient venus solliciter Sauvage qui leur avait permis sans aucune difficulté d'adapter les hélices simples à leur remorqueur. Au lieu d'utiliser cette faveur, ils coupèrent les hélices en quatre. Avec un tel propulseur, le bateau fila trois nœuds à l'heure.

Désolés, surpris d'un tel échec, armateur, capitaine et mécanicien vinrent trouver Sauvage à Sainte-Adresse ; ils avaient apporté du Hâvre un petit bateau avec leur modèle d'hélices.

L'inventeur sourit en les voyant et leur montra le petit canal qu'il avait creusé lui-même dans son jardin pour y continuer ses expériences quotidiennes. Le bateau, agrémenté de l'hélice en quatre parties, mit quatre fois plus de temps à parcourir le canal que n'en mit celui de Sauvage auquel étaient adaptées deux hélices simples.

Il fallut bien se rendre à l'évidence. Les visiteurs partirent en promettant de changer les hélices installées aux flancs du remorqueur qui, loin de faire son service, avait dû jusque-là être remorqué lui-même.

Les particuliers étaient bien excusables de se tromper, lorsque le Gouvernement lui-même s'obstinait à ses infructueux essais. *La Bretagne* venait d'être installée avec la vis Erickson et ne marchait pas ; deux frégates, avec des machines de 200 chevaux, étaient alors en construction au Hâvre ; ces deux vaisseaux devaient recevoir aussi le propulseur américain : il fallut arrêter les travaux déjà presque terminés et recommencer les machines sur de nouveaux frais, afin d'y substituer, non l'hélice Sauvage qu'on ne voulait point avoir à payer, mais l'hélice en trois du *Napoléon*.

Chaque fois que l'occasion lui en était offerte, Sauvage protestait énergiquement contre ces tentatives et contre les soi-disant améliorations apportées à son système. C'est ainsi qu'un des journaux du Hâvre s'attirait un jour la rectification suivante qu'il s'empressa, du reste, de publier:

Monsieur le Rédacteur,

Vous avez inséré dans votre journal d'hier que le Gouvernement, assure-t-on, vient de confier à M. Normand la construction d'un nouveau bâtiment avec les hélices que M. Normand a su perfectionner dans l'heureuse application qu'il en a déjà faite sur le *Napoléon*.

Sans vouloir entrer dans aucune explication, ni me laisser aller à aucune récrimination, pourtant bien naturelle dans la position où l'on m'a mis par rapport à l'application des hélices faites par M. Normand, je ne peux laisser sans réponse cette dernière partie de votre assertion.

L'application des hélices, puisque je suis propriétaire et inventeur du système, ne pouvait avoir lieu sur le *Napoléon* sans mon autorisation, et, sur la demande de M. Normand, je m'empressai de lui donner cette autorisation sans même exiger de lui aucune indemnité ni rétribution ; seulement, je me réservai de lui donner, dans l'application du système, mes avis, afin que cette opération produisît les résultats que j'en espérais et que j'en ai toujours espérés.

Cependant il n'en a pas été ainsi ; malgré les observations que je fis à cette époque, mon système a été dénaturé, ce qui fut constaté par l'Académie des Sciences.

Aujourd'hui vous dites que M. Normand a su perfectionner les hélices dans leur application ; je nie ce fait, et lorsqu'il y aura lieu, je vous donnerai des renseignements et des documents qui vous prouveront, à vous et au public, la loyauté de mon traité avec M. Normand, à l'égard des hélices, et la fausse application que ce dernier en a faite malgré mes avis et toutes mes observations.

Sauvage était vaillamment secondé dans sa résistance par le *Courrier du Hâvre*, qui soutenait en sa faveur une polémique vigoureusement commencée et énergiquement suivie. Plusieurs de ses articles résumaient complètement la situation et fixaient l'attention du public en l'initiant aux incidents qui se produisaient fréquemment et dont nous avons déjà raconté quelques-uns.

L'extrait qu'on va lire nous a paru particulièrement remarquable et intéressant ; il complète l'exposé de la question telle que nous nous sommes efforcé de la faire connaître à nos lecteurs :

L'HÉLICE DE M. SAUVAGE

S'il y a beaucoup à faire encore avant d'avoir le dernier mot de la navigation à vapeur, disait le *Courrier du Hâvre* du 12 novembre 1845 ; si tout l'inconnu est loin encore d'être dégagé de problèmes qui se présentent, chaque jour, avec des données nouvelles, il y a, du moins, un fait acquis : l'hélice a triomphalement pris la place des roues dans la propulsion des bateaux à vapeur. Avant peu, pour la marine de commerce, comme pour la marine de l'Etat, un bâtiment à vapeur à roues sera, comparativement aux navires à vapeur à hélice, ce qu'étaient les galères, birèmes et trirèmes des anciens, comparativement aux navires à voiles de nos constructions modernes.

Chose curieuse à observer ! La venue de l'hélice devait être une gloire, un triomphe pour la France, car c'était un de nos compatriotes qui avait appliqué le premier ce moteur à la navigation à vapeur. On a mieux aimé se battre les flancs, pour chercher d'autres inventeurs plus anciens ; on a remonté quatre cents ans avant Jésus-

Christ, pour remuer la cendre d'Architas, qui le premier, disait-on, avait eu l'idée des propulseurs héliçoïdes ! Puis quand il a fallu expérimenter, parce que l'inventeur français avait pris un brevet, et qu'on voulait se soustraire au tribut qu'il y avait à payer à la priorité, on a imaginé de donner, aux hélices qu'on employait, une forme autre que celle qui était indiquée dans le brevet. On a fait venir des ingénieurs anglais et américains, qui ont été chargés de confectionner les appareils des propulseurs dont on allait se servir, et qui n'étaient autre chose que l'hélice première de M. Sauvage, mal revue, mal corrigée, mal à propos augmentée.

Nous le répétons, cette appropriation de l'hélice à la vapeur, aurait dû être un des titres de notre orgueil national ; elle n'a été cependant qu'une cause d'ingratitude, une honte, une indigne spoliation. Là encore Christophe-Colomb a eu son Améric-Vespuce, et pour compléter l'assimilation de l'inventeur aux hommes qui ont rendu des services de ce genre à leur pays, ou à l'humanité toute entière, cet inventeur a été emprisonné ! Comme Galilée qui disait que la terre tournait, l'inventeur de l'hélice, témoin de tous les efforts qu'on faisait pour profiter de l'œuvre, en échappant à la juste rémunération due à l'ouvrier ; voyant tout ce qui se jetait d'argent dans un gouffre sans fond, pour ne pas se servir de son hélice, se bornait à dire, lui aussi, en regardant les barreaux de sa prison : « Pourtant c'est mon système « qui est le seul bon ; c'est mon hélice, dans toute sa « simplicité primitive, qui est la seule bonne. »

A côté de nous, le commerce anglais, par souscriptions volontaires, enrichit sir Rowland Hill qui a introduit une avantageuse réforme dans le système postal. M. Waghorn vient de raccourcir de quelques heures le voyage de Londres à Calcutta, et on parle déjà, en sa faveur, d'un témoignage de la reconnaissance publique ! En France, un homme s'est rencontré qui, pendant quinze ans, à travaillé, lutté avec persévérance contre toutes les difficultés que suscitent en pareil cas, l'ignorance, l'envie, l'incrédulité, la malveillance, toutes les passions les plus mauvaises et les plus honteuses. Cet homme est M. Sauvage; c'est lui qui est l'inventeur de l'hélice, ou bien, si on veut le chicaner sur ce mérite, c'est M. Sauvage qui a le premier appliqué l'hélice à la navigation à vapeur; c'est lui qui, pour doter la France et le monde entier du fruit d'un travail opiniâtre, a mangé son patrimoine et fait des dettes, pour lesquelles il a pu être incarcéré !

Le Gouvernement est venu au secours de M. Sauvage: un des ministres lui a alloué, sur les fonds dont dispose son département, une somme annuelle de 2,000 fr. ; un autre y a ajouté 500 fr. L'invention de M. Sauvage n'est pas dans le domaine public; il est brévetó, mais son brevet n'a plus que deux ans à durer. C'est une proie qu'attendent des industriels cupides, et qui, après n'avoir rapporté à son titulaire que peines et privations, va être, pour d'avides héritiers, une source féconde de richesses et d'honneurs. Ajoutons que M. Sauvage, ainsi victime de l'ingratitude nationale et de la spoliation privée, a poussé l'exagération du patriotisme jusqu'à refuser une somme considérable qu'on lui offrait en Angleterre, avec condition que jamais il n'appliquerait en France son système d'hélice!

Pas une seule voix ne s'est élevée contre l'hélice de M. Sauvage, elle a été, par tout le monde, au contraire, trouvée admirable; mais la troupe servile des copistes, des imitateurs, n'a pas tardé à venir avec ses prétendus perfectionnements. Ça été, depuis lors, à qui se serait écarté un peu plus, un peu moins, du modèle brévetó, pour spolier M. Sauvage, pour récolter là où il a semé, pour commettre de tous les larcins celui qui doit paraitre le plus ignoble ; car, sans courir aucun risque, on ne ruine pas moins un homme, on ne s'approprie pas moins ses dépouilles.

Celui-ci a doublé l'hélice, c'est l'anglais Smith ; un autre lui a donné une autre forme, c'est l'américain Erickson. Toutes les hélices tournent autour de l'hélice de M. Sauvage, qui persiste à dire que la sienne est la bonne, la moins coûteuse. Retiré dans sa petite maison de Sainte-Adresse, cet homme, tout entier à son hélice, compte sur ses doigts les mécomptes de l'Etat, ceux du commerce ; les sommes gaspillées, perdues, pour ne pas en venir à l'essai de son œuvre, à son hélice simple. Comme il se réjouissait, il y a quelques jours, d'une démonstration que le hasard est venu faire à l'appui de son système !

Un petit bateau à vapeur, l'*Ariel*, avait une hélice double. En sortant de Pont-Audemer, ce navire reçut une forte secousse, dont la cause ne fut connue qu'à son arrivée au Hâvre ; c'était la deuxième aile de l'hélice, celle qu'on ajoute à ce propulseur pour qu'il ne ressemble pas au propulseur brévelé de M. Sauvage, et, par conséquent, pour ne pas payer une redevance au brevet, c'était cette aile inutile qui, en route, avait été détachée de l'arbre. Le bateau n'avait pas perdu un demi-nœud de sa marche pour cela ; au contraire, on crut remarquer plus d'agilité, plus de régularité dans ses mouvements !

Au moment où l'hélice devient d'un usage si universel, où il va probablement être question bientôt d'organiser de grands services d'utilité publique, où a sonné l'heure de donner à la France une flotte marchande à vapeur, susceptible en temps de guerre de fournir à l'armée navale ces vapeurs-transports dont les officiers généraux de notre marine s'accordent à prédire l'utilité ; à ce moment, en bonne conscience, le gouvernement ne devrait-il pas escompter à M. Sauvage les deux années que son brevet doit vivre encore, avant de tomber dans le domaine public, sans qu'il n'en ait retiré d'autre fruit qu'une aumône ministérielle de 2,500 fr. par an ?

Ce serait, du reste, d'une pierre faire deux excellents coups.

Premièrement, le public aurait tout de suite et fort à propos, la jouissance d'une combinaison aussi ingénieuse qu'utile à l'intérêt général et dont les avantages profiteraient à l'Etat, comme à l'industrie privée ;

Deuxièmement, on récompenserait dignement, de ses pénibles travaux, un homme auquel est due, en définitive et quoi qu'on fasse, la venue de l'hélice appliquée à la navigation à vapeur. M. Sauvage a, en outre, la prétention, que des hommes compétents disent fondée, d'être à présent encore l'auteur du système d'hélice le plus puissant, et le plus simple en même temps, de tous ceux que les plagiaires ont produits.

Le même jour, comme confirmation de cet article, Sauvage écrivait au rédacteur du *Courrier du Hâvre*, la lettre suivante :

Sainte-Adresse, 12 Novembre 1845.

Monsieur le Rédacteur,

Je viens de lire le récit de l'évènement arrivé au *Great-Britain*, paquebot transatlantique, dont, à ce qu'on dit, l'*hélice* s'est brisée en partie, à moitié route ; on en conclut nécessairement que l'hélice a de graves inconvénients et *qu'il faut se garder de dire son dernier mot sur ce propulseur.*

On a raison ; car des propulseurs aussi fragiles et d'aussi peu d'efficacité que ceux qui sont appliqués au *Great-Britain* et à tant d'autres, sont, en effet, à répudier.

Mais, Monsieur le rédacteur, le propulseur appliqué à ces navires n'est point une *hélice*. Je ne revendique point l'honneur de l'invention du propulseur Erickson appliqué au *Great-Britain*, et je trouve essentiel qu'on ne confonde pas ce propulseur, ni d'autres, avec le mien. Au contraire, j'ai signalé avec énergie les dangers du propulseur Erickson, et l'évènement arrivé au *Great-Britain* est une démonstration nouvelle de la justesse de mes remarques et des vices de ce système. Le propulseur Erickson est composé de neuf palettes montées sur un tambour, et chacun doit comprendre aisément qu'un tel mécanisme ne peut avoir ni l'efficacité, ni la solidité de l'hélice tournant autour d'un axe. On se figurerait difficilement, sans l'avoir vu, ce que le propulseur Erickson a de monstrueux, si surtout on le compare à la légèreté de l'hélice simple. On se convaincra aisément ensuite, que l'énorme diamètre de la vis Erickson exige une grande différence de tirant d'eau, et que, dans les échouages, tout le système est en péril.

Votre remarque est fort juste, Monsieur le rédacteur, et tombe d'aplomb sur les prétendus perfectionneurs de l'hélice. Le public qui n'entend prononcer que le mot d'*hélice*, ignore si c'est mon hélice telle que j'entends l'appliquer, ou si c'est mon hélice, mais DIVISÉE, qu'on emploie. Il est bon que je redise, afin qu'on ne le perde pas de la mémoire, et qu'il n'y ait plus confusion dans l'esprit à ce sujet, que jusqu'ici, contre mon opinion, contre mes démonstrations, contre la raison, et par des considérations que je laisse apprécier au public, ce n'est point mon hélice *simple*, mais mon hélice *divisée* soit en deux, soit en trois et même en quatre, qu'on a employée. Or, j'ai toujours dit, et je l'ai même écrit dans le temps à M. le Ministre de la marine, qu'on n'obtiendrait de succès complet qu'en appliquant une hélice *simple* de chaque côté, placée dans la coulée du navire et tournant l'une sur l'autre, de telle sorte qu'elles repoussent toujours les objets qu'elles pourraient rencontrer.

Ce système, qui offre une si grande sécurité, peut, surtout avec l'emploi de la machine accélérée de nos habiles mécaniciens, MM. Mazeline frères, qui permet de communiquer la force directement, c'est-à-dire sans recourir aux engrenages, ce système, dis-je, peut, avec la plus grande facilité, être appliqué comme auxiliaire aux bâtiments à voiles, quoi qu'en dise le *Journal du Hâvre*, dont en une telle matière je conteste la compétence.

Poursuivant quelques numéros plus loin ses études comparatives sur les divers systèmes d'hélices, le même journal s'occupait de la vis d'Erikson dont il était alors fréquemment question et qu'on tentait de substituer à l'hélice de Sauvage. La vis américaine, composée de neuf palettes montées sur un tambour, était, par sa complication, l'antithèse de l'hélice Sauvage dont la simplicité frappait tous les yeux et semblait empêcher les ignorants de croire à son mérite. Or, un accident était arrivé récemment au *Great Britain*, auquel ce propulseur était adapté, et cet accident, défrayant la chronique, avait fourni à la polémique locale un nouvel aliment.

Le *Courrier du Hâvre* se demandait alors pourquoi on ne tenterait pas sur le géant britannique l'expérience des hélices Sauvage, et il ajoutait :

Comment se fait-il, d'autre part, qu'en France, où l'application de l'hélice à la vapeur a pris pour ainsi dire naissance, on s'obstine à ne pas faire usage, à ne faire aucun essai de l'hélice telle que l'inventeur l'a présentée, telle qu'il la recommande comme la seule bonne, la seule qui puisse offrir les garanties de solidité et de vitesse dont on a tant besoin dans cette navigation ? Il y a d'autant plus à s'étonner de la persistance avec laquelle on tourne autour de l'hélice-Sauvage, que toutes les petites supercheries à l'aide desquelles on a essayé d'échapper au brevet d'invention, ont été sans bon résultat et ont occasionné, soit à la caisse publique, soit à l'industrie privée, d'inutiles dépenses.

Nous avons vu, il y a quelques jours, que l'hélice du bateau à vapeur l'*Ariel*, ayant été *dédoublée* en mer, ce petit navire n'en était pas moins arrivé dans notre port avec une seule aile, c'est-à-dire avec une hélice simple, sans encombre, sans aller moins vite, et même on ne se serait pas aperçu, à bord, de l'accident, sans la secousse qu'on a ressentie au moment où la moitié de l'hélice s'en allait ; preuve convaincante, s'il en fut, qu'on peut s'épargner et la dépense et les autres inconvénients de l'hélice double.

Aujourd'hui, il s'agit de l'autre extrême, il faut aller d'un ciron à un éléphant, de l'*Ariel* au *Great-Britain* qui vient d'éprouver, dans ce qu'on veut bien appeler son hélice, un grave accident. Quelques *vieux de la vieille*, en matière de navigation, tiennent et ce sentiment chez eux est fort louable, à leurs navires à voiles ; ils voient un bâtiment à vapeur presque du même œil, comparaison à part, qu'un conducteur de messageries regarde passer les voitures d'une ligne de fer. Un accident arrivé à un bâtiment à vapeur est, pour eux, un fait absolu, jamais exceptionnel. Du naufrage d'un bâtiment qui a une machine à vapeur seulement comme auxiliaire, ces esprits moroses concluent que tous les bâtiments naviguant dans les mêmes conditions, et qui se trouveront dans les mêmes circonstances de mer, périront infailliblement. De ce que, à bord du *Great-Britain* il est arrivé une avarie bien légère comparativement à tout ce qui est prédit de sinistres à ce gigantesque navire, ils concluent que tous les bâtiments à hélice sont exposés au même accident.

Or, le journal le *Tîmes* avait copié textuellement le livre de bord du capitaine Nosken, concernant la dernière traversée du *Great Britain*; Sauvage en ayant eu connaissance, envoyait aussitôt au *Courrier* la nouvelle lettre que voici :

Monsieur le Rédacteur,

Je viens réclamer de votre obligeance l'insertion de quelques observations nouvelles au sujet de la vis Erickson. Comme on ne s'est pas borné, depuis quelques années, à tronquer mon hélice, mais qu'en plusieurs rencontres on a donné, à mon grand préjudice, la préférence aux propulseurs Erickson, nous avons, le public et moi, un grand intérêt à constater, à reconnaître tous les inconvénients de ce système.

J'ai déjà fait pressentir tout ce qu'il avait de défectueux, à combien de dangers il exposait un navire ; mais on a tenu peu compte de mes arguments ; j'en attendais de meilleurs et de plus convaincants. J'ai dû, pour me faire du public un juge impartial et éclairé, attendre de la pratique les preuves palpables des erreurs ou de la mauvaise foi de quelques-uns des prôneurs de ce système.

On se rappelle que le *Great Britain*, qui est muni de ce propulseur, a eu un échouage à supporter, dans sa traversée de Liverpool à New-York. J'ignorais, comme tout le monde ici, la gravité des avaries que ce navire ou son propulseur avait éprouvées ; je me bornai à dire que cette machine, placée entre deux étambots, devait nécessairement souffrir en de telles circonstances ; or, il est avéré aujourd'hui que cet évènement, qui n'a d'ailleurs aucunement endommagé le navire, a cependant brisé, en partie, son propulseur.

Le rapport de mer que j'ai sous les yeux remonte au 18 octobre. Le *Great Britain* était alors à New-York, où on l'introduisit dans le dock, pour le visiter. On trouva que sa machine, sur trois bras qu'elle possède, en avait deux de cassés au ras de l'axe ; qu'une des palettes avait été enlevée, et que la presque totalité des boulons était partie.

Après les réparations nécessaires, le navire reprit la mer le 28 octobre ; tout alla parfaitement jusqu'au 30, onze heures du soir. A ce moment, on s'aperçut qu'il était arrivé quelque chose d'*extraordinaire* au propulseur ; c'était un de ses bras qui venait de se briser et qui frappait l'étambot avec une grande force. Après deux ou trois nouvelles secousses très-violentes, la partie brisée se détacha tout-à-fait. On modéra la vapeur, et le navire continua sa route en s'aidant de ses voiles, parce que le vent le permettait, heureusement. Il filait de sept à neuf nœuds; et on marcha ainsi jusqu'au mercredi 1er novembre. Ce jour-là, le malheureux propulseur perdit encore un bras, de sorte qu'il ne lui en restait plus qu'un : on se mit en devoir d'y faire quelques réparations, au moyen d'une pièce qu'on ajouta au fragment qui était resté de l'un des bras cassés.

On mit dehors le plus de toile qu'il fut possible, en ne faisant fonctionner le propulseur que juste ce qu'il fallait pour qu'il ne fît point résistance et ne ralentît point la marche du navire que poussait un vent favorable et qui filait, en cet état, dix nœuds à l'heure.

Le vent ayant varié, on se servit du propulseur qui fit alors, dit le rapport, de véritables miracles, eu égard, sans doute, aux avaries qu'il avait éprouvées. Il fit filer, par moment, quatre nœuds au navire, contre une brise fraîche et une mer très-houleuse.

Mais le rapport ajoute qu'à cinq heures et un quart environ de l'après-midi du 7, le bras qui restait au propulseur se brisa, n'en laissant plus que la moitié d'un, et une petite fraction d'un autre, brisé à deux pieds environ du centre. On ralentit la vapeur autant qu'on le put et on navigua toute la nuit suivante avec l'aide d'une brise de la partie de l'ouest.

C'est en cet état que du 7 au 17, jour de son arrivée, le *Great Britain* naviguait: n'ayant plus à la remorque que des vestiges d'un propulseur.

Je n'ai rien à ajouter à des faits de cette éloquence. Si je n'avais été guidé que par l'intérêt ou par l'amour-propre, j'eusse pu, depuis longtemps, me prévaloir des mécomptes éprouvés, en France, par suite de l'application de ce système, mais je ne veux m'armer que des titres livrés à la publicité.

On peut donc *dire le dernier mot* sur ce système, et celui-ci enterré, on se retourne vers l'hélice. Je vais me borner à deux ou trois remarques sur les applications qui en ont été faites.

Quand j'ai autorisé l'emploi de mon propulseur, j'ai nécessairement compris qu'on appliquerait l'hélice *simple*, telle qu'elle est décrite en mon brevet. Mais on a imaginé, je cherche encore par quelles considérations, de la mutiler, c'est-à-dire de la mettre en plusieurs fractions. Or, plus on la fractionne, plus elle perd de sa puissance. C'est la même chose que si on fendait en deux ou en trois les ailes d'une mouche, prétendant qu'avec six elle doit voler mieux qu'avec quatre, ou avec quatre mieux qu'avec les deux que la nature lui a données.

Le *Napoléon* a son hélice en trois sections, et il n'a donné que des résultats médiocres; un autre bateau l'*Industrie*, a été également, et avec mon autorisation, pourvu d'une hélice, mais ici on a mieux fait encore; on l'a divisée en quatre, et le bateau ne marche pas, d'où le public infère que l'hélice est sans puissance.

J'ai trop usé ma vie à ces luttes, trop épuisé mes ressources à ces travaux, pour faire aujourd'hui ce par quoi j'aurais dû commencer, c'est-à-dire une application en grand; c'est une satisfaction que j'attendais de l'équité de quelques hommes, chez lesquels l'ambition ou une détestable vanité a étouffé le sentiment de la reconnaissance.

D'ici à quelques années, cependant, on ne se servira point d'autre propulseur que le mien, qui réunit toutes les conditions de puissance et de sécurité désirables, et j'en suis encore à me demander si, pour prix de tant de sacrifices, d'un service si réel rendu au pays, je ne recueillerai que des chagrins.

L'influence des députés n'avait pas plus heureusement abouti que les efforts empressés des amis de Sauvage et que la bienveillance du ministre de la marine. La prolongation de cinq ans pour le brevet avait été ajournée et Sauvage n'avait eu d'autre compensation que la promesse de voir convertir en une rente annuelle de 2,000 francs la somme qu'on lui avait versée l'année précédente.

Ce refus qu'il regardait comme une injustice fut vivement ressenti par l'inventeur toujours harcelé par ses créanciers, toujours luttant contre la misère, et toujours aussi pauvre. Et pourtant, continuant de s'absorber dans son idée fixe, il ne se préoccupait guère des nécessités les plus impérieuses de la vie. M. Alphonse Karr raconte, à ce sujet, dans ses *Guêpes*, un fait qui prouve bien l'indifférence absolue de Sauvage pour tout ce qui touchait à la vie matérielle:

« J'allai un jour voir Sauvage, alors mon voisin de Sainte-Adresse ; il habitait seul avec un jeune garçon lui servant à la fois de domestique et d'apprenti. L'inventeur des hélices était fort en colère contre son domestique.

« Je lui demandai assez longtemps le sujet de son courroux sans obtenir de réponse, cependant il finit par me dire :

« — Ce drôle ne veut pas me répondre oui ou non à une question ; il veut raisonner et cherche des détours. —Voyons, maudit normand, répondras-tu oui ou non ?

« — Mais Monsieur, je ne sais pas, répondit en pleurant le jeune garçon.

« — Voilà ce que c'est, me dit Sauvage : J'ai besoin de sable pour mon jardin, — ni lui ni moi n'en pouvons apporter de la mer, — je suis trop vieux, il est trop jeune, je veux acheter un âne pour porter le sable, — très-bien, mais quand j'aurai du sable, qu'est-ce que je ferai de l'âne? Je compte le manger cet hiver ; mais à moi seul, je n'en aurai jamais fini, et ce scélérat ne veut pas me dire s'il aime l'âne.

« — Dis, scélérat, aimes-tu l'âne ?

« — Mais, M. Sauvage, répondit encore l'enfant, je ne sais pas...

« — Alors, je n'aurai pas de sable ; — vous avouerez qu'il faut que j'aie bien de la patience et de la bonté. »

Voilà bien les grands savants ; ils inventent des merveilles et, moins pratiques dans la vie réelle que les enfants, ils se croient obligés de mettre la nappe pour manger une noisette.

A la fin de l'année 1845, Sauvage se résolut à retourner à Paris. Le ministre de la marine, qu'il avait vu à son passage au Hâvre, l'avait engagé à s'adresser directement à lui ; d'autre part, M. Séguier se proposait de demander à la Chambre le rachat par l'Etat des deux années de brevet restant à courir, et il désirait s'entendre à ce sujet avec l'inventeur, désireux d'obtenir une rente viagère de 5,000 francs et une indemnité de 200,000 francs. Pour toutes ces raisons, Sauvage décida qu'il quitterait Sainte-Adresse et sa chère solitude; mais, retenu quelques semaines encore par des difficultés d'affaires, il envoya au ministre la lettre qu'on va lire:

Permettez-moi d'user dès aujourd'hui de l'autorisation que vous avez bien voulu me donner lors de votre passage au Hâvre, où j'eus l'honneur de vous être présenté. Vous m'avez permis de recourir à vous, Monsieur le Ministre, et les moments sont si précieux pour moi que je ne veux pas différer plus longtemps cet appel à votre justice.

Bien des années se sont écoulées depuis que j'ai produit le système de propulsion le plus puissant qui soit encore; j'ai sacrifié bien des veilles et tout ce que je possédais pour surmonter tous les obstacles qu'ont soulevés autour de moi la mauvaise foi et l'ignorance. Il ne me reste plus absolument que la force morale que me laissera toujours la conscience des services que j'ai rendus à l'État.

Aurai-je donc consacré mes biens, ma santé et tant d'années pour ne recueillir qu'une faible aumône et le violent chagrin que donne la criante injustice dont je suis l'objet? Aurai-je provoqué une révolution aussi considérable dans la navigation à vapeur, pour ne voir triompher sous mes yeux que quelques plagiaires? Vivrai-je assez pour voir le commerce et l'État jouir des avantages de ce nouveau système, sans que j'y puisse voir autre chose moi-même que la cause de ma ruine? Cet exemple d'iniquité n'a point encore été donné par le Gouvernement actuel qui s'est montré si prodigue pour des découvertes bien moins fécondes assurément.

J'ai autorisé, pour le faire apprécier plus généralement, l'emploi de mon système. J'attendais de cette expérience en grand le terme de mes ennuis, le triomphe de mon propulseur et la rémunération de tant de sacrifices, et il a suffi, on le croirait à peine, du simple caprice d'un constructeur pour en compromettre le succès aux yeux du public, sur les lumières et le jugement duquel je comptais. Par une fatalité inouïe, le constructeur du *Napoléon*, sans doute pour faire quelque chose à lui, mit l'hélice en *trois* segments, au lieu de l'appliquer *simple* comme il le devait; or, j'avais démontré, par des expériences, que la puissance de traction de l'hélice *simple* étant de vingt, s'abaisse à dix-sept si l'hélice est divisée en *deux* parties et à treize seulement si on la divise en *trois*.

J'aurais pu protester publiquement contre cette violation flagrante des engagements pris par les constructeurs, mais je me suis borné à espérer un retour à la raison. Cependant, on s'est roidi contre l'évidence, on a dépensé des sommes énormes pour n'obtenir qu'un médiocre résultat.

Vous vous êtes montré, Monsieur le Ministre, si bon pour moi, que je me suis permis ces détails rapides, mais utiles cependant, puisqu'ils vous permettent d'apprécier ce qui a été fait. Les constructeurs ne se sont point bornés à torturer la forme d'hélice du *Napoléon*, mais ils ont appliqué ailleurs le système Erickson tombé dans le discrédit le plus complet.

Depuis la construction du *Napoléon* qui laisse pour ces raisons beaucoup à désirer, le Gouvernement semblait hésiter entre l'emploi de mon système et celui d'Erickon, ce qui m'a fait perdre trois années de mon brevet. Aujourd'hui, qu'on est généralement fixé sur les mauvais résultats de ce propulseur, j'appelle votre attention, Monsieur le Ministre, sur mon hélice toute simple, non comme on l'a employée jusqu'ici plus ou moins mutilée.

Il est très-important d'en placer une de chaque côté de la coulée du navire pour obtenir les meilleurs résultats et en faciliter l'application aux bâtiments de l'État et du commerce comme aux navires à voile.

On a prétendu que cette application était impossible sur un navire d'une grande finesse, sans porter un grand préjudice au propulseur; on peut obliquer un peu les axes en dehors, ce qui leur permettrait d'entrer dans la carène la plus évidée.

Au surplus, je pense qu'on ne tardera pas à reconnaître l'abus des bâtiments qui ne peuvent porter de combustible que pour une courte traversée et je suis certain qu'avant peu on adoptera des formes de navires plus pleines et plus convenables sous tous les rapports.

Bien des années se sont écoulées depuis que je lutte pour surmonter tant d'obstacles qu'ont soulevés autour de moi la mauvaise foi et l'ignorance. Aurai-je donc consacré tout mon patrimoine et l'avenir de mes enfants pour ne recueillir qu'une faible rétribution et des chagrins? Mais non, vos paroles m'ont rendu heureux en me rendant l'espoir, et cet espoir d'une réparation prochaine se fortifie en moi par la pensée que je trouve en vous, Monsieur le Ministre, le protecteur puissant et éclairé qui, en appréciant le mérite de mon système, peut enfin apporter un terme aux persécutions qu'on m'a fait éprouver.

Cette lettre étant restée sans réponse, Sauvage en écrivit bientôt une seconde, à propos des essais comparatifs des diverses hélices, faits alors à l'arsenal d'Indret par ordre du Gouvernement. L'inventeur demandait au ministre que son système fût essayé tel qu'il l'avait présenté en 1832, avec deux hélices latérales placées dans la coulée du bâtiment.

« Les bons résultats de l'hélice, ajoutait Sauvage, sont en raison directe de la vitesse de rotation qu'on lui imprime. Deux axes supporteront plus facilement qu'un seul la résistance à vaincre pour déplacer le fluide ; plus on allongera le pas de l'hélice, plus la résistance de l'eau augmentera et moins on obtiendra de force propulsive. »

Les ordres du ministre ne furent-ils pas transmis à Indret, ou bien oublia-t-on de les exécuter ; nous ne saurions le dire. Ce que nous croyons pouvoir affirmer, c'est que le résultat de ces expériences, si elles furent faites, ne fut jamais connu et ne changea rien au mauvais vouloir général ; tant il est vrai, suivant l'expression de notre éminent concitoyen, M. Charles Louandre, que la foi dans l'erreur est toujours, chez les hommes, plus vive que la foi dans la vérité.

CHAPITRE NEUVIÈME

1846-1857

Retour à Paris. — Réclamations de M. Chopin-Dallery. — Le soufflet hydraulique. — Sauvage à Picpus. — Sa mort. — Son caractère.

Ce fut dans les premiers jours de l'année 1846, que Sauvage quitta le Hâvre et Sainte-Adresse qu'il ne devait plus revoir. Dans cette ville où il avait tant souffert, il avait été, du moins, dédommagé par la première application de son idée et par le secours d'une amitié aussi vaillante que généreuse.

Déjà, à l'heure du départ, nous le voyons lutter contre des adversaires nouveaux; comme s'il était condamné à rencontrer, après les obstacles vaincus, des obstacles toujours renaissants, nous le trouvons, dès cette époque, se défendant contre ceux qui voulaient s'attribuer l'honneur de sa découverte ou qui prétendaient affirmer la supériorité de ses plagiaires.

Nous laissons à dessein de côté la querelle de priorité, déjà soulevée alors par M. Chopin, gendre de M. Dallery, qui revendiquait pour son beau-père l'honneur de l'invention des hélices. Nous reviendrons plus loin sur cette question à laquelle nous devons donner un développement trop justifié, pour expliqner une lutte que quarante années n'ont pu apaiser et qui se continue encore aujourd'hui ; nous nous bornerons donc à citer ici un article et une lettre que Sauvage envoyait, dès les 6 et 7 janvier 1846, au *Courrier du Hâvre*, auprès duquel il trouva toujours la plus bienveillante hospitalité :

Monsieur le Rédacteur,

Depuis 1831 jusqu'à 1836, époque à laquelle il fut question de l'*Archimède*, personne ne voulait entendre parler d'hélice ; mes incessantes expériences étaient considérées comme un jeu qui ne pouvait mener à rien d'utile ; le *Napoléon* a été construit, et chacun veut dire son mot sur ce propulseur.

Il n'y a pas de mal à cela ; mais au moins doit-on dire des choses sensées, afin de ne pas jeter le public dans le doute ni dans l'erreur. Car tout le monde n'est pas obligé de savoir ce que c'est qu'une hélice, même M. Théodore Steiler qui, par un article reproduit dans votre journal, vient combattre des opinions émises par M. Aristide Vincent. Ce dernier avait signalé l'inconvénient de l'emploi d'une seule hélice placée entre deux étambots, ce qui, suivant lui, occasionne de fortes secousses et compromet la partie la plus faible du bâtiment.

M. Steiler dit que l'effet produit par l'hélice n'est pas à comparer aux efforts que supporte l'avant, par le travail du mât de misaine, du beaupré, des bittes, des ancres, et par celui qui est causé par l'eau que fend le navire. Cette fausse comparaison peut être jugée par tout le monde et ne demande pas d'explications.

M. Steiler a trouvé moyen de forger des vis Erickson

légères et solides, c'est déjà beaucoup ; mais il aurait dû commencer par faire marcher la *Pomone*, bâtiment de l'Etat ; la *Bretagne* qui vient d'être vendue environ le quart du prix qu'elle a coûté ; il aurait dû faire marcher le *Pingouin*, bâtiment de l'Etat, qui vient de faire démonter son hélice, parce qu'elle faisait tout trembler quand elle fonctionnait. Les officiers étaient secoués dans leurs cabanes, tandis que les matelots dormaient paisiblement dans le rang d'avant, ne se plaignant jamais des efforts qu'éprouvait l'avant du bâtiment.

M. Steiler dit que l'hélice Sauvage a subi des épreuves en grand sur l'*Archimède* ; M. Steiler a été mal informé. M. Smith dit, dans sa brochure, que l'hélice simple est la meilleure, mais qu'elle exige trop de distance entre les étambots, c'est pourquoi il l'a coupée en deux ; M. Steiler dit que cette hélice, coupée en deux, a été essayée sur le *Rattler* et par la compagnie du *Great-Western* ; il se trompe encore. Il ajoute : cette hélice a été trouvée tellement inférieure à l'hélice à centre évidé et à fraction de pas, que personne actuellement ne veut s'en servir. — Il est bien malheureux d'avancer tant de faits sans qu'il s'en trouve un de vrai.

M. Steiler connaît-il l'hélice qu'il recommande ? M. Steiler ignore sans doute que si la vis Erickson présentait l'apparence d'un avantage, c'était de recevoir la force motrice directement, et, par conséquent ne faire qu'un tour par coup de piston. Donc, on n'a pas pu, comme le dit M. Steiler, essayer, sur le *Rattler* et le *Great-Western*, mon hélice qui doit faire trois ou quatre tours à la seconde. Les dispositions ne sont plus les mêmes.

Au surplus, j'ai vu chez M. Rénie, ingénieur à Londres, tout ce qui a été essayé, pour arriver à l'apparence d'un perfectionnement, afin d'obtenir des brevets, car en Angleterre, où j'ai pris un *caveat*, on n'accorde pas de brevet d'importation. Je ne pense pas que l'opinion de

M. Seitler fasse, à l'égard de mon procédé, ce que l'expérience a fait sur la vis Erickson.

Le lendemain, Sauvage envoyait au même journal la lettre que voici. Cette lettre est encore aujourd'hui ce qu'elle était alors, la meilleure réponse que l'on puisse faire aux prétentions injustifiées des héritiers de M. Charles Dallery :

Monsieur le Rédacteur,

J'avais hier recours à votre obligeance pour prouver la fausseté d'une assertion qui ne tendait qu'à discréditer mon hélice. Aujourd'hui, c'est pour maintenir mes droits sur la priorité de cette application utile à la marine. Ce qu'on méprisait hier, on vient me le disputer aujourd'hui.

M. Chopin a réclamé, il y a quelque temps, pour son beau-père, M. Dallery, par la voie d'un journal, l'honneur de la découverte. M. Chopin est plus âpre que moi à la curée, car ni lui ni moi, n'avons rien inventé du tout en matière d'hélice : ce mérite appartient à la nature ; seulement je pense qu'on ne peut me disputer le simple mérite de l'avoir utilisée et de l'avoir appropriée à la navigation.

M. Chopin prétend que M. Dallery a fait, en 1803, des applications sur des bateaux à vapeur. Il me fait là une querelle du loup à l'agneau ; car, à cette époque, les bateaux à vapeur, en France, n'étaient pas nés.

M. Dallery est mort en 1835, trois ans après la date de mon brevet ; il n'a jamais fait de réclamation, c'est que probablement il avait compris l'insuffisance de son invention. Or, trente-neuf ans après cette prétendue découverte, M. Chopin vient déclarer ses prétentions !

Il ignore sans doute que Franklin, pendant son séjour à Paris, fit des expériences sur la Seine avec un bateau à hélice.

En 1727, Duguay avait fait usage de l'hélice pour remonter les fleuves.

En 1746, Dubost l'avait substituée aux roues des moulins.

En 1768, Paucton l'avait appliquée à la propulsion des navires, en employant l'équipage comme moteur.

En 1792, le général Meunier l'a appliquée aux ballons.

Maintenant qu'il est démontré que M. Dallery n'a pas inventé l'hélice, ni moi non plus, comparons les moyens que nous avons l'un et l'autre employés pour l'utiliser dans les conditions les plus convenables.

Ma première idée fut de renfermer, dans une paroi héliçoïde, l'espace que parcourt une godille qui fonctionne sous un angle de 45 degrés; cela forme l'S, la lettre initiale de mon nom, et une hélice d'un diamètre égal à sa longueur.

Le pas de l'hélice Dallery est à son diamètre comme 1 à 1.85 ; c'est-à-dire d'une longueur presque moitié en plus de la mienne. Il est évident que si on suppose une godille dans le milieu d'une telle surface, elle se trouvera dans une position à peu près perpendiculaire et son action sera peu sensible.

On m'a longtemps opposé l'hélice décrite dans Trégold, qui a pour longueur cinq fois son diamètre : elle a le défaut contraire de celle de M. Dallery, car la godille serait à peu de chose près dans une position horizontale, ce qui revient au même.

M. Chopin qui prétend que je suis arrivé un peu trop tard, ne pense-t-il pas que M. son beau-père aurait dû arriver un peu plus tôt.

Agréez.... F. Sauvage.

Sauvage en resta là dans sa polémique; il comparait les revendications, par lesquelles on essayait de l'amoindrir, aux piqûres de mouches importunes, et quand il y avait, suivant son expression, riposté par un coup de boutoir, il se renfermait dans son dédain.

Plusieurs fois ses amis, sa famille même essayèrent de le faire sortir de son silence : « — A quoi bon répondre encore, disait-il ; ces gens-là veulent nous prouver que deux et deux font six, la France finira bien par être convaincue que seul j'ai eu raison de lui dire : deux et deux font quatre. Le bon sens peut être obscurci quelque temps, il n'est jamais étouffé. Dans cinquante ans, le monde entier utilisera l'hélice Sauvage. »

Arrivé à Paris, son premier soin fut de se rendre au ministère de la marine. M. Bourgois continuait à l'arsenal d'Indret ses expériences sur les propulseurs adaptés au *Pélican* ; il devait examiner, paraît-il, soixante-sept systèmes différents. Tout cela pouvait être bien long et durer bien des années, mais ce que les commissions antérieures avaient mal compris ou mal expliqué, une commission nouvelle pouvait le réparer. Le ministre avait promis son concours, il avait vu lui-même divers essais, il en avait été frappé, et sa conviction était faite. Sauvage lui demanda de désigner quelques membres du conseil d'amirauté, des ingénieurs, des aides-de-camp, qui viendraient en son nom consacrer officiellement, non le mérite d'une invention que le *Napoléon* avait victorieusement démontré, mais la supériorité de l'hélice pleine sur l'hélice divisée.

Avant de s'adresser de nouveau à la Chambre pour lui demander la prolongation de son brevet, avant de traiter avec le Gouvernement ou avec des compagnies pour le rachat des deux années qui restaient à courir, Sauvage voulait que les erreurs de l'hélice du *Napoléon* furent reconnues ; il tenait à l'emploi de deux hélices pleines placées de chaque côté, à l'arrière des bâtiments, surtout il tenait à ce que son invention ne fût pas dénaturée.

La commission fut nommée. Elle vint assister aux expériences comparatives faites à Neuilly, là même où déjà, quelques années auparavant, l'inventeur avait espéré la présence du Roi, de la Cour et des Ministres.

Mais Sauvage, en vieillissant, n'avait point appris à supporter avec calme les avis de ses contradicteurs, il avait trop souffert pour maîtriser l'impatience que lui causaient les discussions scientifiques.

Un des commissaires avait affirmé, quelques mois auparavant, que deux hélices étaient absolument inutiles. Sauvage lui tint rigueur et l'embarrassa par ses questions ; un autre voulut soutenir que le fractionnement ne pouvait nuire à la puissance du propulseur si la surface restait la même ; Sauvage l'interrompit :

— Monsieur, lui dit-il, en faisant des hélices, j'ai cherché à copier la nature et je crois avoir démontré que je m'en suis rapproché autant que possible. Si vous êtes plus puissant que Dieu, faites mieux que Lui ; j'ai essayé, quant à moi, de faire comme le Créateur.

— Je ne vois pas trop ce que vient faire ici le Créateur, riposta le savant.

— C'est alors que vous n'avez pas remarqué que les canards ont deux pattes pleines pour les aider à nager et que la queue des poissons est soudée dans ses deux sections. Ceux-ci se poussent en avant en divisant leur queue par la torsion du corps ; ils donnent ainsi en même temps un coup de godille à droite, un coup de godille à gauche.

Et comme son interlocuteur semblait sourire de cette démonstration, Sauvage continua :

— Vous imaginez-vous qu'on manœuvrerait la godille aussi facilement si la rame avait deux ou trois pelles? Fendez en deux ou en trois les pattes de vos canards et si vous me prouvez qu'ils nagent aussi bien, je reconnaîtrai que vous avez raison.

L'argument était péremptoire, mais le ton ne l'était pas moins. Il n'y avait rien à répondre ; le savant ne répondit rien, mais le rapport ne fut jamais déposé.

Le moment, du reste, n'était point favorable à l'examen des questions de haute mécanique. Un souffle révolutionnaire agitait les esprits : le Gouvernement avait à se défendre contre les sociétés secrètes ; l'attention du public était absorbée par les luttes de la tribune, et Sauvage ne trouvait plus autour de lui la curiosité sympathique qui l'avait accueilli en 1832.

A cette époque, il était une nouveauté et passait à la mode ; on admirait son énergie, on applaudissait à ses inventions, on discutait son système, on commentait ses expériences ; mais quinze ans plus tard on était surpris de sa persistance, on s'étonnait d'une telle ténacité.

Dans les salons littéraires ou politiques qui jouaient alors un si grand rôle et avaient la prétention de régenter l'opinion, on était bien près de se révolter contre ce bonhomme bientôt caduc qui semblait demander pour son idée l'aumône d'une attention et pour lui-même la charité de la gloire.

Une grande dame avait résumé la situation dans cette parole : « Comment peut-on être l'inventeur des hélices ! » Le mot avait fait fortune, il peignait si parfaitement l'indifférence des contemporains.

Et cependant, Sauvage, loin de demander l'aumône, refusait même d'accepter un secours.

Un jour il alla au ministère pour toucher la subvention de 2,000 francs que M. de Mackau avait fait convertir en une rente annuelle ; l'employé chargé de ce service lui tendit deux billets de banque en lui disant :

— Voilà votre secours.

Sauvage indigné prit les deux billets, les déchira en mille pièces et en jetant les débris à la figure de l'employé stupéfait, lui répondit :

— Apprenez, Monsieur, que j'ai droit à la reconnaissance du pays et n'ai besoin du secours de personne.

Le soir même, le Ministre, averti du fait, renvoyait à l'inventeur la rente ainsi rejetée.

En attendant un traité sans cesse entrevu et toujours ajourné, Sauvage avait repris l'exploitation de son réducteur. Sa présence à Paris écarta les exploiteurs qui avaient voulu, eux aussi, faire, comme il le disait, « leur trou dans ce fromage, pour ne lui laisser que la croûte à ronger. » Bientôt les commandes arrivèrent en grand nombre ; en peu de mois le chiffre d'affaires dépassa le total des années précédentes et l'entreprise ramena l'aisance pendant quelque temps dans une famille dont le patrimoine était perdu sans retour.

Sauvage ne s'en était pas tenu à son réducteur : il y avait ajouté le *symétronome*, à l'aide duquel on reproduisait à gauche une sculpture identique à celle de droite. Ces deux instruments se complétaient l'un par l'autre : leur exploitation bien dirigée eut infailliblement conduit à la fortune, mais qu'importait la fortune à celui auquel suffisait un morceau de pain. Lorsque parfois on faisait remarquer à Sauvage que son mépris pour l'argent s'accommodait mal avec le désir qu'il avait de payer ses dettes et de liquider son passif, il se reprenait avec plus de courage que jamais à ses affaires ; pour quinze jours « il devenait intéressé, » mais à peine avait-il fait quelques épargnes qu'un nouvel essai cent fois recommencé déjà ou qu'une expérience nouvelle engloutissait et audelà le capital si péniblement amassé.

Comme il venait un jour de Paris à Abbeville, il se rencontra en diligence avec un habile financier, qui, ayant entendu parler de ses découvertes mit la conversation sur ce sujet.

Notre voyageur se prêta de bonne grâce, comme il le faisait toujours, aux interrogations de son compagnon de route. Après une longue causerie ce dernier conclut :

— Avec tout cela vous avez dû gagner plusieurs millions.

Sauvage sourit et, montrant sa redingote défraîchie par un trop long usage, répondit à son interlocuteur par le mot d'Amilcar à son général vainqueur des Romains :

— *Scis vincere, Annibal, nescis uti victoria.*

— Alors, reprit l'autre, c'est votre devise.

— Non, répartit Sauvage, mais c'est ma vie.

Lorsque l'atelier eut repris son cours régulier d'affaires et que les premières difficultés eurent été aplanies, Sauvage incapable de rester inactif en regardant fonctionner ses machines se demanda s'il ne pouvait pas faire quelqu'invention nouvelle.

Il habitait alors dans l'impasse Ménilmontant. Un soir qu'il s'y promenait pour essayer d'y trouver un air plus vif qu'à la fenêtre où se passaient ses nuits, il mit le pied par inadvertance dans le ruisseau plein d'eau qui bordait la rue. Le liquide ainsi pressé par le soulier du promeneur rejaillit abondamment sur son pantalon et le mouilla jusqu'aux genoux.

Cette nuit-là, il n'eut pas un moment de sommeil. L'eau jaillissant en l'air sous la pression du soulier avait été pour lui comme une inspiration. Un voisin qui couchait près de lui l'entendit marcher sans cesse ou travailler à l'établi installé dans son appartement.

— Vous avez donc été souffrant, lui demanda-t-il le lendemain matin ?

— Non certes, mais j'ai fabriqué un soufflet hydraulique.

— Et pourquoi faire un soufflet ?

— Pour étancher l'eau dans la cale des navires, pour irriguer les terrains, pour dessécher les fossés, pour puiser dans les puits les plus profonds, pour détourner le cours des rivières, pour fabriquer des pompes à incendie, que sais-je encore.

— Et cette invention qu'en allez-vous faire ? A qui la vendrez-vous ?

— A personne, je la donnerai à mon pays.

Huit jours plus tard il écrivait au ministre de la marine la lettre suivante :

Monsieur le Ministre,

Quand je vous ai écrit pour réclamer l'allocation que vous avez bien voulu m'accorder, j'étais pressé par un créancier qui allait exercer de nouvelles poursuites contre moi. Je l'ai calmé en lui abandonnant la moitié de la somme qui m'est allouée. J'ai destiné aux pauvres l'autre moitié de cette somme qui me fut accordée à titre de secours.

Des secours, je n'en demanderai jamais tant qu'une goutte de sang circulera dans mes veines, et c'est à la nation à qui je vais faire connaître ce qui s'est passé depuis quinze ans à propos des hélices, que je pense m'adresser.

J'ai souffert depuis ce temps ce que personne, peut-être, ne saurait endurer. Convaincu de l'avantage du système que j'ai offert à la France, j'ai laissé faire toutes les pasquinades possibles pour me débouter de mes droits et je ne demandais que la faveur d'en faire l'application. Aujourd'hui que je suis grevé de dettes pour faire prévaloir mon idée, je me propose de demander une indemnité, non un secours.

Je veux doter la marine d'une nouvelle découverte que je viens de faire : je ne demande rien, c'est un don que je fais. J'en avise Monseigneur le prince de Joinville et vous, Monsieur le Ministre. L'aide-de-camp de service du Prince m'engage à solliciter la nomination d'une commission spéciale. Que Dieu me garde d'une pareille démarche !

J'avais quarante-cinq ans quand j'ai proposé les hélices : on se demande encore aujourd'hui quelles hélices on adoptera pour le *Comte d'Eu* qui vient d'être mis à l'eau. A quoi donc sert un Conseil ; mais je serai probablement mort avant que le Conseil ait apprécié ce que j'offre aujourd'hui.

Le soufflet hydraulique, si gracieusement offert au Gouvernement, ne tarda pas à être connu. Lorsqu'il fut plus tard tombé dans le domaine public, de nombreux fabricants en tirèrent parti. Il a donné naissance à une foule de pompes qui, toutes établies suivant le principe et d'après les indications laissées par Sauvage, ont été et sont encore constamment employées avec des brevets et sous des noms différents dans les industries les plus diverses. Bon nombre d'armateurs ont adopté le soufflet sur leurs navires, et il rend journellement à nos marins de signalés services. Nos pompes à incendies sont installées d'après ce système, et c'est à lui, comme l'avait prédit l'inventeur, qu'on doit les irrigations des plaines jusque-là stériles et le dessèchement des fossés ou des cours d'eau ; c'est lui qui a facilité la construction des ponts sur les rivières en remplaçant avantageusement la pelle, seul moyen d'épuisement employé jusque-là.

Tout heureux de pouvoir annoncer à sa famille sa

nouvelle découverte, Sauvage, après avoir pris, le 8 avril 1847, un brevet de quinze ans, alla se reposer à Abbeville. Il y était venu pour huit jours, mais bientôt la révolution éclata, et il resta deux ans au milieu des siens.

Pendant ce temps, il perfectionna son soufflet et l'installa lui-même aux environs d'Abbeville dans une grande propriété. A défaut de commission ministérielle, la Société d'Emulation d'Abbeville, appelée à se prononcer, désigna quelques-uns de ses membres pour procéder à une sérieuse expertise. Dans la séance du 4 juillet 1848, M. Pannier donnait à cette Société les explications suivantes :

Un réservoir en bois, deux soufflets et un balancier, tels sont les seuls éléments de cette pompe nommée par son inventeur, soufflet hydraulique. Au contraire des soufflets d'appartements qui n'ont qu'une seule ouverture, ceux-ci sont percés sur chacune de leur face opposée et l'une de ces ouvertures communique avec un tube d'ascension. Le liquide entre naturellement dans le soufflet par l'ouverture restée libre, mais un levier agissant successivement sur chacun d'eux ferme cet orifice, tout en le comprimant de telle sorte que le liquide n'a d'autre issue que l'ouverture communiquant au tube d'ascension dans lequel il s'élève. Cette machine, dégagée de tous pistons, de toute soupape, agissant sous une très-faible impulsion, est destinée à rendre d'éminents services ; elle est d'une simplicité telle qu'en la voyant fonctionner chacun se surprend étonné de ne l'avoir pas inventée.

Le 25 juillet de la même année, M. Pannier appelait l'attention de la Société sur le perfectionnement apporté au soufflet hydraulique. La Société décida que ces nouvelles explications seraient insérées dans le procès-verbal de la séance, afin de prendre date et de servir s'il en était besoin, à conserver à l'inventeur la priorité de son invention.

Dans la séance du 4 juillet dernier, dit l'honorable M. Pannier, j'ai eu l'honneur de vous donner la description du soufflet hydraulique de M. Frédéric Sauvage; j'ai à vous entretenir aujourd'hui d'un très-grand perfectionnement apporté par l'inventeur lui-même à ce nouveau système de pompe.

Le soufflet qui a été soumis au mois de mai dernier à l'examen de votre commission était composé, à l'instar du soufflet d'appartements dont il avait la forme, moins les oreilles et le tuyau, de deux plateaux en bois, joints par un cuir qui, à chaque moment, se repliait sur lui-même. Cet appareil avait l'inconvénient d'offrir une assez grande résistance à la force qui le faisait agir, de n'exprimer qu'une partie de l'eau qu'il contenait, puisque l'épaisseur des plis du cuir empêchait la superposition directe des deux plateaux. Ce cuir était d'ailleurs susceptible de s'arracher aux points d'attache ou de se couper dans les plis profonds auxquels il était astreint à chaque coup du balancier. L'une ou l'autre de ces circonstances pouvait mettre instantanément la pompe hors de service.

Aujourd'hui ces inconvénients ont disparu; le soufflet perfectionné par l'inventeur se compose d'une pièce de bois creusée triangulairement dans le sens de sa largeur et comme le pourrait représenter l'intérieur d'un pupitre de bureau d'un seul morceau. Une planche attachée sur la partie antérieure de cette pièce de bois, au moyen d'une charnière en cuir régnant sur toute sa longueur, vient se loger exactement dans la cavité, et un cuir fixé sur les bords intérieurs de la pièce de bois et les bords intérieurs de la planche forme soufflet de telle sorte que les deux surfaces intérieures des plateaux sont exactement superposées lorsque ce soufflet est fermé.

Ce perfectionnement a pour avantage non-seulement d'exprimer complétement toute l'eau contenue dans l'intérieur du soufflet qui s'ouvre sous un angle de 45 degrés, mais encore il donne plus de résistance et de durée au cuir qui ne formant plus aucun pli est à l'abri de toute cassure ou déchirure. Une pompe établie d'après ce système ne doit avoir pour l'élévation des eaux d'autre limite que le poids d'une colonne trop élevée pour qu'il ne puisse être vaincu par un bras de levier; en d'autres termes, il devient possible au moyen de ce système et sans autre secours qu'un simple levier, d'élever les eaux à telle hauteur que l'on voudra atteindre.

La Société revenait encore sur cette question le 9 novembre 1848. Un appareil avait été installé contre l'église Saint-Vulfran, au bas de la tour Saint-Firmin. Un tuyau de deux centimètres de diamètre montait jusqu'au haut de la tour, et un poids de 15 kilos amenait à cette hauteur l'eau prise dans la petite rivière du Rivage. Ce fut à l'aide de cet appareil que se firent les dernières expériences.

La Commission que vous avez nommée, pour vous rendre compte du perfectionnement apporté par M. Frédéric Sauvage au soufflet hydraulique dont il est l'inventeur, dit encore à ce sujet M. Pannier, s'est réunie le 29 septembre dernier.

Elle a constaté que ce nouveau système a sur le premier un immense avantage, puisque l'eau qui, sortant d'un orifice de quatre lignes de diamètre, était lancée par le soufflet primitif à une distance de douze mètres

(36 pieds), obtient par l'effet du perfectionnement une projection de dix-huit mètres (54 pieds).

Elle a constaté encore qu'un soufflet de la contenance d'un peu plus d'un litre élevait à chaque pression du levier la presque totalité du liquide à cinquante mètres (150 pieds) : elle est convaincue d'ailleurs que cette hauteur serait dépassée si l'on augmentait la longueur du tuyau ascensionnel.

Mais là ne se bornent pas les avantages du soufflet hydraulique, qui peut être employé avec le plus grand succès à l'irrigation des prairies bordées ou traversées par un cours d'eau, quelque minime qu'il soit.

M. Sauvage vient de monter au Pont-Remy un soufflet qui fournit à une hauteur de deux mètres, qui pourrait être portée à trois mètres, quinze litres d'eau à chaque pression d'un levier mû par un seul homme qui, sans fatigue et pendant une journée entière, peut donner quinze coups de balancier par minute.

Ce système est d'autant plus avantageux qu'il peut être transporté sur deux roues le long d'un ruisseau peu profond, ou placé sur un bateau sur lequel il fonctionnera toujours avec la plus grande facilité.

Quelques mois plus tard, l'Académie nationale déléguait à son tour une commission qui allait examiner le soufflet hydraulique dans les ateliers de Frédéric Sauvage, alors de retour à Paris. Voici le rapport que publia, à cette occasion, M. Reverchon, un des commissaires délégués :

Le Comité des arts et manufactures de l'Académie nationale ayant reçu communication d'une nouvelle machine hydraulique inventée par M. Frédéric Sauvage, l'un de ses membres, a nommé une Commission spéciale, composée de MM. Clerget, Reverchon, Lejores de Prougey, Le Gousse et Aymar Bression, pour assister aux expériences de ces soufflets hydrauliques. Cette Commission s'est donc transportée dans les ateliers de M. Sauvage, le 12 mai 1849. Elle a prié notre honorable collègue de vouloir bien mettre en jeu ses soufflets hydrauliques, afin qu'elle pût asseoir sa conviction sur une expérimentation minutieuse.

La première expérience fut faite avec le soufflet hydraulique à leviers; cet appareil consiste en un véritable soufflet ayant deux jumelles en bois et une joue en cuir, mais d'une forme particulière et perfectionnée qui s'éloigne de tout et qui a été fait en ce genre. En effet, les deux jumelles en bois, dans leur mouvement de compression, sont disposées de telle sorte qu'elles vident complétement le liquide introduit à chaque coup de levier et que le cuir qui les relie entre elles ne fait aucun pli.

Une ouverture placée au-dessus de la jumelle supérieure permet à l'eau d'entrer au moment où on retire le levier compresseur; cette ouverture est bouchée ensuite par la pression elle-même, sans clapets ni soupape. A cet appareil est adapté un tube en plomb qui est soutenu le long de la muraille et qui élève l'eau à 27 mètres et la fait arriver bien au-dessus de la toiture.

La Commission a procédé à cette expérience en commençant à mesurer le liquide introduit dans le réservoir où était plongé le soufflet hydraulique et, montre à la main, elle a reconnu que M. Sauvage donnait vingt-cinq coups de levier à la minute et que chaque coup de levier fournissait un demi litre d'eau environ. Il restait à constater ce qu'il fallait dépenser de force pour mettre en jeu ce soufflet hydraulique, c'est ce qu'a fait la Commission en ajoutant graduellement du poids au bout du levier; les poids ayant été portés à huit kilogrammes, il y a eu rupture d'équilibre et le levier s'est abaissé,

D'où la Commission a conclu que le soufflet hydraulique de F. Sauvage à levier avec une force de huit kilog. permettait d'élever à vingt-sept mètres et plus et avec vingt-cinq coups de leviers, douze litres d'eau par minute, ce qui ferait sept hectolitres vingt litres par heure si le mouvement était continué.

La seconde expérience a été faite avec le soufflet à bascule, mû par le seul poids du corps.

Ce nouvel appareil ne diffère du premier que par la mise en jeu, qui consiste en une bascule en bois placée horizontalement sur le baquet rempli de liquide et que l'homme met en mouvement par le seul poids de son corps en se plaçant alternativement à droite ou à gauche.

Sa destination étant d'arroser les jardins, un tube long au plus de 1^{m} 305 est adapté à ce soufflet, l'homme ayant alors les deux mains libres peut diriger le jet en tous sens et suffira ainsi, seul, à l'irrigation.

La Commission a également mesuré le liquide contenu dans le réservoir, et, montre en main, elle a reconnu qu'un homme, sans fatigue aucune, élançait l'eau à dix mètres de distance horizontalement, qu'il pouvait fournir trente-cinq coups de balancier par minute et que chaque coup de balancier donnait un demi-litre d'eau, ce qui ferait dix hectolitres par heure.

Ce nouveau modèle est à double soufflet et peut être portatif ou fixé sur une charrette à quatre roues, comme l'a exécuté du reste M. Sauvage.

Une troisième expérience a été faite sur une paire de soufflets doubles de manière à faire le jet continu par opposition aux deux autres appareils dont le jet est intermittent.

Ce nouvel appareil est à rotation et peut par conséquent servir comme les pompes à incendie qu'il remplacera avec une économie considérable. Ce nouveau soufflet n'étant qu'un modèle en petit de ce qu'on peut exécuter en grand, la Commission n'a pas cru devoir expérimenter son action ainsi qu'elle l'avait fait pour les deux autres.

Toutes les expériences ont été concluantes en faveur du nouveau système de M. Sauvage qui, interpellé par la Commission sur le prix coûtant présumé de ces soufflets hydrauliques, a répondu que le soufflet à levier, tube d'ascension à vingt-cinq mètres de hauteur compris, pourrait coûter 50 à 60 francs. Un pareil résultat nous a paru d'un avantage immense ; car, au moyen de cet appareil si peu coûteux, chaque maison de ville ou de campagne peut élever l'eau à tous ses étages avec économie de force, de temps et d'argent, c'est la suppression complète et prochaine du porteur d'eau à Paris et dans les grandes villes, c'est l'agrément porté à son dernier terme, puisque les étages supérieurs, au moyen d'un robinet dans la cuisine, auront de l'eau en tout temps et à volonté ; c'est même l'utilité immense en cas d'incendie, car un homme manœuvrant dans la cour peut fournir de l'eau par-dessus les toits à un autre homme qui la répandra partout où besoin sera. Citer les avantages qui sont promis par le soufflet hydraulique de M. Sauvage, c'est le recommander suffisamment à l'attention de tous les propriétaires.

Quant aux soufflets destinés à l'arrosement, leur prix économique (30 à 40 fr.), les met à la portée de toutes les bourses et, par conséquent, en assure l'usage général en horticulture, où ils procureront une économie de temps et d'efforts, bien précieuse aux jardiniers.

Mais ce qui recommandera surtout cette nouvelle force hydraulique, ce sera son application comme remplacement des pompes à incendie. En effet, ce qui empêche les communes rurales d'avoir toutes leurs pompes à incendie, c'est leur prix coûtant qui ne s'élève pas à moins de 800 à 1,500 fr. par pompe, tandis que le soufflet hydraulique Sauvage, qui ne coûtera pas le quart de ces pompes et qui fournira autant d'eau, deviendra dès lors accessible à toutes les bourses, même à celles des moindres hameaux.

L'honorable membre de l'Académie nationale, inventeur du soufflet hydraulique, a donc réuni dans son invention les deux termes de la perfection qui sont la simplicité et le bas prix, il s'est écarté des anciens systèmes qui faisaient préalablement le vide avant de comprimer et de refouler l'eau ; son appareil plongé dans un puits en élève l'eau à toutes les hauteurs désirables ; il n'est pas susceptible de dérangement comme les pompes aspirantes et foulantes, tout est supprimé dans cet appareil, clapets et soupapes, engrenage ; c'est surtout cette suppression qui a paru à la commission le cachet du génie, qui procède toujours par économie de ressorts et de moyens.

M. Sauvage a donc apporté dans son invention nouvelle cet esprit droit qui distingue le mécanicien supérieur du mécanicien ordinaire ; il doit obtenir avec peu de grands effets, tandis que beaucoup d'autres n'obtiennent que de petits effets à force de complication. La commission saisit cette occasion pour rappeler le grand principe de la nature qui a si bien inspiré M. Sauvage dans son soufflet hydraulique : savoir que deux puissances agissent contradictoirement partout et toujours dans l'univers créé, ce sont la vitesse et le frottement. Toutes deux s'engendrent et se détruisent réciproquement, tout ce que gagne l'une de ces forces elle le fait perdre à l'autre, de sorte qu'en somme le résultat est toujours proportionnel à l'action réciproque de ces deux puissances l'une sur l'autre.

Si M. Sauvage n'a pas atteint le dernier terme du perfectionnement, la commission pense que, du moins, il s'en est beaucoup rapproché, et, sous ce rapport, l'Académie nationale lui doit des éloges justement mérités.

La commission croit devoir ajouter encore en faveur du soufflet Sauvage, que son usage peut se répandre dans l'économie domestique, se substituer avec avantage de force et de diligence à nos soufflets de cuisine, et même remplacer dans les hauts fourneaux, avec une économie considérable de force, les énormes machines qui fonctionnent aujourd'hui, les prix coûtants de ces soufflets hydrauliques, étant bien inférieurs à ceux des machines qu'ils remplaceraient. M. Sauvage, avant que votre commission se séparât, lui a présenté un petit modèle de ces soufflets à air, qui réunit effectivement l'agréable à la simplicité.

L'Académie nationale ne peut donc trop encourager M. Sauvage dans la fabrication de son nouvel appareil compresseur, afin que le public soit le plus promptement possible appelé à jouir de tous les bénéfices qu'il promet dans ses nombreuses applications.

Le soufflet hydraulique devait être l'œuvre suprême et dernière de l'illustre inventeur, et pourtant, tandis qu'il s'appliquait à le perfectionner, il put croire un moment qu'une célébrité qu'il n'avait jamais enviée allait s'ajouter à celle qui, déjà, s'attachait à son nom

En 1848, le comité électoral de la Somme, désireux, disaient ses proclamations, de venger un homme utile jusque-là méconnu, et de réparer à son égard les injustices dont il avait été victime et l'ingratitude dont ses services avaient été récompensés, proposa Sauvage comme candidat et inscrivit son nom sur la liste des représentants du peuple.

Sauvage se laissa faire, quoique l'ambition et la politique lui fussent toujours restées étrangères. République ou monarchie lui importaient peu ; ce qu'il demandait aux hommes, c'était la loyauté ; son esprit droit cherchait avant tout la justice. Les grands principes de l'honneur et du respect individuel formaient tout son bagage d'économie sociale ; il l'exposa simplement à ceux qui vinrent alors le trouver.

L'espoir d'arriver plus aisément au triomphe de son idée fut l'argument avec lequel on le décida à donner son nom.

Les élections eurent lieu le 23 avril 1848 : Sauvage obtint 30,000 voix et ne fut pas nommé. Comme il ne s'en était pas dérangé, il se montra indifférent à cet échec.

On se tromperait grandement toutefois en croyant qu'il échoua parce qu'il n'était pas connu. Son nom redit si souvent dans les journaux était, au contraire, devenu très-populaire en France ; les ouvriers eux-mêmes connaissaient cet homme non moins célèbre par l'éclat de ses malheurs que par l'éclat de son talent.

Un incident qui survint à cette époque fournit à notre appréciation une indiscutable preuve.

M. Sauvage, ingénieur de l'Etat, avait été chargé, quelques mois après la révolution de 1848, d'organiser à la gare d'Orléans des ateliers nationaux. La direction des travaux et de tout leur personnel lui avait été confiée par le Gouvernement.

— Je ne suis pas républicain, avait répondu M. Sauvage aux premières propositions qui lui furent faites ; donnez cette place à l'un des vôtres.

Louis Blanc, auquel il s'adressait, lui répondit :

— Ce n'est pas un républicain qu'il nous faut, c'est un ingénieur éprouvé et vous l'êtes.

Il fallut obéir.

Les travailleurs des ateliers ne tardèrent pas à se révolter, et M. Sauvage, arrivant un matin à la gare d'Orléans, se trouva en face de quatre à cinq mille ouvriers insurgés contre lui.

En homme qui connait la situation, il vit bientôt qu'il lui fallait renoncer à tout espoir de faire entendre raison à cette foule ameutée qui, déjà, l'avait choisi pour sa victime. La retraite n'étant plus possible, il tint bravement tête à l'orage, malgré qu'il se sentît irrévocablement condamné et perdu.

Les contre-maîtres s'étaient mêlés aux ouvriers, plusieurs pactisaient avec eux, d'autres essayaient vainement de les calmer ; un petit nombre seulement entouraient l'ingénieur et se disposaient à le défendre et à vendre avec lui chèrement leur vie. Soudain, un de ceux qui s'étaient vainement efforcés de calmer l'effervescence générale, eut une inspiration subite :

— « Camarades, dit-il, nous serions des ingrats et des imbéciles si nous touchions à Sauvage, cet illustre inventeur des hélices, cette victime de la tyrannie, qui était encore en prison quand on a essayé son invention. La marine s'est appliquée l'invention sans tenir compte à ce génie des peines qu'il avait eues, des dettes qu'il avait contractées, de la ruine à laquelle il était arrivé. La ruine a été jusqu'ici sa seule récompense.

« Sauvage, vous le voyez bien, est un des nôtres, proclamons-le et maudissons le tyran. Proclamons Sauvage et obéissons-lui, car c'est notre maître à tous ! »

A peine ces paroles avaient-elles été prononcées, qu'un revirement soudain s'opéra dans les esprits ; ceux qui étaient, quelques instants auparavant, les plus acharnés à combattre le directeur des travaux, devinrent ses plus énergiques soutiens ; il fut porté en triomphe par les mêmes hommes qui avaient juré sa mort et qui se disposaient à le frapper.

M. Sauvage, qui n'était même point parent de l'inventeur dont il portait le nom, se garda bien de réclamer contre une erreur à laquelle il devait la vie. Cette erreur, après l'avoir sauvé, assura pour toujours son autorité que les plus mauvais jours de la révolution ne parvinrent même pas à ébranler (1).

La nouvelle assemblée devint pour Frédéric Sauvage sa suprême espérance. Il se promit de l'intéresser à sa cause, et de s'adresser aux représentants du peuple aussitôt qu'ils auraient donné une solution aux affaires plus urgentes.

« — J'exposerai à la nation, disait-il, les luttes que j'ai subies, les dépenses que j'ai dû faire, les souffrances que j'ai endurées. Je lui montrerai comment l'Etat a méconnu jusqu'ici ses propres intérêts en

(1) En 1871, M. Sauvage, alors ingénieur en chef de la ligne de l'Est, fut nommé Député de Paris. Ce fut lui-même qui, à cette époque, raconta cet épisode de sa vie à notre concitoyen, M. Courbet-Poulard. Député de la Somme. Nous en devons le récit à l'obligeance de ce dernier.

même temps qu'il détruisait les miens, et en échange de ce que j'ai fait pour la France, je demanderai pour mes enfants la certitude du pain quotidien. »

Voulant établir un mémoire complet sur l'ensemble de son œuvre, et ne rien omettre qui pût être de quelqu'utilité pour sa cause, Sauvage qui avait laissé à Paris ses papiers, ses titres et ses documents, retourna dans la capitale en 1849, pour y préparer son grand travail.

Cette fois encore, il dut commencer par rendre à son atelier l'élan que les troubles politiques lui avaient fait perdre de nouveau. Possédant seul l'autorisation de reproduire les chefs-d'œuvre du musée du Louvre, il reprit ses travaux avec une nouvelle ardeur. Mais il était dit que sa vie ne serait qu'un perpétuel mécompte : les députés auxquels il s'adressa lui promirent de plaider énergiquement sa cause, mais aucun d'eux ne s'occupa sérieusement du malheureux inventeur ; les promesses ne manquèrent pas, mais la réalité manqua toujours aux promesses. Sauvage était un hors-d'œuvre dans ce flot toujours remuant d'ambitions et de rêves, il subit la destinée commune à tous ceux qui, aux époques troublées, n'apportent à la politique aucun élément de discorde, de lutte et de combat ; ses revendications, écoutées avec bienveillance, furent définitivement ajournées à des temps meilleurs ; hélas ! les temps meilleurs ne devaient pas venir pour lui.

La vieillesse était arrivée, et les infirmités qui, depuis tant d'années, faisaient le tourment de Sauvage, imposaient de plus en plus à ses épaules, courbées par l'âge et le chagrin, leur lourd et pesant fardeau. Cet homme qui jamais n'était resté inactif, se prit à désirer le repos, et il abandonna définitivement à son fils Henry, et le réducteur et la direction de ses ateliers. Il y paraissait encore de temps à autre, mais on pouvait voir de jour en jour les forces l'abandonner, et son esprit positif chercher d'autres horizons que ceux où il s'était enfermé jusque-là.

Un jour, à Sainte-Adresse, il avait fait un songe, et, le lendemain, il écrivait :

« Je me trouvais à la pointe du jour assis sur une butte élevée, et je contemplais la nature dans tout son éclat. Le soleil commençait à faire apercevoir ses rayons. Je parcourais des yeux ce grand espace occupé par une mer tranquille. La rade était couverte de navires ; on en apercevait d'autres au large ne présentant que l'effet d'un magnifique tableau, mais sans animation, tellement le temps était calme, présage assez ordinaire de la tempête.

« Après avoir considéré la mer dans toute l'étendue que je pouvais découvrir, ma vue se dirigea sur les côtes d'Angleterre et parcourut l'horizon. J'arrivai sur la côte française et je vis un petit bateau que je n'aurais pu découvrir les yeux ouverts ; mais quand on dort, on franchit rapidement le temps et l'espace. En fixant attentivement cette embarcation, j'aperçus un homme à bord et cherchai à savoir ce qu'il pouvait faire.

« A l'instant même, je me trouvai près de cet homme. Je lui fis différentes questions auxquelles il répondit avec complaisance. C'était un inventeur occupé d'un nouveau système qui devait produire une grande révolution dans la marine ; mais le pauvre diable ignorait ce qu'il devait souffrir pour faire prévaloir une découverte importante qui semble ne devoir sortir que du cerveau d'un ingénieur du Gouvernement.

« Il me dit qu'il était constructeur de navires, qu'il avait passé sa jeunesse à s'instruire dans les connaissances qu'exige une telle profession, connaissances qui lui imposaient le devoir et l'obligation de ne rien négliger dans ses travaux de crainte de compromettre la fortune et la vie des hommes ; mais qu'il ne pouvait résister à une concurrence occasionnée par la facilité des assurances maritimes en France, et le droit à tout venant de faire des navires ; qu'il préférait abandonner son état, qui était celui de ses pères depuis un temps très-reculé, plutôt que de faire de mauvaise besogne.

« Après avoir satisfait ma curiosité, je pris congé de cet homme et je me retrouvai sur ma butte, occupé de ce que je venais de voir.

« Le système de l'inventeur, que je compris de suite, me semblait d'une telle simplicité qu'il suffisait de le voir pour en comprendre les effets et juger de son efficacité.

« — Raison de plus, me dis-je en moi-même, pour ne pas arriver à des applications, car dans le siècle où nous sommes, il faut du merveilleux, de l'incompréhensible ; ce qui est simple et naturel sera d'abord rejeté unanimement et ne sera adopté chez nous que quand les étrangers en auront profité : alors nous imitons après avoir été les créateurs.

« Je voyais toujours mon homme, mais le temps n'était déjà plus clair ; une vapeur épaisse s'élevait au zénith, et successivement il se forma une chaîne de nuages qui finirent par obscurcir l'horizon. »

Sauvage, à quelques années de distance, recommença son rêve ; les nuages qu'il avait entrevus à Sainte-Adresse voilèrent insensiblement sa pensée. Cet esprit d'une incomparable lucidité s'obscurcit peu à peu, il se crut le roi de l'Océan : les vaisseaux venaient vers lui deux à deux pour saluer le maître dont le talent leur avait permis de franchir si rapidement les distances et de former le trait-d'union des deux mondes. Il les voyait, parés de ses hélices, filer sur les eaux malgré le calme ou la tempête. Pendant des journées entières, il demeurait abîmé dans ses rêveries. Puis, ressaisissant sa pensée, il s'indignait des obstacles qui lui étaient suscités de tous côtés, il se révoltait contre tant de mauvais vouloir de la part des uns, tant d'incurie de la part des autres, tant d'indifférence de la part du plus grand nombre. Aigri par la souffrance et par les déceptions, il devint de jour en jour plus irritable et plus sensible à la contradiction. Sa rude franchise d'autrefois, cause en partie de tous ses mécomptes, se changea en une brusquerie farouche. Son fils en supporta longtemps les pénibles et fréquents retours, enfin, il fallut prendre un triste mais inévitable parti et le malheureux Sauvage, faisant une première halte dans la folie avant de s'endormir dans le repos de la tombe, dut être enfermé à la maison de santé de Picpus, le 13 avril 1854.

Il y vécut encore trois années. Sa famille qui s'était toujours montrée si bonne et si désintéressée pour lui veilla à ce qu'il fût entouré des soins les plus attentifs. Les oiseaux, qu'il aimait tant et dont la préoccupation, comme nous l'avons vu, l'avait suivi jusque dans la prison du Hâvre, devinrent avec la musique sa seule distraction.

Tantôt s'amusant de leur chant, il prenait son violon pour les accompagner et leur répondre, tantôt les sortant de leur cage, il les laissait voler autour de lui. — « Vous voyez bien, répétait-il souvent, que leurs ailes ne sont pas divisées ! »

C'étaient là ses bons jours ; puis, se rappelant les chansons et les airs de sa jeunesse, il se berçait de lointains souvenirs. Durant des heures entières, son archet inspiré faisait vibrer les cordes de ce cher instrument qui ne le quittait plus. Il lui semblait voir des visages amis qui lui souriaient à travers l'espace ; il lui semblait entendre des voix inconnues ; son violon leur répondait et souhaitait la bienvenue à ces chères consolatrices qui lui promettaient à la fois le succès et le repos.

Souvent il recevait la visite de son fils qu'il reconnut jusqu'à la fin. Alors, il lui racontait les millions que ses inventions avaient rapportées ; il étalait à ses yeux ses richesses imaginaires ; il le promenait à travers les merveilleuses galeries de statues où tous les grands génies de la sculpture étaient représentés par leurs chefs-d'œuvre réduits ou augmentés à l'aide de son procédé ; il le conduisait à sa fenêtre, et, montrant les arbres du jardin, il lui faisait admirer des flottes innombrables qui sillonnaient les mers, des navires admirablement construits, que les hélices poussaient rapidement vers leur destination.

L'aimable et bon vieillard resta doux et tranquille jusqu'à la fin ; de même que la mort rend souvent aux visages contractés par les vives souffrances des cruelles agonies la sérénité qu'ils avaient autrefois, de même cette âme, que vingt années de luttes avaient rendue si sensible à la contradiction, retrouvait, dans le repos de son rêve, le calme et la douceur de sa jeunesse.

C'est ainsi que Frédéric Sauvage s'éteignit sans douleur le 17 juillet 1857.

Il avait, pendant de longues années, poursuivi le désir de solder ses nombreux créanciers et il n'eut même pas, avant de mourir, la consolation de savoir qu'ils étaient tous intégralement remboursés. Trois mois, en effet, après l'entrée de son père à Picpus, Henry Sauvage reçut du sous-chef de cabinet de l'Empereur la lettre suivante :

Cabinet de l'Empereur, le 10 juillet 1854.

« Monsieur,

« L'Empereur a appris avec peine le triste état de santé de Monsieur votre père, que ses utiles travaux, son désintéressement et sa modestie n'ont pu mettre à l'abri de la maladie et de la misère.

« Sa Majesté a été également informée de vos efforts

persévérants pour éteindre les dettes contractées par M. Sauvage dans l'accomplissement de son œuvre, et, voulant donner à la famille de l'ingénieur promoteur des hélices une marque de sa bienveillance, elle a daigné ordonner de solder, sur sa cassette particulière, la somme de treize mille cinq cents francs qui forme le reliquat de ces dettes. J'ai l'honneur de vous en informer.

« Recevez, Monsieur, l'assurance de mes sentiments distingués.

« *Le sous-chef du cabinet de l'Empereur,*

« ALBERT DE DALMAS. »

Ainsi, jusque dans sa folie, une fatalité toujours inexorable poursuivit Sauvage. Lorsque sa dernière espérance fut réalisée, grâce à la généreuse initiative de l'Empereur, il n'appartenait déjà plus à ce monde ; cette fois, la bonne nouvelle ne put franchir la prison de sa pensée, comme autrefois la nouvelle de l'entrée triomphale du *Napoléon* dans le port du Hâvre avait pu franchir les portes de la prison pour dettes.

Lorsque notre esprit se reporte sur ces pages trop rapidement écrites, où nous avons essayé de faire connaître la vie et l'œuvre de Frédéric Sauvage, nous ne pouvons nous défendre d'un profond sentiment de tristesse en nous rappelant par quelle incroyable série de revers fut éprouvée la vie de l'inventeur.

Souvent près d'atteindre le succès, et toujours repoussé alors qu'il le touchait déjà; tenant à de nombreuses reprises la fortune dans sa main et la laissant échapper aussitôt; tour à tour sollicité par l'Angleterre et dépouillé par elle de son invention ; réservant à la France l'inestimable bienfait de ses hélices et les voyant repoussées par son pays ; condamné par des commissions de prétendus savants, qu'il traitait irrévérencieusement de baudets, et réhabilité par les expériences de ceux qui l'avaient condamné ; luttant à la fois tout ensemble contre les intérêts qu'il lésait, contre la routine qu'il voulait détruire, contre l'obstination qu'il voulait surmonter, il semble avoir été choisi par Dieu pour donner au monde l'exemple d'une énergie que rien ne put vaincre et d'un courage que rien ne put ébranler.

Sauvage, il faut bien le dire, avait dans son caractère une raideur peu propre à ramener ses adversaires. Droit et généreux, il s'étonnait de ne pouvoir faire partager aux autres la conviction qui l'animait, et quand il croyait voir dans cette résistance un parti pris ou une mauvaise volonté, il repoussait rudement la moindre objection et froissait ainsi ceux qu'il eut eu tant d'intérêt à ramener à sa cause. Avec quelques ménagements, avec plus de souplesse, il eût gagné bien des auxiliaires et se serait épargné bien des souffrances.

S'il se fit tort à lui-même par la vivacité de ses réparties, la rancune contre ceux qui avaient pu lui nuire était un sentiment qu'il ne connut jamais : pendant sa prison, sa plus grosse vengeance contre le triomphe usurpé du *Napoléon*, est une épigramme à l'adresse de ceux qui ont malgré lui transformé son invention. « L'hélice de Barnes, écrit-il, qui était composée de croches et de doubles croches, faisait un tour crochu comme la tête de l'un des constructeurs du *Napoléon* et comme les jambes de l'autre. » En revanche, malgré tant de causes de découragement, malgré tant d'efforts tentés pour substituer une autre gloire à la sienne, nous le voyons toujours inébranlable dans sa foi en l'avenir comme il l'était dans la conviction que sa gloire ne lui saurait être enlevée : annonçant à son frère la conclusion favorable du rapport de M. Labrousse, envoyé en Angleterre par le ministre de la marine, pour y examiner les bateaux à hélice, il ajoute avec un légitime orgueil : « M. Labrousse déclare que l'*hélice pleine* doit porter le nom d'Hélice Sauvage et je tiens beaucoup à rester le parrain de mon enfant. »

Cet enfant de son génie sillonne aujourd'hui les mers, et pourtant malgré tant d'expériences faites par Sauvage, malgré tant et de si claires démonstrations, la routine n'a pas dit encore son dernier mot. Déjà, il est vrai, l'hélice simple placée de chaque côté du bâtiment a été employée sur plusieurs navires ; le *Petit Journal* du 2 octobre 1874, nous apprenait la mise à la mer d'une corvette à vapeur cuirassée, la *Lagalissonnière* munie de deux hélices conformes à celles de Frédéric Sauvage ; le *Richelieu* qui brûla dernièrement à Toulon portait également deux propulseurs ; nous pourrions en citer nombre d'autres, mais la plupart des bâtiments à vapeur n'ont encore qu'une seule hélice. Le pas de cette hélice est bien celui qu'a fixé Sauvage, mais au lieu d'être pleine elle est divisée en deux ou trois sections.

Un homme fort expert dans les constructions navales devant qui M. Pierre Sauvage, le neveu de l'inventeur, faisait, il y a quelques années, des expériences comparatives, obligé de reconnaître par lui-même la supériorité de propulsion de l'hélice pleine sur l'hélice divisée, répondit : Puisque l'hélice pleine pousse trois fois plus vite nous mettrons au service de l'hélice divisée une force de vapeur trois fois plus grande et nous aboutirons au même résultat.

On croit vraiment rêver quand on lit cette réponse, quand on pense que, par une inexplicable routine, cinquante ans après l'invention, quarante années après le lancement du *Napoléon*, on dénature encore l'hélice de Frédéric Sauvage.

Comme lui et après lui, nous ne craignons pas de l'affirmer ici, ses hélices triompheront entièrement dans un prochain avenir. L'heure n'est pas éloignée où toutes les indications qu'il a données seront scrupuleusement et complétement suivies sur tous les bâtiments nouveaux mis chaque année au service de notre flotte. Ce jour-là, le vieil athlète tressaillera dans sa tombe ; du haut de ce monument que la reconnaissance des Boulonnais a élevé à sa mémoire, il attend aujourd'hui impassible et glorieux le jour de son entier et inévitable triomphe.

Frédéric Sauvage peut prendre rang désormais

parmi ces génies fameux qui ont vu la postérité reconnaître leur gloire : son nom est maintenant associé à celui de Denis Papin qui vit James Watt recueillir de son vivant la gloire de la première chaudière à vapeur ; de Bernard Palissy qui ne fut jamais que « le modeste fabricant des figulines du roi ; » de Lavoisier que la Révolution stupide guillotina « parce qu'elle n'avait pas besoin de savants ; » de Philippe de Girard qui inventa la machine à filer le lin, ne toucha point la récompense promise et mourut dans la misère, et de tant d'autres encore dont nos annales conservent les noms glorieux. Oui, Frédéric Sauvage a pris rang parmi eux, comme eux il a lutté, comme eux il a souffert, comme eux il est vainqueur !

CONCLUSION

Frédéric Sauvage est-il l'inventeur de l'application des hélices à la navigation à vapeur ?

Quand un homme a lutté pour une idée pendant de longues années jusqu'à l'épuisement complet de ses forces, de sa santé, de sa fortune ; quand aucun obstacle, aucune difficulté n'ont pu le rebuter ; quand enfin son invention longtemps méconnue est appréciée, que son idée repoussée jusque-là est proclamée utile et féconde, la peine la plus grande qui puisse atteindre cet homme, n'est-elle pas d'entendre revendiquer par d'autres l'honneur de sa découverte et le mérite de son invention.

Cette souffrance après tant d'autres ne devait pas être épargnée à Frédéric Sauvage. Tant qu'il avait été à la peine, aucune voix ne s'était élevée pour réclamer ; tant qu'il avait consacré à des expériences multipliées son temps et son patrimoine personne n'était venu lui dire : cette invention n'est pas la vôtre et vos efforts ne vous profiteront point ; mais du jour où le triomphe du *Napoléon* en prouvant la valeur des hélices Sauvage eut fait connaître à la France entière le nom de l'inventeur et eut amené le monde maritime à saluer son incontestable génie, dès ce jour-là, disons-nous, les réclamations arrivèrent.

Sur ce piédestal encore mal affermi, montèrent à tour de rôle ceux à qui toute gloire répugne et ceux qui voulaient se parer de cette gloire naissante. Ce fut à qui s'efforcerait de diminuer la valeur de l'invention et le mérite de l'inventeur.

Un des journaux du Hâvre, nous l'avons vu alors, s'empressa de rappeler tous ceux qui, depuis le déluge, avaient pensé à l'hélice, et sans doute faute d'archives antérieures, en laissa définitivement l'honneur au grec Architas, qui vivait, paraît-il, 400 ans avant Jésus-Christ ; Archimède lui-même n'était qu'un plagiaire, comme s'il avait copié l'idée d'Architas à l'Académie des Sciences de Syracuse. Puis ensuite venaient des noms plus modernes : Duguay qui, en 1727, aurait utilisé l'hélice pour remonter les fleuves, Dubout qui, en 1746, l'aurait substituée aux roues des machines, Paucton qui, en 1768, l'aurait appliquée à la propulsion des navires, en employant l'équipage comme moteur ; enfin, en 1792, le général Meunier qui l'aurait adaptée aux ballons. Dans cet exposé chronologique dont nous acceptons volontiers la nomenclature, un nom manquait, paraît-il, celui de M. Charles Dallery, né à Amiens en 1754 et qui, en 1803, avait pris un brevet pour les hélices.

M. Dallery était mort en 1835 à Jouy près de Versailles.

Depuis trois ans déjà Frédéric Sauvage avait pris un brevet, ses luttes avec les commissions de la marine avaient eu, comme nous l'avons indiqué, un réel retentissement dès leur origine, et cependant, malgré le brevet, malgré la notoriété de l'invention nouvelle, M. Dallery ne réclama jamais. M. Chopin, gendre de M. Dallery ne réclama pas d'avantage ; il laissa passer dix années sur le brevet ne se mêlant à aucun débat et n'intervenant dans aucune discussion, jusqu'au jour où l'hélice Sauvage ayant triomphé sur le *Napoléon*, il émit la prétention que Sauvage n'était pas le véritable inventeur et que toute la gloire de cette application de l'hélice à la navigation à vapeur devait revenir à M. Dallery.

Nous voudrions non-seulement écarter de ce débat toute vivacité de langage, mais encore, s'il nous était possible, laisser de côté les personnes et n'examiner la question qu'au point de vue scientifique. Puisque nous sommes obligé, pour l'intelligence du récit, de citer des noms, nous avons hâte de reconnaitre tout d'abord la valeur considérable du talent de M. Ch. Dallery. Né avec des dispositions exceptionnelles pour la mécanique, il perfectionna très-habilement le jeu et le mécanisme des grandes orgues qu'il fabriquait avec son père ; plus tard, chassé de ses ateliers que la Révolution avait faits déserts, il s'occupa de machines et installa sur un bateau construit à ses frais une chaudière tubulaire, un mât rentrant et deux hélices dont l'une servait de moteur et l'autre de propulseur ; un brevet fut pris en 1803 pour toutes ces inventions.

Après avoir consacré à ces essais une somme de 30,000 francs, qui composait toute sa fortune, Dallery, désespéré de voir que l'Empire se refusait à l'encourager et à seconder ses efforts, brisa lui-même ses machines et démonta son navire.

Tel est, en quelques mots, l'historique de la vie de Dallery, tel, du moins, qu'il importe de le connaître à propos des débats élevés sur son nom.

C'est avec plaisir que nous saluons ici le réel talent de cet inventeur pour tout ce qui concernait la science mécanique; mais s'il nous est agréable de rendre au mérite de Ch. Dallery un public hommage, nous ne saurions admettre que sa famille réclame comme sienne une gloire qui est bien celle de Frédéric Sauvage et qui, à aucun titre, ne saurait être revendiquée par le mécanicien amiénois.

En 1845, M. Chopin s'adressa à l'Académie des Sciences, la priant de constater la priorité du brevet obtenu par son beau-père. L'Académie nomma aussitôt une commission composée de MM. Arago, Dupin, Poncelet et du général Morin. — Ce dernier, désigné comme rapporteur, constata qu'en 1803, M. Dallery avait pris un brevet pour une hélice simple, à deux spires ou révolutions qui devait servir de moteur aux bâtiments à vapeur.

« La réclamation des enfants Dallery, dit le rapport, est dictée par un sentiment pieux envers leur auteur et national envers la France. A ce double titre, elle mérite l'intérêt de l'Académie. »

Ce double sentiment avait ému, paraît-il, la docte

Assemblée qui accorda avec empressement ce que M. Chopin-Dallery lui demandait, ne s'apercevant pas qu'elle commettait une double erreur en appelant *moteur* l'hélice qui, en réalité, est un propulseur, et en parlant d'une hélice simple à deux spires ou révolutions, comme si une hélice était simple quand elle a deux révolutions.

C'est à l'aide de ce rapport qu'on s'efforce aujourd'hui de dépouiller Sauvage de ses titres à la reconnaissance du monde entier.

Les arguments invoqués par nos contradicteurs ne sauraient soutenir un sérieux examen.

La lettre de Frédéric Sauvage, écrite en janvier 1846, répond victorieusement à M. Chopin. Nous l'avons reproduite au dernier chapitre de sa vie (1), nous n'avons donc pas à la répéter, et nous nous bornerons, ce qui nous est facile, à faire justice des réclamations de M. Chopin, aujourd'hui continuées par Mlle Claret, petite-fille de l'inventeur amiénois.

Nous ne nous arrêterons pas à l'idée que Frédéric Sauvage ait pu copier Ch. Dallery. Il faudrait, pour cela, qu'il ait eu connaissance du brevet de 1803, et qu'il y ait trouvé la mention de l'hélice. Or, ce brevet était pris pour un *mobile perfectionné appliqué aux voies de transport par terre et par mer*; c'est ainsi qu'il est désigné dans un volume imprimé en 1818, où sont énumérés les brevets obtenus avant cette époque. En outre de ce laconisme, la préface du volume contient la phrase suivante :

(1) Voir page 198.

« Nous n'avons fait qu'indiquer les titres des brevets dont l'objet est une *conception chimérique* que l'expérience a jugée, ou une chose que tout le monde connaît ou que personne aujourd'hui n'aurait envie de connaître. »

On voit, par ces détails, qu'il était bien impossible à Sauvage, comme à qui que ce fût, de trouver dans ces lignes la moindre indication qui pût le conduire à inventer l'hélice; eût-il même connu le volume de 1818, il eut fallu pour en tirer parti qu'il consultât les textes et dessins déposés au Conservatoire des Arts et Métiers; or, il ne vint à Paris pour la première fois qu'après avoir trouvé ses hélices et les avoir soumises à la Société d'Agriculture, du Commerce et des Arts de Boulogne-sur-Mer. Du reste, le bureau des brevets, dans son volume de 1845, nous dit que les dessins de Dallery n'étaient pas joints à son dossier, et que, remis plus tard, ils avaient été égarés. Ils n'ont été publiés, pour la première fois, qu'en 1844, douze ans après le brevet de Frédéric Sauvage.

Ce n'est pas tout encore. Après le rapport du général Morin, en date du 17 mars 1845, rendant hommage à la priorité de l'invention Dallery, M. Poncelet, le 6 octobre de la même année, rappelait à l'Académie des Sciences tous les inventeurs dont nous avons plus haut cité les noms, et en arrivait à établir que c'était l'idée de Paucton que M. Dallery avait reprise : « Cet ingénieur, dit-il, fut le premier qui *s'appropria*, par un brevet, l'idée originale. »

M. Dallery connut-il ou nom le système de Paucton,

peu nous importe, mais en présence d'une déclaration aussi catégorique qui met ainsi à néant la prétention des héritiers de M. Dallery, il est permis de trouver au moins étrange leur obstination à réclamer en faveur de leur parent la priorité d'une idée qui n'était, d'après l'Académie elle-même, que la reproduction d'une autre idée exécutée déjà quarante années auparavant.

Nous voulons être, dans cette discussion, plus généreux encore, à l'égard de nos adversaires, que M. Poncelet et que l'Académie elle-même, et nous admettons que M. Dallery s'est rencontré avec Paucton dans une idée commune, sans que le dernier venu des deux ait pu connaître celle de son prédécesseur ; mais alors que vient-on opposer à l'invention de Frédéric Sauvage ? Si celui-ci n'a pas inventé une hélice, Dallery ne peut pas lui-même être reconnu inventeur, puisque d'autres sont venus avant lui comme il est venu avant Sauvage.

Disons encore que dans la mention du brevet de Dallery, reproduite au volume des brevets de 1845, nous trouvons cette phrase significative que nous copions textuellement (1) :

« Les héritiers de M. Dallery ont réclamé la publi-
« cation du brevet comme dernière justice rendue à
« cet inventeur malheureux. Un fait remarquable, à
« *propos de l'hélice*, c'est que, à cette époque (en 1803),

(1) *Description des machines et procédés consignés dans les brevets d'invention, de perfectionnement et d'importation,* dont la durée est expirée et dans ceux dont la déchéance a été prononcée, publiée par les ordres de M. le Ministre du commerce. Paris, 1845, Mme veuve Bouchard-Huzard.

« déjà le Comité consultatif donnait à l'auteur l'avis « officieux que son idée n'était pas nouvelle, et que « Franklin, pendant son séjour à Paris, avait fait une « expérience sur la Seine avec un bateau à hélice. »

On voit, par ces quelques mots, combien tombe d'elle-même cette idée de priorité, seul argument qui puisse au premier abord retenir l'attention.

Mais, nous objectera-t-on, Dallery a appliqué son hélice à la vapeur, puisqu'il l'avait installée sur le même bâtiment que sa chaudière tubulaire. A cela nous répondons : Dallery a eu la gloire de concevoir l'idée d'une machine à vapeur tubulaire, mais quelle application cette machine a-t-elle reçue ? Aucune. Est-ce le temps, l'argent ou la combinaison essentielle qui ont fait défaut à l'inventeur ? C'est ce que nous n'avons pas à examiner ici. Lorsqu'en 1828, Séguin fit les chaudières tubulaires employées aujourd'hui pour les locomotives, les navires et l'industrie, il plaça l'eau à l'endroit où son prédécesseur avait placé le feu et réciproquement. Cette substitution, qui change du tout au tout la machine de Dallery, prouve-t-elle que la conception de celui-ci était à la fois incomplète et illogique ou indique-t-elle qu'elle a été copiée vingt-six ans plus tard, par Séguin, nous posons la question sans la vouloir résoudre. Ce qui est certain, c'est que la machine de Dallery ne fonctionna jamais et que, par suite, elle ne put jamais communiquer aux hélices le moindre mouvement.

S'il fallait conclure de l'idée qu'a eue Dallery à la gloire d'une invention utile, combien pourraient réclamer à la fois, non-seulement des brevets, mais encore des titres à la gloire, par cela seul qu'ils se sont occupés du mouvement perpétuel, par exemple, de la direction des ballons ou de toute autre découverte dont la solution est restée à l'état d'énigme.

Poser un problème, ce n'est pas en fournir la solution.

La propulsion des vaisseaux à l'aide de l'hélice a tenté de nombreux inventeurs à la fin du XVIIIe siècle, mais *Sauvage seul* en a trouvé la formule et voilà pourquoi il peut seul en revendiquer l'honneur. En 1832, les brevets étaient régis par la même loi qu'en 1803 ; le Gouvernement y apposait sa garantie et aucune découverte déjà faite ne pouvait être admise ; la preuve en est dans le refus d'un brevet opposé à Smith en 1836, malgré que celui-ci, pour donner le change, ait divisé en deux l'hélice Sauvage. Si donc Sauvage a été brévеté, c'est que son invention différait complètement de celle de Dallery ; s'il en eût été autrement, la Commission se serait refusée de sanctionner par son adhésion la prétention d'un inconnu.

Est-il besoin que nous rappelions ici les témoignages des contemporains que nous avons mentionnés à leur date dans la vie de Frédéric Sauvage ? C'est M. Labrousse envoyé en Angleterre par le ministre de la marine et proclamant que « la première application de l'hélice aux bâtiments à vapeur est due à Frédéric Sauvage » ; c'est M. Smith lui-même déclarant que l'angle de 45 degrés trouvé par Sauvage est l'angle sous lequel l'hélice a toute sa puissance ; c'est M. Séguier, écrivant le 21 février 1843 : « Je vais faire proclamer la vérité à la Tribune des Députés ; je veux que tout le monde sache que l'hélice est une invention française ; le fermier Smith ne dépouillera pas l'ingénieux et persévérant constructeur de Boulogne-sur-Mer » ; c'est M. Mazeline, aîné, l'habile ingénieur du Hâvre, concluant dans un rapport sur les machines à vapeur, en février 1854 : « Il ne faut pas oublier un homme qui a plus fait pour la question qu'aucun de nous ; je croirais commettre un injuste oubli en ne citant pas le nom de Sauvage, l'auteur du physionotype, de la machine à réduire, enfin, le vrai propagateur de l'hélice. Avant les expériences de Sauvage, rien de concluant n'avait encore été fait, et tout ce que l'on peut avancer de droits à la priorité en faveur de Smith et autres, ne peut détruire le mérite de la première application pratique en faveur de notre compatriote. Sauvage a laissé des traces d'inventions assez remarquables pour qu'il ne soit pas classé parmi les hommes à idées creuses : un génie comme le sien a bien pu prévoir les immenses services que la vis d'Archimède était appelée à rendre un jour à la marine ».

Nous pourrions multiplier ici les citations, celles que nous venons de donner suffisent à notre cause, comme elles font victorieusement ressortir la valeur de notre argumentation.

Non-seulement M. Dallery n'a pas appliqué les hélices à la navigation à vapeur, mais celles qu'il a inventées *n'ont*, par leur disposition même, *jamais pu être employées*. En effet, non content de placer son hélice comme propulseur à l'arrière du bateau, il rêva de s'en servir à l'avant comme moteur pour remplacer le gouvernail. Cette idée prouve l'ignorance complète de la question maritime chez l'inventeur. Un seul mot la réfute mieux que les plus longs exposés : « La combinaison de M. Dallery, dit quelque part M. Pierre Sauvage, ne serait acceptable que si les poissons avaient à la fois deux queues, l'une à la tête et l'autre à l'arrière ».

Est-ce par suite de cette défectueuse installation ou par suite de la déperdition considérable de forces, occasionnée par l'emploi d'une seule hélice de Dallery, ou enfin pour ces deux causes réunies que le système de cet inventeur a été complétement abandonné, nous ne saurions le dire ; mais ce qui est certain c'est que tous les systèmes d'hélice sont aujourd'hui tombés depuis longtemps dans le domaine public, et que malgré cette facilité l'hélice Dallery n'a jamais été adoptée ni utilisée par aucun constructeur ni sur aucun bâtiment ; ce qui ne saurait être dénié, c'est que Dallery en donnant à son hélice un angle de treize degrés l'a placée dans la même position qu'une godille agissant verticalement et par suite n'ayant aucune puissance (1).

(1) M Chopin publiait en 1844 un mémoire explicatif et historique des inventions de son beau-père. Nous y voyons l'hélice dénommée par M. Dallery lui-même : une vis sans fin, un plan incliné, un escargot (page 9).

Un peu plus loin, page 11, nous trouvons l'explication suivante : « L'arbre tournant de la vis sans fin est en fer, garni de feuilles en cuivre un peu bombées, qui forment l'escargot et dont le dia-

Comme le fait très-justement remarquer M. Pierre Sauvage dans une lettre rendue publique et qu'il adressait il y a quelques semaines à M. le Président de la Chambre de Commerce d'Amiens, c'est l'hélice seule de Frédéric Sauvage, telle qu'elle a été déterminée par lui, qui est actuellement employée dans le monde maritime tout entier. Lui seul en effet a résolu ce problème dont la solution avait sollicité avant lui tant de savants, en fixant l'angle sous lequel l'hélice a toute sa puissance de propulsion.

mètre est de six pieds et le plan incliné de trois pieds de *pourtour.* »

Or, pour une telle hélice à deux révolutions la godille devait fonctionner sous un angle de huit degrés environ.

Dans le dessin annexé à la brochure, nous voyons que l'escargot a deux révolutions à son axe, plus petit d'un huitième que le diamètre de l'escargot, ce qui donne pour base au fonctionnement de la godille un angle d'environ treize degrés.

Dans la brochure publiée en 1855, nous trouvons des proportions toutes différentes :

Le diamètre de l'escargot est de six pieds et le plan incliné de trois pieds *par tour* au lieu de *pourtour.*

Or, pour une telle hélice, la godille fonctionne sous un angle de quinze degrés, ce qui est encore loin de l'hélice Sauvage qui a pour base une godille sous un angle de quarante-cinq degrés.

Nous ne prétendons pas conclure de là qu'au fur et à mesure de la production de nouvelles pièces on a cherché à se rapprocher de plus en plus de l'hélice Sauvage, mais il faut bien en conclure qu'il n'y avait pas dans le système de Dallery un point fixe auquel il s'est arrêté.

Enfin les dessins officiels du bureau des brevets donnent une hélice à deux spires ou révolutions, dont l'axe pour les deux tours est égal au diamètre ; mais ces dessins, on l'a vu plus haut, avaient été égarés et n'ont été retrouvés et publiés que quarante ans plus tard.

Nous avons copié dans les figures qu'on trouvera plus loin les dessins de M. Chopin, ils ont servi à M. Pierre Sauvage pour ses expériences devant l'Académie de Boulogne et nous n'en contesterons point le caractère officiel puisque M. Chopin nous assure les avoir retrouvés dans les papiers de M. Dallery.

Non content de soutenir avec une persévérante énergie la discussion soulevée dans ces derniers temps par Mademoiselle Claret, sur la priorité, le mérite et la gloire de son aïeul, M. Pierre Sauvage a voulu établir d'une manière indéniable le droit de son oncle au titre d'inventeur. Renouvelant à son tour les expériences tant de fois recommencées par Frédéric Sauvage lui-même, il a prié Mademoiselle Claret de désigner tel jury de personnes compétentes qu'il lui conviendrait d'appeler, s'offrant de prouver devant elles par la comparaison des deux propulseurs l'impuissance de l'hélice Dallery et la supériorité manifeste de l'hélice Sauvage. En présence du refus vingt fois réitéré de Mademoiselle Claret, M. Pierre Sauvage s'est adressé à l'Académie de Boulogne-sur-Mer et le 12 janvier dernier a fait devant cette assemblée des expériences multiples dont le résultat a été publié depuis dans les journaux de la localité. Nous en empruntons le compte-rendu au procès-verbal de cette séance :

M. le Président ayant donné la parole à M. Louis Bénard, ce dernier fait connaître à la Société que, depuis quelque temps, des prétentions tout au moins tardives se sont produites à l'encontre de la question d'application de l'hélice à la navigation. Une petite-fille de Dallery, l'inventeur picard, a soutenu que la découverte de son aïeul avait précédé celle de Frédéric Sauvage : par suite, elle a formulé des réclamations auprès des autorités locales, voire même auprès de M. le Préfet du Pas-de-Calais ; — de plus, elle a, disent quelques journaux, essayé de justifier ses allégations.

Le Comité institué à Boulogne, pour l'érection du monument voté en l'honneur de Frédéric Sauvage, a écarté les réclamations de Mademoiselle Claret, et passé à l'ordre du jour sur l'étrange demande qu'elle avait formulée en vue d'obtenir que le nom de Dallery fût inscrit à côté de celui de Frédéric Sauvage, sur le piédestal de la statue de l'illustre inventeur boulonnais.

M. Pierre Sauvage, officier d'Académie, ancien maire d'Abbeville, membre titulaire de ce comité, et le propre neveu paternel de notre célèbre compatriote, aux travaux duquel il a personnellement pris part, a, dans la presse, réfuté les arguments de Mademoiselle Claret, mais il a pensé, avec raison, que c'était non par une polémique plus ou moins vive, mais par des faits et des expériences qu'il y avait lieu de combattre les prétentions de la petite-fille de Dallery.

Ayant appris que la Société Académique avait décidé la publication d'une étude historique sur Frédéric Sauvage et ses inventions, M. Pierre Sauvage a offert à notre compagnie de se rendre à l'une de ses séances et de lui fournir, pièces en main et après expériences faites sous ses yeux, la preuve des faits qu'il avait avancés.

M. le Président s'est empressé d'accepter ces offres obligeantes, et M. Pierre Sauvage a été, dès-lors, prié de vouloir bien, à cet effet, se rendre à la réunion de ce jour.

M. Pierre Sauvage est aussitôt introduit.

Il remercie, tout d'abord, la Société Académique du bienveillant accueil qu'elle a réservé à sa proposition : il espère la convaincre que Frédéric Sauvage est le premier qui ait fait une application pratique de l'hélice à la navigation.

Pour être plus sûr de lui-même et de la précision des communications qu'il désirait faire à notre Société, M. Pierre Sauvage a résumé ses observations dans une note dont il donne lecture.

Pour compléter ses explications, M. Pierre Sauvage dispose, dans un canal plein d'eau, un petit bateau de 0,70 centimètres de longueur sur 0,17 centimètres à sa plus grande largeur, pesant 7 kilogrammes, et préparé de manière à recevoir toutes sortes d'hélices, mues par le même mécanisme.

Afin de démontrer la puissance de traction de différents propulseurs disposés en hélice, M. Sauvage fait aussitôt, en séance, les expériences suivantes :

Première expérience. — Cet essai consiste à traîner un petit charriot posé sur une pente de 0,05 centimètres par mètre et qui, amarré au bateau, doit être enlevé et doit gravir la pente jusqu'à ce qu'il fasse équilibre à la puissance des hélices. Ce petit charriot est chargé de poids jusqu'à ce qu'il résiste au tirage.

Deuxième expérience. — Le bateau est accroché à un dynamomètre fait pour la circonstance et consistant en un ressort (renfermé dans un barillet), qui se tend au fur et à mesure que le tirage a lieu. Le ruban enroulé autour du barillet est divisé en centimètres, et la longueur du ruban déroulé indique la puissance de l'hélice soumise à la traction.

Troisième expérience. — Elle consiste à déterminer, à l'aide du pendule, le temps que met à défiler le ressort du moteur auquel est adaptée telle ou telle hélice.

Le bateau est tenu en place dans l'eau, et le temps plus ou moins long que met le ressort à défiler, indique la résistance que l'hélice éprouve à tourner et la force plus grande qu'il faut dépenser pour obtenir le même résultat qu'avec telle autre hélice, ou bien la trop grande facilité que l'hélice met à tourner sans produire d'effet, en comparant le résultat obtenu par la traction du charriot ou l'expérience du dynamomètre.

M. Pierre Sauvage observe que ces différents essais ne sont que la reproduction de ceux faits par Frédéric

Sauvage lui-même ; — et en rendant compte aujourd'hui, devant la Société Académique, des résultats obtenus, M. Pierre Sauvage déclare qu'il n'est que le fidèle rapporteur de ce qu'il a fait, ou plutôt de ce que son oncle et lui ont fait ensemble, puisqu'il construisait pour notre illustre concitoyen les hélices et les essayait avec lui.

Le tableau comparatif suivant détermine, en chiffres, les résultats des expériences ainsi faites devant la Société Académique de Boulogne, avec le petit modèle de bateau, auquel ont été adaptés les différents types d'hélices qui viennent d'être décrites par M. Pierre Sauvage.

			Charriot	Dynamomètre	Secondes à défiler
2	hélices	Frédéric Sauvage	2,000 gr.	56 c. 1/2	33
1	—	Sauvage	2,000	56 1/2	33
1	—	Smith en 2 sections	1,400	34	52
1	—	Smith, simple	1,350	32	54
1	—	en 2 sections	1,600	41	44
1	—	en 3 sections	1,500	35	41
1	—	en 4 sections	1,000	27 1/2	44
2	—	en 3 sections	1,600	41	44
1	—	Dallery	1,300	31	24

En ce qui touche les hélices de Frédéric Sauvage, M. Pierre Sauvage dit que l'on pourrait se demander peut-être, pourquoi deux hélices ne tirent pas plus fort qu'une seule ?

A cela, M. Pierre Sauvage répond que Frédéric Sauvage avait déterminé le diamètre des hélices soit pour une, soit pour deux. Ainsi, une seule hélice devait avoir en diamètre le tiers de la plus grande largeur du navire, et chacune des deux hélices, le quart.

M. Pierre Sauvage a fait l'expérience comparative de l'hélice Dallery et de l'hélice Sauvage avec la plus entière loyauté, laissant de côté l'application défectueuse des hélices Dallery, telle qu'elle est décrite et dessinée dans les brochures de M. Chopin, c'est-à-dire une hélice placée à l'avant et devant servir de gouvernail, et une hélice à l'arrière servant de propulseur. Mais la puissance des deux hélices Sauvage et Dallery a été essayée successivement, chacune des deux hélices ayant été, l'une après l'autre, placée à l'arrière du navire comme propulseur et dans les conditions les plus avantageuses pour l'hélice Dallery.

Ces expériences faites, ces observations entendues, M. le Président résumant le tout, dit, en substance, que des explications que vient de donner M. Pierre Sauvage, ainsi que des nombreuses expériences qu'il a réalisées sous les yeux de la Société Académique, résultent les faits suivants :

A Frédéric Sauvage revient l'honneur d'avoir, le premier, trouvé l'hélice pleine à 45°, c'est-à-dire celle qui donne le *maximum* de force, et de l'avoir, le premier aussi, appliquée à la navigation.

Cette conception, dans laquelle réside toute la découverte, il ne la doit à aucun de ses devanciers ; il l'a puisée tout entière dans l'observation des effets de la godille et du mouvement de la queue des poissons.

Le brevet obtenu par Dallery, antérieurement aux travaux de Frédéric Sauvage, ne diminue en rien le mérite de notre compatriote. On peut s'en convaincre en lisant la brochure même de M. Chopin, où l'on voit que la forme d'hélice qu'il propose ne résulte d'aucune expérience ni d'aucune démonstration scientifique et n'a jamais reçu d'application.

M. Pierre Sauvage qui pouvait s'en tenir au contenu de cette brochure, a voulu pousser plus loin encore sa démonstration. Il a fait construire une hélice mathématiquement conforme au tracé de Dallery, l'a appliquée au même petit bateau d'essai auquel était adaptée l'hélice Frédéric Sauvage, de manière à pouvoir visser l'une ou l'autre au moteur, à volonté, et a victorieusement démontré que la vitesse obtenue par l'hélice Sauvage, comparée à celle de l'hélice Dallery, est comme 2,000 est à 1,300.

Il est donc acquis désormais par des chiffres irréfutables, — conclut M. le Président, — que l'invention de Frédéric Sauvage ne peut plus être contestée, à moins qu'on ne se refuse de s'incliner devant l'évidence. (Approbation).

Mademoiselle Claret a paru le comprendre, et, dans une lettre adressée, il y a quelque temps, au maire de Boulogne, elle a demandé que le nom de son aïeul Dallery fût inscrit au pied de la statue de Frédéric Sauvage. C'est un vœu bien naturel, et, cependant, la Société Académique ne saurait l'appuyer. Cet acte de condescendance pourrait donner à entendre que Dallery est un précurseur de Frédéric Sauvage, et Frédéric Sauvage n'en a pas eu. D'un autre côté, si l'idée de Dallery mérite qu'on en garde la mémoire, ce n'est pas à la ville de Boulogne qu'il appartient de payer les dettes de reconnaissance de la ville d'Amiens, ni de donner indirectement des leçons de générosité.

Telles sont les conclusions auxquelles arrive M. le Président après avoir entendu M. Pierre Sauvage.

« Si, — dit-il, — les faits que je viens de résumer « imparfaitement vous sont démontrés, je vous prie de « vouloir bien donner votre adhésion aux déductions et « preuves que j'en tire. »

D'une voix unanime, la Société Académique donne sa plus entière adhésion au résumé si fidèle, si exact que vient de faire son Président, et se range absolument et complètement aux conclusions qu'il en tire et qu'il a formulées.

« Nous ne nous séparerons pas, — dit M. le Président, — « sans remercier chaleureusement M. Pierre Sauvage des « renseignements précieux qu'il nous a fournis. Grâce à « ses recherches, à ses expériences, à son dévouement, « l'invention de son oncle est enfin en pleine lumière. Il

« importait qu'il en fût ainsi au moment où Frédéric « Sauvage va vivre pour la postérité. »

Cette motion est vivement applaudie et votée à l'unanimité et par acclamation.

De son côté, M. Pierre Sauvage remercie de nouveau la Société Académique de son bienveillant et sympathique accueil, il en a été très-touché et en emporte le meilleur souvenir.

Nous ne pouvions mieux terminer ce rapide exposé que par le procès-verbal de la séance de l'Académie de Boulogne. Il conclut, ainsi que l'ont fait, il y a quarante ans, l'Académie des Sciences, M. Labrousse et M. Séguier, en proclamant Frédéric Sauvage le véritable inventeur de l'application des hélices.

Nous l'avons dit en commençant, la gloire de Sauvage ne saurait enlever à Ch. Dallery la renommée justement acquise d'un incontestable talent. Mais quand nous entendons, au nom d'un brevet de 1803, réclamer l'honneur de la priorité ou revendiquer une invention toujours inappliquée même par l'inventeur (1), nous ne pouvons nous empêcher de penser à une comparaison. Les grands orateurs, les grands écrivains, les grands poètes de notre époque ont-ils inventé une langue nouvelle pour exprimer leurs idées? Victor Hugo, Lamartine, Châteaubriand et tant d'autres n'ont-ils pas traduit leur pensée à l'aide des mêmes mots composés des mêmes lettres que le

(1) Le rapport de M. Morin à l'Académie des Sciences, en date du 17 mars 1845, dit textuellement ceci :

« Les dispositions proposées par M. Dallery pour la transmission « du mouvement des pistons aux hélices, étaient trop défectueuses « pour que l'exécution pût répondre aux espérances de l'auteur. »

firent, avant eux, Racine, Corneille, La Fontaine ou Bossuet? Les uns ou les autres ont-ils ajouté une vingt-sixième lettre à l'alphabet; et cependant qui donc oserait les accuser d'être les plagiaires de leurs devanciers ?

Non, non, pas plus qu'Ampère après Newton ne trouva un onzième chiffre, pas plus qu'Auber après Rossini ne trouva une huitième note, pas plus Frédéric Sauvage après Dallery et celui-ci après tant d'autres n'ont inventé l'hélice. C'est à celui-là seul qui a su l'appliquer qu'appartient la gloire. L'hélice était dans la nature, il suffisait de regarder pour la voir, et Dieu la créa sur le coquillage avant qu'Archimède ne lui empruntât la vis qui garde son nom.

Aussi Frédéric Sauvage nous dit-il justement dans une de ses lettres :

« J'ai imité la nature et je me déclare impuissant à mieux faire que le Créateur ; qu'ils fassent donc mieux que Dieu ceux qui croient être plus puissants que Lui. »

Et pour conclure nous ajoutons :

M. Dallery a fait une hélice que lui-même, ni personne après lui ne put jamais utiliser; l'hélice de Sauvage sillonne aujourd'hui toutes les mers ; nous le demandons à tout homme de bonne foi à qui doit revenir l'honneur de l'invention ?

APPENDICE

La Famille de Fréderic Sauvage

Extrait du registre aux baptêmes et mariages de la paroisse Saint-Nicolas de Boulogne-sur-Mer.

« Le 21 septembre (1786) a été baptisé par moi, vicaire soussigné, Pierre-Louis-Frédéric, né le jour précédent, à une heure après-midi, en légitime mariage de Jean-Pierre SAUVAGE, constructeur de navires en cette paroisse, et de Julie de Lavaille. Le parain Pierre-Louis-Frédéric Meunier, oncle de l'enfant, la maraine Susanne Sauvage, tante de l'enfant, tous deux jeunes gens de cette paroisse soussignés. » — signé Braure, vicaire.

Frédéric Sauvage est mort le 17 juillet 1857.

Ses parents avaient été mariés le 13 mai 1782. Son père était fils, né le 15 juin 1756, de Pierre Sauvage, charpentier-constructeur et de Suzanne Butel, mariés le 27 mai 1755.

Sauvage-Butel était fils, né le 19 avril 1727, de Pierre et de Louise-Marie Peincedé, mariés le 11 octobre 1719.

Sauvage-Peincedé était fils, né le 9 août 1697, de Pierre et de Marguerite Huret, mariés le 2 août 1692.

Sauvage-Huret était fils, né le 29 juin 1672, d'Antoine Sauvage et d'Antoinette Formentin.

On voit par ces citations que Frédéric Sauvage appartenait de longue date par sa famille, au vieux et solide fonds boulonnais.

Voici, du reste, une note que nous donne un auteur contemporain sur la généalogie de la famille Sauvage :

« Guy Sauvage est témoin d'une charte de 1175 de Jean, comte de Ponthieu, en faveur de l'abbaye de Valoires *(Chart. de Ponthieu)*. — Jean Le Sauvage, marchand de vins à Abbeville, 1377. — Jean Le Sauvage y possède une maison rue des Wèz, 1400 *(Cœuill. de Saint-Pierre)*. — Jean et Gillet, archers des ord. sous Robinet du Quesnoy, en 1475. Pierre Solvaige, archer sous M. de Pont-Remy, en 1516. *(Gaign.)*. — Agnieux Sauvaige, tient fief en Boulonnais de M. de Hames en 1477. Jean Sauvage, brasseur ; l'hoir Jean Sauvage, Carton *(Charretier)*, Colaie, Tossot, Pérot Sauvage de Menendelle, en 1505, tiennent terres et manoirs de l'abbaye de Saint-Wulmer, à Boulogne, Wicardenne, Wimille. Jean, héritier de Nicolas, son père, en tient des terres à Saint-Martin, en 1550 ; Olivier, fils de Nicolas, fils de Robert, en tient une maison en la Grande rue Notre-Dame, à Boulogne, en 1564. *(Ter. de St-Wulmer)*. — Led. Olivier, demeurant au bourg de Boulogne, présente un fief en Boulonnais en 1572. — Jean, doit une rente à l'abbaye Notre-Dame de Boulogne, et Philippe en doit une à l'évêché de Thérouanne, pour tènemens à Boulogne, vers 1520. -- Robert, fermier de la brasserie, à Boulogne, 1551, brasseur en 1564. Nicolas, brasseur, 1562, avait une masure rue des Pipots. *(Arch. de Boulogne)*. — Firmin Le Sauvage, allié à Julienne de Bacquehen, remariée à Colard, dit *Lorangeois*, chevalier, sire de Rély. — Marguerite, femme de Miculet du Luiton, d'où Jeanne, femme de Raimond de Rély, dit *Morel*, chevalier. Furcie Le Sauvage, dite de *Goules*, alliée vers 1500 à Jean de Rély, homme d'armes. *(Généal. de Rély)*. — Sauvage village du Hainaut qui a donné son nom à une famille qui portait d'azur à 3 têtes de licorne d'argent, dont était Mathieu, Sr de Sauvage, chevalier, en 1304, allié à Gilbertine de Marc, sœur de Watier, abbé de Grimberghes, d'où Guy, Hugues et Reynier de Sauvaige.... *(Carpentier)*. Le 5 mai 1769, Pierre Sauvage, maître charpentier, renfloue un beau navire de 400 tonneaux qui avait fait côte près de la tour d'Ambleteuse. *(Cuvillier)*.

HONNEURS RENDUS

A

FRÉDERIC SAUVAGE

Par la ville de Boulogne-sur-Mer

Nom de Frédéric Sauvage donné à une des places de Boulogne

Le Maire de la ville de Boulogne-sur-mer,

Attendu que rien à Boulogne ne consacre le souvenir des services rendus aux arts et à la navigation par l'un de nos compatriotes les plus célèbres, *Frédéric Sauvage,* né en notre ville le 20 septembre 1786;

Que l'invention du physionotype, du réducteur et surtout de l'hélice que l'Etat a, depuis 1844, appliqué à la navigation, ont acquis à Frédéric Sauvage une réputation universelle et justement méritée et l'ont placé au nombre des hommes de génie dont la reconnaissance publique honore la mémoire et auxquels elle élève des monuments;

Que la place récemment formée à la façade Nord des anciennes casernes du rivage n'a point encore reçu de dénomination;

Qu'en attendant que la statue de Frédéric Sauvage puisse y être érigée, cette place peut, dès maintenant, recevoir son nom doublement célèbre par le génie et le malheur;

Vu le décret Impérial en date du 2 avril 1862, aux termes duquel le Maire de Boulogne est autorisé à donner à une voie publique de cette ville la dénomination de PLACE FRÉDÉRIC SAUVAGE;

ARRÊTE :

La place sise à la façade Nord des casernes du rivage s'appellera PLACE FRÉDÉRIC SAUVAGE.

M. l'Architecte de la ville est chargé de l'exécution du présent arrêté.

Fait en l'hôtel-de-ville, le 23 avril 1862.

Le Maire de Boulogne,

B. GOSSELIN.

Translation et Inhumation de la dépouille mortelle de Frédéric Sauvage

La Cérémonie funèbre de la translation s'est accomplie le 20 septembre 1872.

Dès neuf heures, une foule empressée encombrait les abords de la gare où était dressée conformément au programme, une chapelle ardente.

Le cortège s'est formé dans l'ordre suivant :

Gendarmerie à cheval, commandée par le capitaine Tailhade, en grande tenue.

Les vieillards de l'hospice.

Tambours et clairons du 8me régiment de ligne.

Musique communale.

Premier peloton de pompiers avec tambours et clairons.

La Société musicale.

Députation de marins boulonnais et de l'Etat, ces derniers provenant de l'équipage du navire *Lévrier*.

M. Gosselin, ancien maire de Boulogne, président de la Chambre et du Tribunal de commerce, portant le coussin.

Le clergé de l'église Notre-Dame.

Le char richement décoré, orné des initiales F. S. en argent, sur lequel reposait le cercueil renfermant les restes mortels de l'inventeur célèbre ; ce char, attelé de quatre beaux chevaux caparaçonnés, conduits à la main par des cochers en grande livrée de deuil.

Les coins du poêle étaient tenus par MM. Achille Adam-Fontaine, député de Boulogne à l'Assemblée nationale; Ansart-Rault, conseiller général; Baignol-Lebeau, conseiller d'arrondissement; Després, sous-préfet de l'arrondissement; Curet, commissaire de l'inscription maritime; Hugon, commandant du génie.

De chaque côté du char, un piquet de soldats de la ligne.

Deuxième peloton de pompiers.

Peloton de douaniers, commandés par leur capitaine.

Les représentants de la ville : M. le Maire, ses Adjoints, le Conseil municipal.

Les membres de la famille de Frédéric Sauvage.

MM. Alexandre Adam et Livois, anciens maires de Boulogne.

Les députés du Pas-de-Calais, parmi lesquels MM. de Rincquessen, le comte de Bryas, Dussaussoy et Levert.

MM. les Membres du Tribunal civil et du Parquet.
les Juges de paix.
les Membres du Tribunal et de la Chambre de commerce.
les Ingénieurs.
les Directeurs des douanes et des eaux et forêts.
les Chefs des services municipaux.
les Officiers de la garnison.

Un grand nombre d'invités.

La gendarmerie à pied.

Toutes les Associations ou Sociétés avaient envoyé des délégués.

Parmi les assistants se trouvaient, en outre, de nombreuses notabilités, au milieu desquelles l'on distinguait M. Courbet-Poulard, député de la Somme, ancien maire de la ville d'Abbeville, qu'habite depuis de longues années une partie de la famille de Frédéric Sauvage.

L'itinéraire du cortége n'avait point été changé. Sur tout le parcours, les musiques n'ont cessé de jouer des marches funèbres ou autres morceaux de circonstance.

Le service commencé à 10 heures 3/4, à l'église Notre-Dame,

s'est terminé seulement à midi 1/4. La vaste cathédrale pouvait à peine contenir la masse énorme qui suivait les restes de Frédéric Sauvage.

Au cimetière, la cérémonie a été aussi simple que digne. La fosse creusée à l'angle de l'une des artères principales se trouve à quelques mètres de la maison habitée autrefois par le gardien, laquelle va disparaître. C'est là, qu'avant les dernières bénédictions de l'église, ont été prononcés plusieurs discours écoutés avec le recueillement que comportait et exigeait la situation.

Voici dans quels termes s'est exprimé M. le Maire de Boulogne :

Messieurs,

« Après les prières de l'église qui viennent de consacrer cette tombe, permettez-moi d'adresser, au nom de la ville de Boulogne, quelques paroles de souvenir et d'adieu à notre illustre compatriote, dont les cendres reposent ici.

« Frédéric Sauvage, né le 20 septembre 1786, d'une ancienne et honorable famille boulonnaise, embrassa de bonne heure, comme son père, la profession de constructeur de navires où, dès les premiers temps, ses aptitudes spéciales le mirent à même de surprendre tous les secrets de son art. En peu d'années il devint habile et, dès lors, il commença à se signaler par une foule de combinaisons ingénieuses.

« Doué d'une grande élévation de sentiment, nature spontanée et généreuse, il mettait au service de ses concitoyens, avec un empressement et un désintéressement sans égal, toutes les forces de son esprit, de sa fermeté, de son courage, de sa vive et puissante intelligence. Je ne rappellerai pas les prodiges qu'il a accomplis et les services qu'il a rendus. De bonne heure se développèrent en lui cette énergie de volonté et de caractère, cet ardent amour du travail qui lui permirent de poursuivre, pendant le cours de sa vie, au milieu des plus dures épreuves, la solution des innombrables problèmes qu'il s'appliquait à résoudre.

« Esprit fécond, ingénieux, vif et pénétrant, chercheur infatigable, qui pourrait dire les questions et les sujets multiples sur lesquels portèrent ses investigations? — A quelles applications utiles ne serait-il pas arrivé, en mécanique et dans les arts si, d'une nature moins enthousiaste, il avait su contenir ses aspirations, limiter le champ de ses découvertes? Mais le génie ne connaît pas les calculs intéressés ; il lui faut les vastes horizons, les conceptions hardies, les méditations élevées! Aussi voyons-nous, tour à tour, Sauvage inventer des instruments, des machines perfectionnées, des procédés nouveaux. Après le physionotype, son génie crée le réducteur, enfin le propulseur destiné à remplacer les roues des bâtiments à vapeur.

« D'autres, mieux initiés aux détails de sa vie, publieront sa biographie, vous rediront ses espérances et ses chagrins, les épreuves de sa longue carrière, les obstacles insurmontables qu'il a rencontrés dans l'application de l'hélice à la navigation, ses déboires, ses déceptions, sa douleur enfin pendant ses dernières années. Homme de cœur et de dévouement, reportant sur ses concitoyens et sur son pays la gloire et les avantages de sa découverte, il sacrifia, à cette noble passion, sa fortune et sa santé.

« Aussi, combien furent cruelles ces années passées dans une maison de santé, le cœur navré, presque moralement anéanti, désormais impuissant à réaliser les rêves de sa jeunesse! L'hommage que sa ville natale rend à sa mémoire n'est qu'une faible et légitime réparation de l'injustice du sort à son égard.

« A toutes les époques, Messieurs, la ville de Boulogne a honoré ceux de ses enfants qui se sont le plus distingués, en donnant leurs noms à ses rues et à ses places.

« M. B. Gosselin, maire en 1862, s'inspirant de l'exemple de ses devanciers, décora du nom de Frédéric Sauvage l'une de nos places publiques. Non content de ce premier hommage, il fit les plus actives démarches pour ramener ses cendres parmi nous. Qu'il me soit permis de remercier le magistrat distingué qui a eu l'initiative de cette noble et consolante pensée, et d'unir, dans un même sentiment de gratitude, les administrations savantes qui ont tenu à honneur de poursuivre le même but, ainsi que tous ceux dont les démarches personnelles nous ont facilité les moyens de réaliser ce vœu cher à la population.

« Mais si, en d'autres temps, Boulogne a honoré le mérite

et les vertus modestes d'un vénérable prêtre, l'abbé Dufour, en lui élevant un monument qui rappelle ses bienfaits; — si elle a glorifié les vertus plus mâles du héros dont nous voyons ici la tombe, le colonel Dupuis, de cet homme de dévouement, fidèle jusqu'au sacrifice de sa vie à la loi du devoir; — si elle a reconnu le mérite non moins grand du savant modeste, de l'éminent naturaliste, M. Demarle, auquel nous devons la réputation de notre Musée, si remarquable par ses riches collections; — je ne puis penser sans regret que ce champ du repos attend encore les restes de l'écrivain élégant et facile, du critique consciencieux dont le jugement droit, sûr, impartial, consacrant le talent et la réputation des auteurs, fait loi dans le monde des lettres. Espérons qu'avant peu nous pourrons réunir aux tombes de nos plus illustres compatriotes, celle de Sainte-Beuve : son nom prendra rang parmi les plus glorieux, à côté de ceux de Daunou et de Sauvage.

« La foule pressée autour de la tombe de Frédéric Sauvage est le plus bel hommage rendu au génie de l'homme qui a doté son pays et le monde d'une des plus merveilleuses inventions des temps modernes. Son nom rayonnera dans la postérité, comme a brillé sur sa poitrine, à la fin de sa carrière, la croix de la Légion d'honneur; récompense tardive décernée à l'inventeur célèbre et malheureux, plus avide de gloire et de renommée que de richesse.

« Les membres de sa famille, les autorités, les magistrats, les membres des administrations et institutions locales, et la nombreuse assistance présente à ses funérailles, emporteront, de cette imposante cérémonie, le sentiment du profond respect avec lequel la ville de Boulogne honore la mémoire de ses hommes illustres.

« Au nom de l'Administration municipale, au nom de la ville de Boulogne, je vous remercie, Messieurs, d'avoir, par votre présence, donné plus d'éclat et de solennité à cet acte d'hommage et de reconnaissance publique. »

Après ce noble discours écouté, comme il en était digne, dans le plus religieux silence, M. Gosselin, parlant au nom du Tribunal et de la Chambre de commerce qu'il préside, et comme représentant, en cette double qualité, l'industrie des constructions navales par l'exercice de laquelle Frédéric Sauvage avait commencé sa carrière, a dit :

MESSIEURS,

« Dans un des jours les plus sombres de cette vie si douloureuse dont M. le Maire vient de vous retracer les principaux épisodes, au moment où tout espoir semblait perdu, à l'heure même où le Gouvernement et le public s'empressaient d'honorer le copiste de ses inventions, Frédéric Sauvage recevait dans sa prison une lettre d'un éminent protecteur qui lui disait :

« Patience et courage. Justice et honneur vous seront ren-
« dus !!! »

« C'est cette dernière promesse que je viens acquitter au nom de mes collègues du Tribunal et de la Chambre de commerce, en rendant à Frédéric Sauvage les hommages que méritent ses services immenses desquels ont profité, je ne dirai pas seulement la France, mais le monde commerçant et navigateur tout entier.

« L'heure de la justice a depuis longtemps sonné pour l'ingénieux et persévérant constructeur boulonnais. Nul aujourd'hui ne lui conteste sa plus grande gloire, celle d'avoir trouvé et appliqué le premier l'hélice à la navigation à vapeur. Mais par combien d'épreuves a-t-il acheté cette reconnaissance de son génie? Personne ne le saurait dire; car les angoisses de l'inventeur méconnu ou spolié sont de celles que sa dignité et la conscience de son mérite le condamnent à ne point révéler.

« Lorsque dans la force de l'âge, notre grand concitoyen quittait Boulogne, heureux de ses premiers succès et des encouragements qu'il avait obtenus des hommes les plus distingués de sa ville natale, il devait être loin de s'attendre aux longues années de luttes, de déceptions et de misères qu'il allait subir.

« Convaincu de la valeur d'une invention qu'il avait étudiée depuis son extrême jeunesse, il espérait trouver partout aide et concours pour la réalisation d'un projet qu'il savait appelé à opérer une heureuse rénovation dans tout le système de propulsion mécanique des navires. Hélas! à peine arrivé à Paris, il voyait ses idées repoussées par le ministère de la marine.

Plus tard, au Hâvre, dans cette ville de si grand commerce et de navigation si active, il ne devait pas être plus heureux !

« Partageant les destinées de Colomb, ce génie, lui aussi, longtemps méconnu, il ne recueillit d'abord que railleries et déboires. Comme ce grand homme, il connut la misère, les jours sans pain, la vie sans liberté, les vains appels à l'amitié!

« Puis vinrent les rivaux; puis les spéculateurs avides qui, pour échapper au légitime tribut qui lui était dû après tant de labeurs et de sacrifices, lui contestèrent sa découverte, ou en compromirent longtemps le succès en y introduisant des modifications malencontreuses dans lesquelles il ne reconnaissait plus sa pensée.

« Quinze années entières, sa correspondance intime qui nous a été en partie conservée l'atteste, se passèrent dans ces luttes contre l'ignorance, l'incrédulité, la mauvaise foi. Et, cependant, comme au XVIe siècle il était advenu au grand navigateur auquel je me plais à le comparer, tant on découvre d'analogies jusque dans leurs caractères et dans leurs premiers destins, jamais sa confiance dans son œuvre ne faiblit, jamais le moindre symptôme de découragement et de doute ne put se découvrir en lui.

« L'or et l'intrigue, disait-il, qui font disparaître tant de « difficultés, ont souvent élevé aux nues des machines que « la pratique a reléguées dans le néant : l'intrigue peut faire « échouer un projet, mais elle ne peut anéantir ce qui se « présente aux yeux.

« Après les tentatives malheureuses qu'il avait vu faire en Angleterre et même en France, pour arriver à ne pas appliquer son système, il ajoutait :

« Mon hélice est la seule bonne... D'ici à quelques années « on ne se servira point d'autre propulseur que le mien. Il « réunit toutes les conditions désirables de puissance et de « sécurité. »

« Vous admirez, Messieurs, cette force de caractère, cette énergique persévérance qui est l'une des qualités les plus saillantes de l'homme de génie. Il n'est méconnu le plus souvent que parce qu'il devance son temps, qu'il bouleverse les idées reçues, qu'il inquiète de grands intérêts. Mais s'il persévère et combat, la victoire un jour lui reste !

« Notre Frédéric Sauvage a vaincu : trop tard, il est vrai, pour son bonheur et pour l'honneur des hommes de son temps ; mais il pu voir la consécration de son œuvre. Tout l'avenir qui lui était promis s'est révélé à ses pénétrants regards et de tout ce qu'il avait souffert, ce seul instant l'a consolé.

« Comme c'est surtout l'homme que je m'applique à vous faire bien connaître au jour de son triomphe, vous me permettrez, Messieurs, d'emprunter encore quelques traits qui le peignent à ses propres écrits qui, par cela même qu'ils n'étaient point destinés à la publicité, renferment toute vérité.

« Il était de ces hommes que l'argent ne tente pas. « Aucune « somme, disait-il, en rejetant des offres séduisantes, ne peut « me déterminer à construire des bâtiments d'un modèle « donné, quand j'ai la conviction qu'ils ne peuvent naviguer « sans compromettre la vie des hommes et les intérêts de mes « compatriotes. »

« Il ajoutait : « J'ai toujours mieux aimé différer que faire à « moitié. »

« Il ne lui suffisait donc pas d'avoir découvert une invention dont il était possible de tirer profit. Il ne lui suffisait pas que ses machines pussent marcher... « Il ne faut pas, disait-il, « s'arrêter parce qu'on a fait un pas avantageux vers un but « entrevu. Il faut, au contraire, aller toujours de l'avant, « redoubler d'efforts pour en approcher le plus près possible. « Autrement on n'a fait qu'indiquer aux autres le chemin « qu'ils ignorent et leur permettre de vous dépasser. »

« Modeste, il aimait à reconnaître que ses œuvres étaient susceptibles de perfectionnements. L'usage en ferait certainement découvrir ; mais, tout pénétré de la pensée du devoir, il ne voulait pas être devancé et s'exposer à regretter un jour de ne pas avoir mené lui-même ses conceptions jusqu'à l'extrême limite de leur perfectibilité.

« Aussi ne faut-il pas trop s'étonner de ce que ses découvertes fussent si complètes qu'à l'heure présente, quoiqu'on ait pu dire et pu faire, elles sont encore les seules employées. Mais cette persévérance, si utile pour l'industrie, fermait à Sauvage les routes de la fortune.

« Différer, c'était accroître ses embarras et ses dépenses ;

différer, c'était se réduire à de nouvelles privations, à la pauvreté, à la misère.

« Il le fit néanmoins, et dans cette voie il arriva jusqu'à l'héroïsme du patriotisme et du désintéressement ; car, lorsque des négociants anglais, qui savaient apprécier les avantages de sa découverte, lui offrirent une somme considérable pour s'en réserver l'application à l'exclusion de la France, il refusa, voulant réserver à son pays le profit de ses travaux.

« Son pays cependant l'abandonnait ! Il lui refusait cette joie suprême, à laquelle il aspirait depuis de longues années, de faire une application en grand de son système. Cette satisfaction, il l'espérait encore de l'équité des hommes et de leur reconnaissance à une époque où son mérite avait été reconnu. Mais il l'attendit en vain !

« Le temps s'est écoulé cependant ; il a fait son œuvre de réparation.

« De tous les détracteurs de Sauvage, il ne reste plus même le souvenir ; et leurs noms seraient déjà perdus s'ils n'étaient mêlés aux luttes de notre illustre compatriote. Sauvage est resté seul l'inventeur incontesté de l'application de l'hélice à la navigation, comme il est le seul auteur du physionotype, du soufflet hydraulique, du moulin à scier le marbre et d'une multitude d'autres inventions qui, pour être moins éclatantes, n'en ont pas moins rendu d'incontestables services à l'industrie et au commerce.

« Justice donc a été rendue à l'illustre constructeur boulonnais.

« L'honneur s'est fait attendre davantage !

« Dans un jour de tristesse, Sauvage disait : « Faut-il que « mes travaux ne me rapportent que des chagrins ! » Ce fut en effet son lot. Toute sa vie s'est écoulée dans les souffrances et la détresse, pendant que ses contrefacteurs ou ceux qui cherchaient à imiter son invention recueillaient et les applaudissements de la foule et les décorations des souverains. C'est toujours la vieille légende du *sic vos non vobis, tulit alter honores*.

« Cependant pas une récrimination, même dans ses épanchements de famille, ne sort de la bouche de cet homme que tous ses contemporains nous ont représenté comme éminemment modeste et bon. Il semble résigné à ces épreuves ! Bien mieux, il paraît les trouver toutes naturelles.

« L'envie, disait-il, n'a jamais eu d'empire sur moi. »

« La seule récompense qu'il put obtenir à la fin de ses jours, fut une sorte de pension annuelle de 2,500 fr.

« C'était au moins du pain !

« Cette pension, il la dut sans doute aux nobles protecteurs de sa ville natale qui l'avaient suivi dans toute sa carrière. Ils avaient applaudi à ses premiers succès, avaient constaté ses découvertes, l'avaient soutenu dans ses démarches à Paris. Quand Sauvage était détenu au Hâvre, à l'heure même où le *Napoléon* y entrait avec une hélice copiée sur la sienne, mais maladroitement modifiée, la Société d'agriculture de Boulogne élevait sa voix jusqu'au Roi pour réclamer sa bienveillance et sa justice en faveur de l'inventeur malheureux et méconnu.

« Cette fois, les réclamations furent entendues, et l'amiral de Mackau eut l'honneur d'obtenir du Prince cette petite pension, après un rapport qui reconnaissait à Sauvage le mérite de ses œuvres.

« Ce fut donc à Boulogne qu'au début de sa carrière il trouva les premiers encouragements. C'est à Boulogne encore qu'il dut à la fin de sa vie les seules satisfactions qu'il obtint.

« C'est aussi à Boulogne que sont rendus à sa mémoire les premiers hommages, dans cette solennité longtemps retardée par les douloureux événements de ces deux dernières années ; mais qui doit aussi au temps qui s'est écoulé la preuve et comme la sanction de sa légitimité.

« De nouveaux honneurs ne tarderont pas à glorifier son nom. Un monument public rappellera aux générations qui nous suivront les traits de cet homme de génie et attestera la reconnaissance de son pays.

« Mais il est un autre monument, plus durable que le marbre et l'airain, qu'il faudra élever à la mémoire de Frédéric Sauvage : c'est son histoire, celle de ses rudes épreuves supportées avec une si admirable résignation, celle de ses luttes contre l'infortune et la mauvaise foi. Il faut dire au monde, qui l'a peu connu, la grandeur d'âme de l'inventeur, sa force de caractère, sa persévérance et son patriotisme. Il faut le montrer dominant son temps, prédisant lui-même l'avenir de l'hélice, indiquant les moyens de transformer les bâtiments à voiles en navires mixtes, et d'accomplir ainsi ces changements qui ont fait combler ses successeurs plus heureux d'honneurs et de faveurs moins mérités que ceux qui lui étaient dus. Il faut le faire voir prophétisant longtemps à l'avance, avec la sûreté d'un esprit tout à fait supérieur, les révolutions et les crises sociales que nous avons à traverser.

« Dans les paroles que je viens de prononcer, j'ai essayé de vous donner, Messieurs, une idée de ce que fut Frédéric Sauvage, bon et modeste dans sa vie, aussi grand dans ses pensées et dans son caractère qu'il le fut par son génie d'invention.

« Heureux celui qui pourra dignement compléter cette étude en associant son nom à celui de cet homme illustre ; heureux qui fera ressortir pour nous, comme pour les générations à venir, tous les enseignements que nous donne cette noble vie. »

Malgré la sainteté du lieu, ces éloquentes paroles furent accueillies par un murmure d'approbation prouvant que le langage élevé de l'orateur avait répondu aux plus intimes pensées de la nombreuse assemblée qui l'écoutait ; — puis s'avançant au bord de la tombe, M. Pierre Sauvage, d'Abbeville, neveu de l'inventeur, et qui depuis de longues années n'a cessé de travailler pieusement à la glorification de sa mémoire, s'est exprimé en ces termes :

Messieurs,

« Le 19 juillet 1857, je conduisais de la maison de santé de Picpus au cimetière de l'Est, les restes mortels de Frédéric Sauvage.

« Depuis quatre ans déjà, la vie semblait avoir quitté ce cœur si généreux, cette âme ardente au travail, si passionnée pour la science et pour la gloire de son pays. Une lutte acharnée contre l'envie, un combat de tous les jours contre l'intrigue et l'ignorance, avaient fait succomber, avant l'heure, cette belle intelligence, que les fatigues du travail n'avaient pu atteindre et qu'une pauvreté volontaire n'avait pas même effleurée.

« Quand Dieu marque un homme du sceau du génie, il semble le désigner en même temps aux soucis de chaque jour et aux amertumes de la vie.

« En 1832, Frédéric Sauvage avait fait ses premiers essais de l'application de l'hélice à la navigation à vapeur: cette précieuse découverte devait révolutionner la marine du monde entier. Français avant tout, Sauvage aima mieux doter la France de sa découverte, que de la vendre à l'étranger.

« Au lieu de l'accueil et des encouragements qu'il pouvait légitimement espérer, Frédéric ne rencontra partout sur son chemin, qu'une hostilité systématique, une opposition constante ou une ignorance aveugle. Sans prendre la peine d'étudier ses démonstrations, on les rejetait comme erronées, on les repoussait comme des folies : et la bureaucratie routinière renvoyait à ses calculs celui qui prétendait lui démontrer son incapacité.

« Témoin et confident de ces luttes quotidiennes, je pourrais à peine vous redire les tortures de cet homme qui voyait ajourner sans cesse l'application de sa découverte, et qui, après avoir tant lutté pour la faire adopter, dut lutter ensuite contre des rivaux qui lui disputaient le mérite de son idée et la gloire de son invention.

« La vie de Frédéric Sauvage, il ne m'appartient pas de vous la redire ici, vous la savez tous, Messieurs ; elle ressemble, sur plus d'un point, à celle de ces hommes qui ont illustré la France par leurs découvertes, et l'histoire des inventeurs peut s'intituler à bon droit : l'*Histoire des persécutés du genre humain.* A eux les soucis, la lutte, la misère : à d'autres, la gloire et la richesse.

« L'Administration municipale de Boulogne n'a pas voulu, du moins, que votre ville pût paraître oublier un de ses plus glorieux enfants. Elle a tenu à honorer sa mémoire, à préserver son nom de l'oubli, en ramenant ses restes mortels au milieu de vous.

« Permettez-moi, Monsieur le Maire, et vous, Messieurs les Conseillers municipaux, d'être ici l'interprète des sentiments de la famille, en remerciant la ville de Boulogne des honneurs qu'elle rend aujourd'hui à Frédéric Sauvage. »

Cette allocution termina la cérémonie. L'assemblée, sans se disperser, reconduisit à l'Hôtel-de-Ville le Corps municipal. Il y reçut les remerciements expressifs de M. Henri Sauvage, fils du grand inventeur, de M. Pierre Sauvage qui venait de dire en si bons termes ce qu'avait été sa vie, des autres personnes de la famille présentes à cette remarquable solennité ; et l'on se sépara l'âme impressionnée par les souvenirs rappelés, mais satisfaite comme elle l'est toujours en présence d'un grand devoir noblement et dignement rempli.

Les journaux de la ville qui tous ont rendu compte de cette solennité ne pouvaient oublier de remercier toutes les personnes qui avaient contribué *à la réalisation du vœu depuis si longtemps exprimé de voir Frédéric Sauvage reposer enfin près des siens, dans cette ville de Boulogne qu'il avait tant aimée.*

Des éloges mérités et des paroles de sincère gratitude ont été adressées par eux à MM. Gosselin, Livois et Huguet, les trois maires successifs de Boulogne, qui ont conçu, poursuivi, réalisé *cet acte de réparation et de justice ;*

— Aux Conseils municipaux qui n'ont pas hésité à voter les crédits indispensables à son accomplissement ;

— A M. Ansart-Rault, membre du Conseil général, qui a fait de nombreuses démarches pour en assurer le succès ;

— Au Clergé de Notre-Dame, qui avait su empreindre toute la partie religieuse de la solennité d'un caractère marqué d'élévation et de piété ;

— A M. Dethière, architecte-voyer de la ville et à ses collaborateurs, MM. Boulanger et Douchin, conducteurs, qui ont déployé beaucoup de talent et de zèle dans l'organisation et la direction du cortége et dans les soins qu'exigent tous ces détails infinis sans l'harmonie desquels rien de bien ne se peut faire en ce genre de cérémonies publiques ;

— A la Musique communale et à la Société musicale de M. Lefèvre, — qui ont exécuté, avec leur talent habituel, les morceaux de musique religieuse ou funèbre que la solennité comportait ;

— Aux troupes, Compagnie de Pompiers, Douaniers, Gendarmerie, qui par leur tenue et leur attitude et en maintenant l'ordre le plus sévère, en relevaient l'éclat ;

— A MM. A. Feydeau, inspecteur général du Cimetière de l'Est, à Paris, et au modeste et dévoué correspondant de la ville, M. Dauchez, qui ont pris religieusement, pour la constatation d'identité, l'exhumation, le transport des restes mortels de Frédéric Sauvage, les soins minutieux qui seuls pouvaient garantir à la ville qu'elle était bien en possession des cendres de l'homme désormais illustre qu'elle entendait honorer.

La population tout entière a droit à ces éloges ; car elle s'est intimement associée à l'œuvre qu'accomplissait sa Municipalité. Un concours immense d'habitants assistait recueilli au passage du cortége et jusque dans les rues les moins centrales, le drapeau national flottait aux croisées, accompagné du crêpe de deuil.

Visiblement, la population éprouvait une émotion sincère en conduisant au champ du repos les cendres d'un homme de génie, sorti d'elle pour la plus grande gloire de la Cité Boulonnaise.

Procès-verbal d'inauguration officielle du Monument élevé par la ville de Boulogne à la mémoire de Frédéric Sauvage.

L'an mil huit cent soixante-quatorze, et le jeudi 29 octobre, à dix heures et demie du matin, il a été procédé, par les soins de l'Administration municipale, à l'inauguration officielle du monument élevé à la mémoire de FRÉDÉRIC SAUVAGE, l'illustre inventeur de l'application de l'hélice pleine à la navigation, du réducteur, du physionotype, etc., etc., né à Boulogne-sur-Mer, le 20 septembre 1786, mort à Paris le 18 juillet 1857, et dont les restes ont été déposés le 20 septembre 1872, dans un terrain concédé à cet effet, à perpétuité, par la Ville, au cimetière de l'Est.

Ce monument consiste en un tombeau en marbre du pays, portant sur sa face principale un bas relief en bronze, rappelant les plus illustres inventions du célèbre boulonnais, et sur ses autres côtés les inscriptions suivantes :

Face au-dessous du buste

FRÉDÉRIC SAUVAGE

—

Côté droit

ICI REPOSENT
LES RESTES MORTELS DE
FRÉDÉRIC SAUVAGE,
INVENTEUR DE L'APPLICATION DE
L'HÉLICE PLEINE A LA NAVIGATION,
DU PHYSIONOTYPE, ETC., ETC.,
NÉ A BOULOGNE-SUR-MER, LE
20 SEPTEMBRE 1786,
MORT A PARIS LE 18 JUILLET 1857.

QU'IL REPOSE EN PAIX!

—

Côté gauche

LA VILLE DE BOULOGNE-SUR-MER
A VOULU CONSACRER ET HONORER
PAR CE MONUMENT
LA MÉMOIRE DE
FRÉDÉRIC SAUVAGE.
PAR LES SOINS DE L'ADMINISTRATION MUNICIPALE,
— M. AUGUSTE HUGUET ÉTANT MAIRE DE BOULOGNE, —
LES RESTES MORTELS DE
L'ILLUSTRE INVENTEUR BOULONNAIS,
DONT LE NOM EST DOUBLEMENT CÉLÈBRE
PAR LE GÉNIE ET LE MALHEUR,
ONT ÉTÉ RAMENÉS DE PARIS
ET INHUMÉS DANS CE CIMETIÈRE,
AU MILIEU DE SES CONCITOYENS,
LE 20 SEPTEMBRE 1872.

Le monument est surmonté du buste en bronze de FRÉDÉRIC SAUVAGE.

Ce buste, ainsi que le bas-relief, ont pour auteur M. John HOPKINS, artiste statuaire, à Boulogne-sur-Mer; ils ont été fondus par la maison THIÉBAUT, de Paris.

Le Comité spécial du monument en a fait réception définitive le 22 octobre 1874.

A dix heures moins un quart, se sont trouvés réunis à l'Hôtel-de-Ville, Salle des Mariages, lieu indiqué en la convocation adressée le 25 de ce mois par l'Administration :

M. Auguste HUGUET, maire de la ville de Boulogne;
M. le Baron DE LATOUCHE, sous-préfet de l'arrondissement de Boulogne;
MM. Jules PETIT, Camille CHAUVEAU et Victor JACQUES, adjoints au maire de Boulogne;
les Membres du Conseil municipal de Boulogne;
les Membres du Comité du monument de Frédéric Sauvage;
Plusieurs Membres de la famille de l'inventeur;
MM. les Membres de la Chambre de Commerce;
MM. le Directeur des Douanes et plusieurs chefs de services attachés à cette Administration;
le Commissaire de l'Inscription maritime;
le Capitaine de Port;
les Membres des Administrations du Bureau de Bienfaisance, de l'Hospice, du Mont-de-Piété et de la Caisse d'Epargne;
les Membres des Administrations du Musée municipal et de la Bibliothèque publique;
le Contrôleur principal des Contributions et plusieurs fonctionnaires relevant de cette Administration;
l'Inspecteur des Forêts;
les Commissaires répartiteurs;
les Membres de la Délégation communale;
les Officiers de la Compagnie des Sapeurs-Pompiers;
le Commandant de la garnison;
Divers Membres de la Société de Secours mutuels; de la Société de Bienfaisance; de la Société Humaine; du

Comité des Armateurs et Patrons de pêche ; de la Société Académique et de plusieurs autres Sociétés locales ;

MM. les Chefs des différents services municipaux, etc., etc.

A dix heures un quart, le Cortége ayant à sa tête les Membres de l'Administration municipale et M. le Sous-Préfet, s'est rendu de l'Hôtel-de-Ville au cimetière de l'Est, où s'étaient déjà assemblés quelques citoyens, parmi lesquels M. COURBET-POULARD, député de la Somme, ancien maire d'Abbeville, ami de Frédéric Sauvage.

Les assistants s'étant rangés, M. Aug. HUGUET, maire de Boulogne, s'est avancé au pied du monument, et, après avoir fait enlever le voile qui couvrait le buste de l'illustre inventeur boulonnais, il s'est exprimé en ces termes :

« MESSIEURS,

« Le 20 septembre 1872, quinze ans après la mort de notre concitoyen FRÉDÉRIC SAUVAGE, ses restes mortels furent ramenés à Boulogne et déposés dans cette tombe, en présence des Autorités de la Ville, de ses parents, de ses amis, de la population entière. Tous s'empressèrent à l'envi de rendre à sa mémoire un honneur éclatant.

« Vous n'avez pas oublié, Messieurs, cette imposante cérémonie, la sympathique manifestation dont elle fut l'occasion, le concert de louanges rendues au génie de ce martyr de la science. C'était un premier devoir, un acte de justice et de reconnaissance de sa ville natale envers l'inventeur illustre, mort pauvre et méconnu.

« Elle ne pouvait en rester là.

« Dès 1864, un Comité avait été formé, en vue d'élever un monument à la mémoire de FRÉDÉRIC SAUVAGE. Réorganisé aussitôt après ses funérailles, avec le concours de quelques hommes dévoués, que l'on voit toujours prêts à se rendre utiles, le Comité se mit aussitôt à l'œuvre et arrêta les plans du monument qui serait placé sur sa tombe et transmettrait à la postérité son nom, ses traits, l'objet de ses principales découvertes.

« Le Conseil municipal, auquel le projet fut soumis, l'adopta à l'unanimité et en vota les fonds.

« La vie de Frédéric Sauvage, — faut-il le rappeler ici, — a été remplie par le travail et les méditations. Il peut être considéré comme le type du travailleur et du désintéressement. Absorbé par l'étude, enfermé en lui-même, n'ayant de rapports qu'avec ce qui pouvait le conduire aux objets de ses recherches, il est demeuré étranger à toutes choses, s'isolant du monde, se créant, pour ainsi dire avec ses idées, une existence à part. Il aimait les découvertes pour leur utilité et le bien qu'elles procurent. Ce qui excitait son ardeur, ce qui l'animait à la recherche des applications qu'il entrevoyait, c'était bien moins la satisfaction d'amour-propre que procure le sentiment d'une difficulté vaincue après de longs efforts, que le désir d'être utile. Il n'avait pas d'autre ambition. Loin d'être égoïste, il était pénétré d'une profonde sympathie pour ses concitoyens. Caractère énergique, entreprenant, audacieux, les qualités dominantes de son esprit sont la force et l'observation.

« C'est à ce point de vue que l'artiste s'est placé pour reproduire l'inventeur boulonnais.

« Frédéric Sauvage nous est représenté alors qu'il était plein d'ardeur, d'activité, de confiance en lui-même, organisation vigoureuse que n'avaient pas encore altérée les déceptions et les chagrins, que le malheur n'avait pas brisée.

« A l'ensemble du visage, on reconnait la confiante énergie de l'homme qui compte, pour vaincre les difficultés, sur la force de ses convictions; — œil profond et méditatif, — il semble voir au-delà du présent, pénétrer les secrets de la nature, franchir les bornes connues de la science, pour doter son pays de nouvelles découvertes.

« Avec quel bonheur, quelle parfaite exactitude, l'artiste a su donner au buste de Frédéric Sauvage l'attitude qui lui était particulière, à ses traits et à son regard, l'expression de bienveillance et de volonté que n'ont pas oubliée ceux qui l'ont connu. Cette physionomie ouverte, si expressive et si accentuée, ce front large et puissant révèlent le penseur, l'investigateur infatigable, les hautes facultés dont il était doué.

« Hélas ! les plus belles années de sa vie se sont passées à la poursuite de problèmes et de découvertes dont il n'a pu jouir, mais qu'il entrevoyait avec cette clairvoyance intérieure de l'homme de génie qui sent ce qu'il peut. Aussi, n'est-ce pas sans tristesse que l'on songe à la fin malheureuse d'une carrière qui eût pu être si belle !

« Remercions notre compatriote M. HOPKINS des soins qu'il a donnés à l'exécution de l'œuvre que nous admirons, qu'il a suivie avec la plus grande sollicitude, dans toutes ses phases, depuis le moment où, simple argile, le buste a été confié pour le moulage à la maison THIÉBAUT qui, elle aussi, a mis les plus grands soins à réaliser la pensée de l'auteur.

« Qu'il me soit permis, en rendant à M. Hopkins la justice due à son œuvre, de louer en même temps son désintéressement. Il n'a prélevé que ses dépenses, offrant à la Ville les longues heures de travail qu'il a consacrées, ne voulant pas laisser à d'autres qu'à un Boulonnais l'exécution du buste de notre concitoyen.

« Les mêmes remerciements et les mêmes éloges reviennent à M. DEBAYSER, membre de la Commission, qui a présenté, avec un égal désintéressement, le projet de ce tombeau simple et sévère comme la vie de celui qu'il recouvre.

« En terminant, Messieurs, laissez-moi former le vœu de voir s'élever bientôt sur la place FRÉDÉRIC SAUVAGE un monument digne en tous points de l'homme célèbre dont la ville de Boulogne s'honore.

« Ce vœu ne sera pas stérile, j'en ai la conviction. MM. les Membres de la Commission, que je me fais un devoir de remercier au nom de la Ville de leur bienveillante collaboration, tiendront à honneur de réaliser la seconde partie du programme qu'ils se sont tracé. Ils peuvent compter sur le concours de tous. Le Conseil et l'Administration municipale les seconderont avec empressement dans cette œuvre de reconnaissance publique. »

Ces paroles ont reçu dans l'assistance une approbation unanime.

Puis, après avoir défilé devant le monument par lequel la ville de Boulogne a voulu honorer et consacrer une grande mémoire, le cortége a reconduit les Membres de l'Administration municipale jusqu'à l'Hôtel-de-Ville, où il s'est dispersé.

Le présent procès-verbal a été immédiatement dressé pour constater cette cérémonie et le nouvel et sympathique hommage que les Boulonnais ont rendu cejourd'hui à l'un de leurs plus célèbres compatriotes.

A Boulogne-sur-Mer, les jour, mois et an susdits.

Le Maire de Boulogne,
Président de la Commission du Monument,
AUG. HUGUET.

Le Sous-Préfet de l'arrondissement de Boulogne,
G. DE LATOUCHE.

Les Adjoints au Maire de Boulogne,
Jules PETIT, C. CHAUVEAU, V. JACQUES.

Les Membres du Comité du Monument,
A. CROUY, E. ANSART, J. HÉNIN, Ch. CURET, BAIGNOL, DENEMPONT, H. MARCHAND, E. MARTEL, Alfred DUMINY, Dr OVION, Louis BÉNARD, C. LAGACHE-ST-GEST. H.-Eug. BÉNARD, R. ALY.

Erection de la Statue et du Monument de Frédéric Sauvage, à Boulogne

Séance du 13 Novembre 1863.

Le Conseil municipal,

Ouï l'exposé de M. le Maire ;

Considérant que par son dévouement absolu à la science et au pays, comme par ses inventions multiples, notamment celle de l'hélice pleine, depuis vingt ans appliquée à la navigation, Frédéric Sauvage s'est acquis des droits à la reconnaissance publique ;

Qu'il appartient à la ville de Boulogne-sur-Mer, pays natal de Frédéric Sauvage et berceau de sa famille, de consacrer à la mémoire de cet homme de génie un monument public, sur les lieux mêmes qui furent le théâtre de ses expériences et de ses découvertes;

Adoptant, en outre, les divers motifs déduits par M. le Maire en son exposé ;

Délibère :

Tous pouvoirs sont donnés à l'Administration municipale, à l'effet de solliciter du Gouvernement, conformément à l'ordonnance royale du 18 juillet 1816, l'autorisation, pour la ville de Boulogne-sur-Mer, d'ériger à ses frais une statue à la mémoire de Frédéric Sauvage.

Cette statue sera élevée à Boulogne-sur-Mer, sur la place Frédéric Sauvage.

Cette délibération fut approuvée par décret du 27 avril 1864.

A la date du 24 juin 1876, le Conseil municipal donnait son entière adhésion aux démarches faites par l'Administration pour la réalisation d'un projet que l'Assemblée, — aux termes de sa délibération, — « serait heureuse de voir conduire à « bonne fin. »

Le 21 août 1876, M. le Ministre de l'Instruction publique et des Beaux-Arts informait le chef de l'Administration qu'il avait fait prendre une note toute spéciale de sa demande, tendant à obtenir que le Département des Beaux-Arts « participe, pour « moitié, aux frais d'exécution de la statue qui doit être élevée « à Boulogne-sur-Mer, à la mémoire de Frédéric Sauvage, in- « venteur de l'application de l'hélice à la navigation. »

Le 19 février 1877, le même ministre informait l'Administration municipale que, dans sa séance du 2 février, la Commission du Conseil supérieur des Beaux-Arts avait examiné la demande dont il s'agit et avait émis, en principe, un avis favorable ; que, toutefois, écartant toute idée de concours, elle avait pensé que, dans la circonstance, l'Administration contribuerait plus utilement à l'œuvre entreprise en faisant exécuter, par un artiste de son choix, le modèle de la statue projetée ; que la dépense résultant de ce travail représenterait la part contributive de l'Etat. M. le Ministre priait, en conséquence, l'Administration de lui faire savoir si elle acceptait ces conditions, ajoutant que, dès qu'il aurait reçu sa réponse, il s'empresserait de la soumettre au Conseil supérieur, afin qu'il fût possible de donner suite à l'affaire aussitôt que les ressources budgétaires le permettraient.

A la date du 2 mars 1877, le Conseil municipal accepta les conditions posées par M. le Ministre des Beaux-Arts et décida que « tous crédits utiles seraient, en temps opportun, ouverts « à tels budgets que de droit, tant pour le solde de la part « contributive de la Ville dans la dépense de confection de la « statue de Frédéric Sauvage que pour les frais de transport « et d'érection de cette statue, comme pour ceux d'exécution « du monument qu'elle surmontera et d'appropriation du « square ou place où elle sera élevée. »

Cette délibération fut portée, le 7 mars 1877, à la connaissance de M. le Ministre des Beaux-Arts.

Le 24 du même mois, M. le Ministre informait l'Administration municipale que, par arrêté de cette date, il avait décidé que M. Lafrance, ancien pensionnaire de l'Académie de France à Rome, serait chargé d'exécuter, au compte de son Département, le modèle de la statue qui doit être élevée à Boulogne-sur-Mer, à la mémoire de Frédéric Sauvage.

L'artiste se mit aussitôt à l'œuvre.

Son projet ayant reçu l'approbation de la Commission supérieure des Beaux-Arts, la statue fut coulée en plâtre : elle a figuré au Salon parisien de 1880.

Dans sa réunion du 12 août 1880, le Comité d'étude du monument, à l'unanimité des voix des membres présents, et d'accord avec l'Administration, a émis un avis favorable à la fonte en bronze du modèle de la statue de Frédéric Sauvage exécuté, aux frais de l'Etat, à la prière de la Ville, par M. Lafrance et exposé au dernier Salon de Paris.

Comme complément indispensable, le monument sera garni de trois bas-reliefs, dont les sujets traduiront les épisodes principaux de l'existence du célèbre inventeur boulonnais et rappelleront les premiers hommages publics rendus à sa mémoire.

Le Comité, également d'accord avec l'Administration, a émis l'avis qu'il y avait lieu d'exécuter ces bas-reliefs en bronze.

TABLE DES MATIÈRES

—

Abbeville. — Imprimerie et lithographie C. Paillart.

Moulin Horizontal

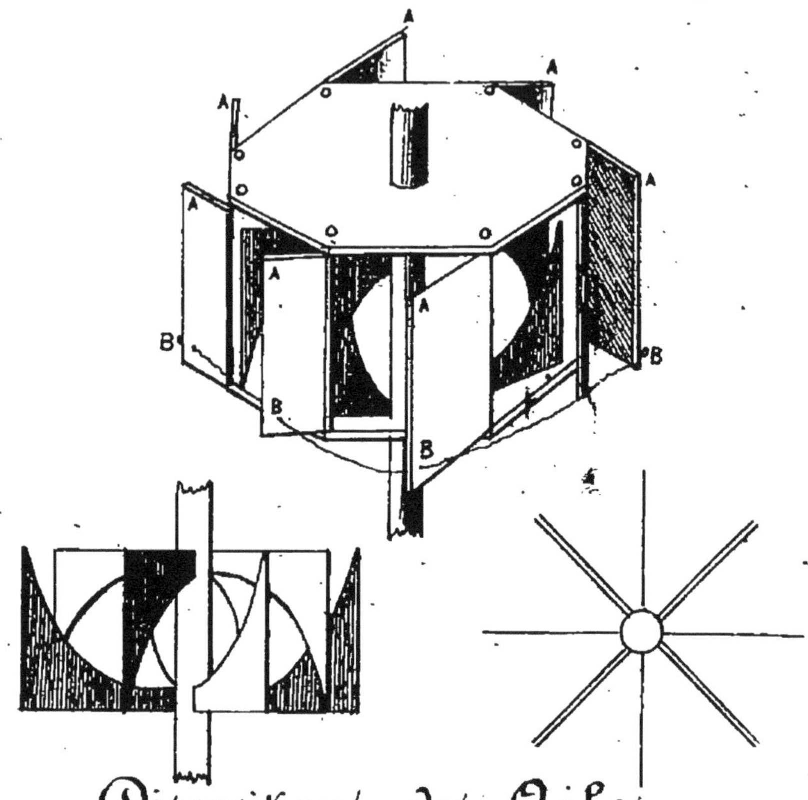

Disposition des Ailes

A Portes ouvertes par lesquelles entre le vent

B Corde reliant les portes et servant à les tenir plus ou moins ouvertes

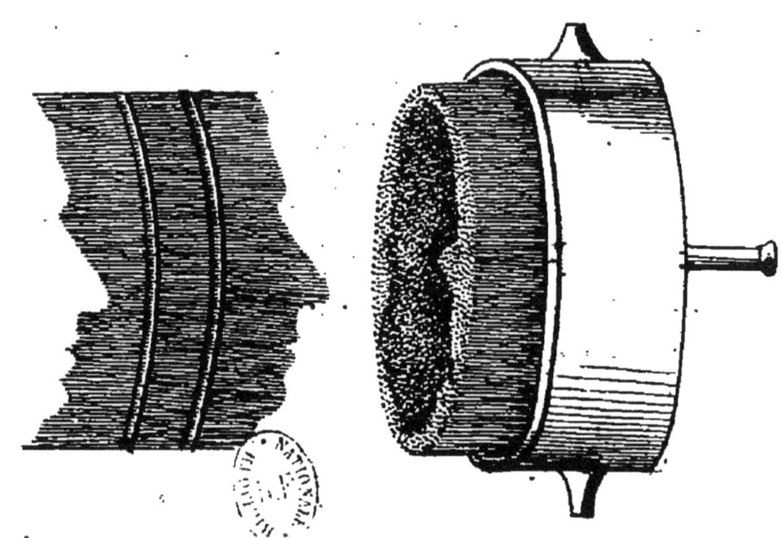

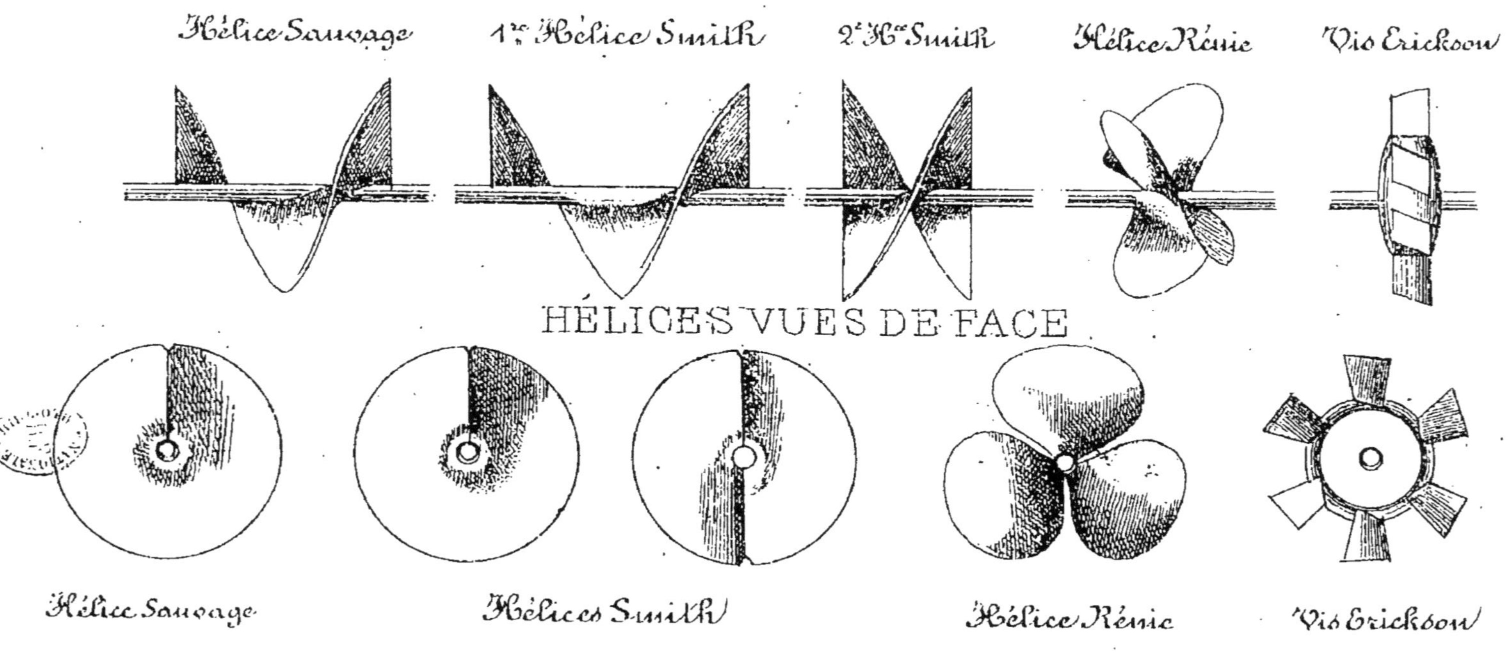

Hélice Sauvage
1re Hélice Smith
2e Hce Smith
Hélice Rénie
Vis Erickson
HÉLICES VUES DE FACE
Hélice Sauvage
Hélices Smith
Hélice Rénie
Vis Erickson

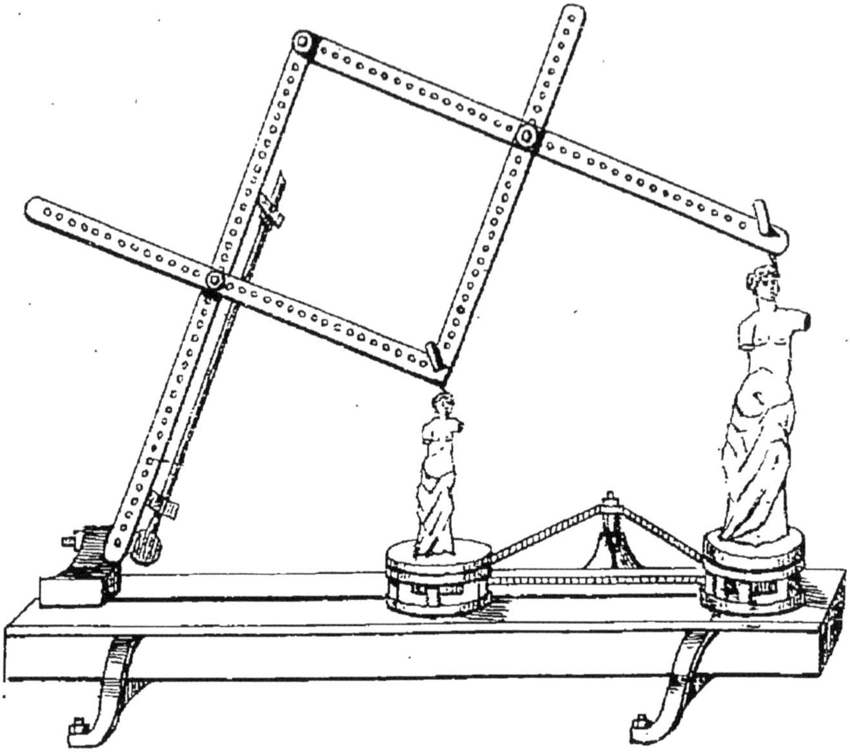

Réducteur

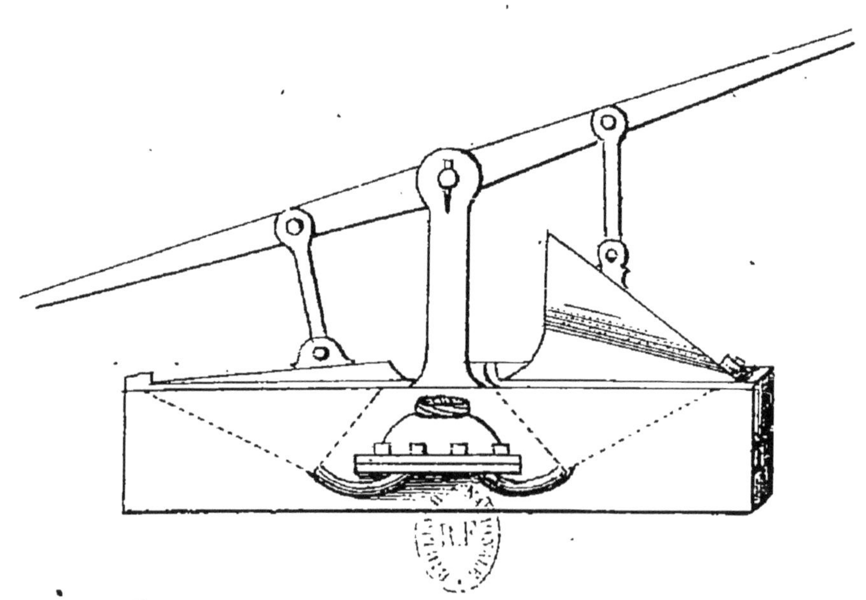

Soufflet Hydraulique

Origine de l'application de l'Hélice à la navigation par Frédéric Sauvage

Renfermer dans une paroi hélicoïde l'espace que parcourt une godille fonctionnant sous un angle de 45 degrés Si l'on place une hélice de chaque côté du navire, les deux hélices tournant sur elles mêmes donneront en même temps le coup de godille à droite et le coup de godille à gauche

C.D.E.F. Héliçoïde dans lequel est renfermé l'espace que parcourt une godille qui fonctionne à 30. 45 et 13 degrés

Hélice Smith ou de l'Archimède

Hélice Sauvage

Hélice Dallery à deux Spires ou révolutions

AB. Position de la godille fonctionnant sous un angle de

Application de l'Hélice Frédéric Sauvage

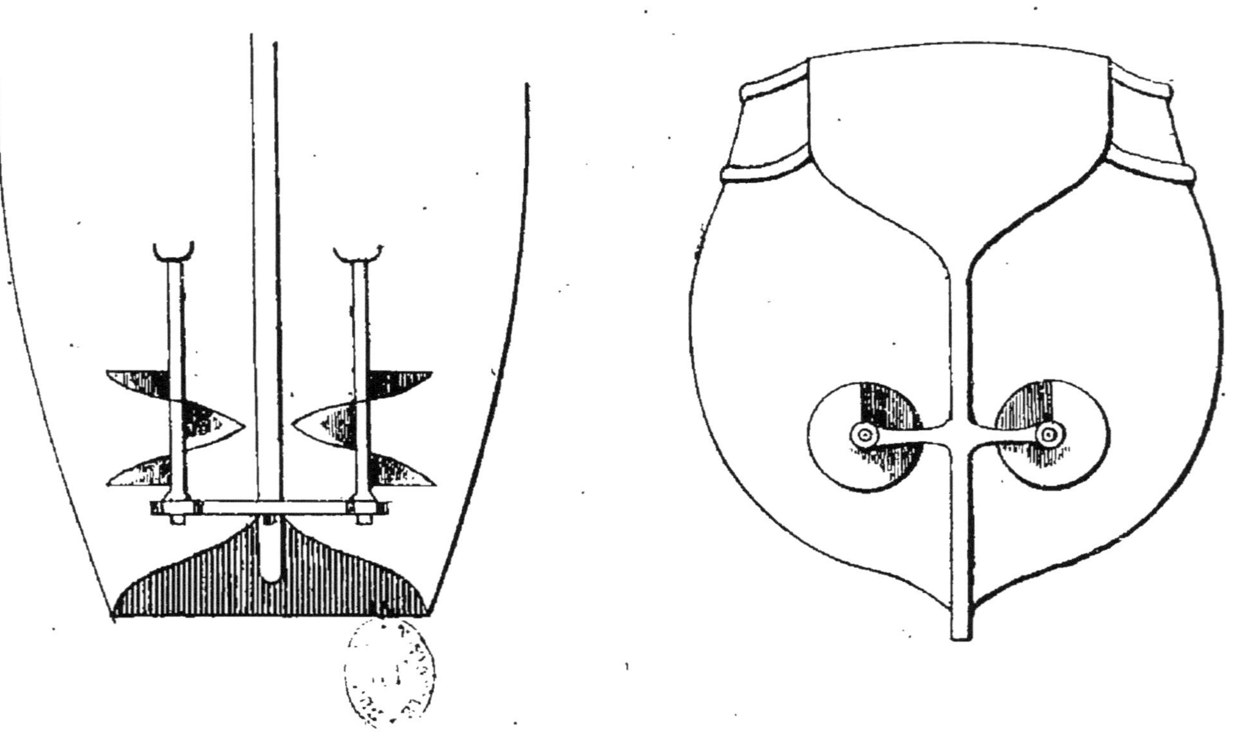

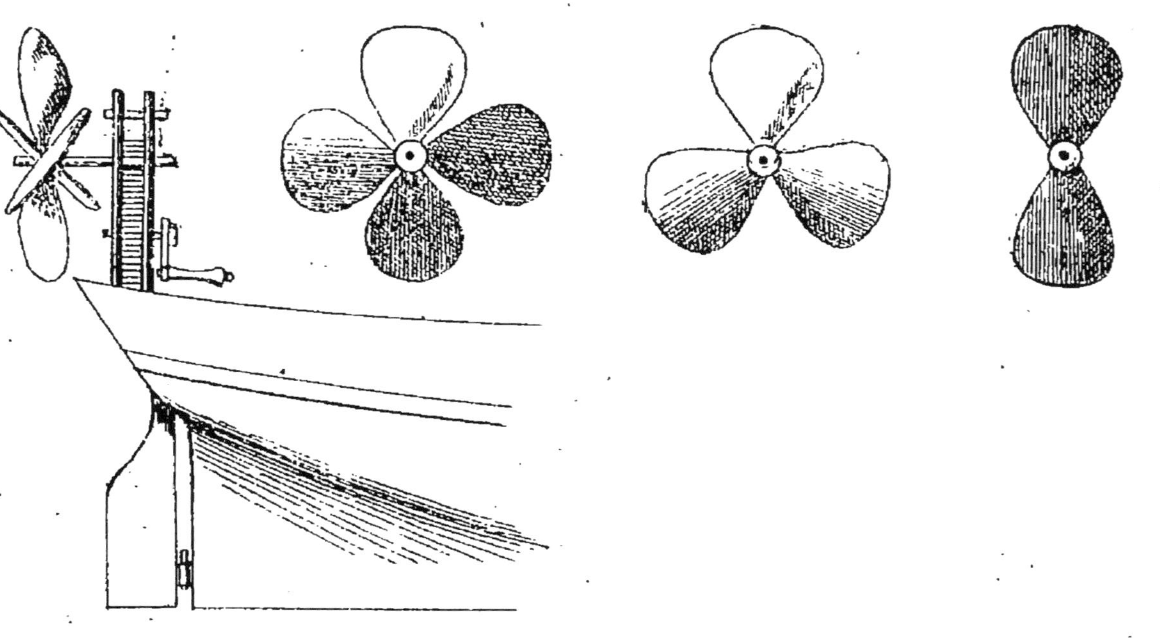

Hélices agissant sur l'air — Brevet d'addition et de perfectionnement 1836